河南省“十二五”普通高等教育规划教材

铁路警务战术

TIELU JINGWU ZHANSHU

陈文彪　付新河　主编

法律出版社
LAW PRESS·CHINA

编写说明

铁路在我国经济社会发展中的地位举足轻重。当前,铁路治安形势复杂严峻,受境内外敌对势力密谋破坏、转型期引发的社会矛盾等内外因素的交互影响,铁路行车安全和运输秩序稳定面临着严重威胁,铁路公安承担的安全保卫任务艰巨、繁重。警务战术在铁路公安实战中的应用十分广泛,研究和编写《铁路警务战术》教材,对于提高学生警务实战能力、发挥铁路公安警务作战效能、打造平安铁路具有重要的现实意义。

本书编写坚持突出专业、突出实战的原则,充分借鉴了铁路公安实战经验,侧重培养学生适应铁路现场能力和铁路临场突发事件处置能力,力求完善体系、打造精品。本书全面分析犯罪分子在铁路站、车、线违法犯罪形式和手段,研究铁路警察在勤务巡查、现场处置、围追堵截等警务活动中的战术应用,剖析实战存在问题,并提出应对策略。全书充分体现了公安部“战训合一”的警务战术训练指导思想,满足了铁路公安工作和公安队伍建设实际需求,对于培养高素质、应用型公安专门人才必将发挥积极作用。

本书由铁道警察学院铁路警务指挥与战术研究中心主任陈文彪教授任主编,编撰第十一章、第十四章,并负责全书的统稿工作;铁道警察学院铁路警务系主任付新河教授任主编,编撰第五章、第十章;铁道警察学院教务处副处长吴隆升副教授任副主编,编撰第十二章;公安部十局五处副处长李东东任副主编,编撰第二章;铁道警察学院郭浩天讲师编撰第一章、第八章第二节;南昌铁路人民警察训练支队长胡建生编撰第三章;铁道警察学院侯伟副教授编撰第四章;福州铁路公安处福州所副所长石天清编撰第六章;铁道警察学院庄海燕副教授编撰第七章;铁道警察学院庞华杰副教授编撰第八章第一节、第三节;北京铁路人民警察训练支队王秀宇教官编撰第九章;铁道警察学院张斌讲师编撰第十三章。

本书在编撰过程中得到了铁道警察学院、铁路公安局(公安部十局)的大力支持,得到了铁路公安局(公安部十局)三处王洪生处长、上海铁路公安局英军副局长、郑州铁路公安局赵建选副局长、南昌铁路警察训练支队胡建生支队长、郑州铁路职业技术学院张中央教授、福建警察学院王勇教授的大力帮助和指导,吸收了公安部软科学科研项目《铁路警务组织体制与指挥机制研究》《高铁反恐应急处置研究》部分研究成果,参考了相关教材和全国铁路警务实战训练班的有关资料,在此一并表示诚挚的感谢。

目前,我国铁路警务战术体系尚处于探索发展阶段,在本书的编撰过程中可参考的资料有限,创新难度较大,由于编撰者水平有限,书中疏漏和不妥之处,敬请专家和读者指正。

编　者

2017年5月

目录

第一章 绪 论

【教学重点与难点】

重点:铁路警务战术的作用

难点:铁路警务战术研究方法

铁路是国家发展战略的重要组成部分,在国家交通运输体系中占有相当大的比重。据统计,2016 年全国铁路旅客发运量完成 28.14 亿人次,全国铁路搞货运总量发送量完成 33.32 亿吨,根据《中长期铁路规划》,到 2020 年,我国铁路网规模将达到 15 万公里,其中高速铁路 3 万公里,构建"八纵八横"高速铁路主通道,覆盖 80% 以上的大城市,到 2025 年,铁路网规模将达到 17.5 万公里左右,其中高速铁路 3.8 万公里左右,路网结构更加优化,到 2030 年,基本实现内外互联互通、区际多路通畅、县域基本覆盖,更好发挥铁路对社会经济发展的保障作用。铁路在国家经济发展和社会稳定中的战略地位、在地缘政治和国际事务中的重要保障作用将更加突出,铁路的迅速建设和发展为我国经济大动脉增添了新的动力,同时也为铁路公安工作带来了新的课题。

目前,铁路治安形势复杂严峻,受境内外因素的交互影响,"疆独""藏独"等分裂组织和国内外其他敌对势力曾多次预谋对新疆、青藏铁路以及京广、京沪等高铁实施破坏行动,铁路遭受恐怖袭击的风险越来越大。由于我国正处于社会转型期,多种社会矛盾引发的破坏铁路设施、拦车断道、冲击铁路等危及行车安全的案(事)件屡有发生,成为影响铁路安全和社会稳定的重大隐患,铁路安全保卫任务日益繁重。

2008 年铁路公安转制后,铁路警察代表国家行使行政执法权和刑事侦查权,执法主体身份更加明确。铁路公安机关牢固树立"守土有责"的思想,始终把铁路站车查缉作为体现铁路公安机关特色和提高铁路防控能力的重要途径,常抓不懈,充分发挥铁路警察扼守交通线的优势,大力加强安检查危,不断强化站、车、线安全防线建设;广泛收集敌情信息,深入分析研判,精密布控、精准查缉、精确打击,严格站车查缉和审查深挖,有效提升阵地防控能力,在缉毒、打拐和缉逃等各项查缉工作中取得了突出成绩。特别是在网上追逃斗争中,铁路公安机关连续七年保持着缉捕跨省网上逃犯全国第一的优势地位,有力地保障了铁路运输安全和社会治安秩序的稳定,把铁路站车打造成逃犯、毒犯和其他违法犯罪分子难以逾越的钢铁防线,使铁路站车发案数量逐渐减少,旅客乘车安全感明显增强。

第一节 铁路警务战术概述

一、铁路警务战术与站车查缉的概念

（一）警务战术的概念

警务战术是指人民警察在执行警务行动中指导执法战斗或对抗行动的方法，对于保证人民警察在执法行动中避免伤亡、低耗高效的打赢执法战斗具有十分重要的意义。

铁路警务战术隶属于法学下的公安学学科，是依据军事学、法学、刑事侦查学、治安学的有关理论知识与成果研究融为一体的一门综合性应用学科，具有技术性、可操作性、实践性、综合性的特点，其交叉性和综合性还表现在它有选择性地在公安心理学、运筹学、谋略学、地形学等邻近学科中吸取经验，从而构成警务战术的基本要素。警务战术是警察实战执法能力的关键因素，是智力与实力较量的执法活动，始终贯穿着限制与反限制的激烈抗争。非常警务行动中常把战术视为警察临战处置的灵魂，警察争取成功缉捕犯罪嫌疑人，是依法通过合理的战术行动来实现的，并贯穿警务作战的全过程。

铁路警务战术是铁路公安机关在执法过程中和处置突发事件时，依据国家的法律，为及时发现和高效捕获各种犯罪分子或犯罪嫌疑人、查清犯罪事实和证据、严厉打击犯罪活动，采取的手段、方法。

（二）铁路站车查缉的概念

查缉，“查”是专指人民警察在执法活动中的盘查、清查、搜索活动；“缉”是缉拿、捕获之意，指人民警察在执法过程中的抓捕活动。

铁路公安机关是我国公安机关的重要组成部分，是国家派驻铁路系统的治安行政力量和刑事司法力量，担负着预防、打击违法犯罪活动，维护站、车、线治安秩序，保卫铁路运输生产和旅客生命财产安全的重要职责。铁路站车查缉战术是铁路人民警察在铁路公安机关管辖的铁路车站、旅客列车范围内依法进行清查、盘查和缉捕，为及时查找，捕获违法犯罪分子或犯罪嫌疑人的作战方法和指挥艺术。

1. 铁路由运输主体、运输客体和运输媒介三种不同要素组成，是现代化运输的主要载体之一。由于铁路总体上呈网状分布，点多、线长、面广，并与社会各种空间区域广泛接触，所以除了侵财型流窜犯罪较为突出，扰乱铁路站车秩序、影响铁路治安稳定、危及铁路行车安全的其他犯罪活动也经常发生，历来是社会治安的“晴雨表”。

2. 铁路站车查缉战术是警务战术的重要组成部分，发展于铁路公安机关的执法实践，是铁路公安机关同违法犯罪分子或犯罪嫌疑人作斗争经验的科学总结。铁路站车查缉战术的基本内容包括：铁路站车盘查、清查、搜索、站车查堵等战术行动。

3. 警务指挥与战术源于军事指挥与战术，发展于司法实践，受法律的制约，是犯罪与制服犯罪矛盾斗争的产物，是一门综合性较强的应用性学科，是指导警察完成各种警务行动的正确、有效方法。铁路警务工作呈现警组值乘、跨区作战、流动性大、远离所属公安机关，在铁路站、车执行公务时空间狭小、人员拥挤、与犯罪分子近距离接触等特点，必须以智取胜，在法律规定的范围内采用合理、有效的战术方法来制止犯罪，捕获违法犯罪分子。

二、铁路警务战术的作用

铁路车站、站区、旅客列车属铁路公安机关管辖范围，并具有独占性，其管辖范围主要有

三个方面:空间范围,铁路公安机关管辖的铁路站车范围是以铁路车站、站区,旅客列车为空间范围,其特点是以点、线、面组成的网状结构。人员对象,铁路公安机关管辖和保护的对象主要是乘坐列车的旅客和在铁路站车工作的铁路职工。预防查处的对象是指危害铁路行车安全,进行违法犯罪活动的犯罪分子或犯罪嫌疑人。物品对象,铁路公安机关管辖的物品对象主要是铁路车站、站区、列车的各种设施、器材及行李物品等。

铁路警务战术研究的是铁路公安机关在铁路站车查缉各种犯罪分子或犯罪嫌疑人的警务作战行动理论和实践问题,是以法律为准绳,以对抗为核心,以正确执法和打赢执法战斗为目的,指导铁路警察在铁路站车环境下进行清查、盘查和缉捕行动及捕获犯罪分子的作战方法。因此,最大限度地发挥指挥员与警察的智力与技战水平,对于提高铁路警察的快速反应能力和整体战斗力具有重要的作用。

(一)发挥铁路公安机关预防和打击犯罪的主力军作用

铁路公安机关是维护铁路站车治安的专门机关,在依法查处危害铁路站车违法犯罪嫌疑人,阻止境外及社会上黑恶势力和丑恶现象侵入,预防和控制各种危及铁路站车治安问题发生,维护铁路站车治安稳定等过程中发挥着主力军的作用。

(二)增强铁路站车查缉临战意识,提高警察战斗力

由于铁路警察面临特殊的时空环境常常单警作战,身兼维护铁路治安秩序、打击危害铁路的各种刑事犯罪等多项职能,对警察个体综合素质和能力的要求更高,这就需要增强铁路警察的临战意识及自我保护意识,并有效掌握铁路站车查缉战术这一有力武器,并在执法值勤中灵活应用。

单警战术是警组战术的基础,包括警察对铁路车站、站区、旅客列车及硬座车厢、卧铺车厢等车体环境的利用能力,接敌捕获能力、追捕跟踪及化装侦查能力、临战一招制敌能力、枪战能力、查缉临战控制和押解能力等。通过对单警查缉战术的训练提高铁路警察单警作战能力,训练单警在查缉作战中的观察能力,对旅客携带物品能迅速排查,正确判断,采取有效的对策和战术行动。铁路车站、站区、旅客列车是常以警组形式值勤或值乘,其战术形式包括诱捕战术、搜捕战术、追捕战术、围捕战术等。在查缉临战实践中还应按研究情报、现场勘察、制定方案、指挥决策、协同查缉、接敌捕获等查缉行动,以提高单警、警组作战的能力。

(三)研究探索铁路警务作战的新技术、新战术、新方法,发挥铁路公安机关职能作用

铁路站车治安是社会治安的重要组成部分,是社会治安形势在铁路的反映。铁路点多线长,人流物流密集,长期以来大批外来人员聚集活动于铁路车站、旅客列车及周边区域,以叫卖、捡拾、乞讨、拉客等谋生,部分人员则从事着扒窃、敲诈、诈骗、卖淫等违法犯罪活动,严重危及铁路行车和旅客生命财产安全。因此,从理论上分析犯罪分子在铁路站区、旅客列车上涉枪、涉爆、盗窃、行凶拒捕的犯罪形式和手段,研究铁路警察在铁路站区、旅客列车上的巡视盘查、现场处置、围追堵截等查缉实战应用和存在问题,探索铁路警务作战的新预案、新技术、新方法,运用抓捕技能、枪战战术等,预防和减少铁路警察伤亡的铁路警务战术,具有十分重要的现实意义。

根据公安部关于"一切为实战服务"的指导思想,通过警务战术训练,不断提高铁路公安队伍的整体执法水平和实战能力,达到"招之能来,来之能战,战之能胜"的目的,取得铁路警务作战最佳的整体效果。

第二节 铁路警务战术研究对象和研究方法

一、铁路警务战术研究对象

铁路警务战术是警务指挥与战术学的重要分支学科，它与军事学、公安学有着紧密的联系，是指导铁路警察在各种不同情况的条件下有效查缉各种犯罪分子及犯罪嫌疑人，达到最有效打击违法犯罪活动，最有效地减少代价、获得最佳的执法效益。所以，从铁路公安机关担负的任务来看，铁路警务战术具有强制执法性；从使用的方法、形式、手段来看，铁路警务战术又具有明显的军事斗争性和军事谋略性。但是，铁路警务战术与军事战术学研究的领域、范围又不尽相同。它研究的是铁路公安机关与铁路站车上违法犯罪分子作斗争的作战规律和方法，并运用这些规律和方法指导铁路警察在打击刑事犯罪，查缉犯罪分子的执法过程中，提高、发现缉捕犯罪分子或犯罪嫌疑人的能力，以精湛的战术谋略、熟练的战斗技巧缉捕罪犯，增强克敌制胜的本领和自我保护意识及防卫能力。因此，铁路警务战术就是要从保证铁路安全生产的角度出发，借鉴军事战术，结合铁路警察执法活动的特点，在法律框架内，运用军事斗争中侦察捕歼的战斗形式与各种犯罪分子或犯罪嫌疑人作斗争的手段和艺术，研究在铁路警务战斗中作战双方的活动规律，从而揭示指导铁路警察对付犯罪，进行对抗的策略和方法。

铁路警务战术的研究对象是铁路警务行动的性质、规律、特点、方法及行动时作为查缉目标的人或事、物。铁路警务战术研究对象特定为查缉战斗，内容包括在铁路站车上查缉各种犯罪活动中查与缉的实用战术及不同情况、不同条件下的战术处置措施。当前应加强铁路警务战术的训练，突出实战实训教学，使铁路公安队伍整体战斗力明显加强、执法形象明显好转，打造平安铁道线，把铁路公安队伍建成一支忠诚可靠、训练有素、精通业务、纪律严明、作风过硬，能够快速反应、战之能胜，能够在铁路站车应付和处置突发事件和暴力事件的有坚强战斗力的队伍。

二、铁路警务战术研究方法

铁路警务战术以公安学、军事学、战术学的基础理论为指导，综合应用铁路公安执法和铁路站车处置突发事件和暴力事件中涉及的警察协同战术、各警种战术、警察指挥学等学科知识，并加强对铁路公安机关在铁路站车公安执法以及临场处置，实施铁路警务行动进行研究是非常必要的。

（一）从实战出发进行研究

铁路站车是违法犯罪分子活动的主要场所，铁路上的犯罪活动主要是侵财型、牟利型犯罪和利用铁路交通便利而进行流窜犯罪及破坏铁路设备，危及铁路行车安全，造成社会影响是刑事犯罪的主要方式。因此铁路警务战术的研究和训练是为了取得铁路警务行动的实战效果，并达到取胜或成功的目的而开展研究的，这就是一切从铁路警务实践出发，分析研究犯罪分子在铁路站车进行违法犯罪活动的规律和犯罪方式，根据警务行动实战需要进行铁路警务战术理论与方法研究，从而使铁路警务战术在警务实战中发挥最佳的作战效应。

（二）案例战史研究

铁路警务战术是在铁路公安机关多年执法行动实践经验积累的基础上发展起来的。铁路、地方公安机关和国外铁路警察以往的战史、案例，既有成功的经验，也有失误的教训，研究这些战史和案例，总结其中的经验和教训，是掌握铁路警察警务执法行动规律，提高发现和捕获犯罪分子或犯罪嫌疑人效率的有效途径。这种对经验和教训的总结，既是运用分析综合及抽象概括等方法进行的创造性活动，是一种学习型研究；又是对当前铁路警察在铁路站车执法活动的重要参考性选择。同时，开展铁路站车战例、战史的研究，还可以以战史、案例为蓝本，形成铁路警务行动的战术"预案库"，为现实铁路警务行动服务。通过研究案例、战史，不仅可以开阔视野，积累知识和经验，还能发现和总结诸多规律性、指导性的问题，提高铁路警务战术的研究水平和铁路警察的现场处置能力。

三、借鉴军队战术，研究铁路警务战术

战术在我国古代被称为"兵法"或"战法"。"战术"一词最早出于唐代李隐的《潇湘录·马举》一书："叟曰：方今正用兵之时也，公何不求兵机战术，而将御冠雠。"在欧洲，"战术"一词来源于古希腊文"taktira"。警察战术源于军事战术，发展于司法活动实践，军事战术与警察战术二者有很多相似之处，但又有极为明显的区别，警察战术实质上是将军事斗争中侦察捕歼的战术形式及进攻防御战术形式，结合警察执法实践特点，有机结合。所以军队战术的发展对警察战术运用有着直接的影响。铁路警务战术是借鉴军事战术，结合铁路执法活动特点研究铁路警务战术，尽管铁路警察在铁路站车这种特定环境和条件下进行执法活动，但警察执法的性质决定了在铁路站车警察与执法对象之间是一对不可调和的控制与反控制、打击与逃避的矛盾，警察都要采取查缉手段，安全有效地保护自身和旅客的安全，为铁路运输生产安全保驾护航，所以，借鉴、学习军事战术，结合铁路警察执法特点是研究铁路警务战术的重要方法。

四、从铁路警务实战需要和技术着手研究铁路警务战术

铁路公安机关所管理的范围决定了应以警察为主体来控制铁路治安。铁路公安机关在治安管理上与地方公安机关相比有不同的特点，即旅客、货物、列车流动的特点。铁路站车查缉实战方法，其首要特征就是以动为主，动静结合，这是由上述特点决定的。一方面铁路列车不分昼夜的运行着，使铁路旅客和运输货物处于流动状态；而另一方面随铁路的运行，铁路车站、站区及设施呈现静止状态。铁路公安机关不仅要保障动态中的人、财、物的安全，还必须保障处在开放、静止状态下铁路车站、站区及设施的安全。因此根据铁路站车这种情况的需要入手研究战术问题，即有什么样的战斗需要，就要研究什么样的警务战术和战斗方式，这是铁路警务战术研究的基本原则和方法。随着列车的多次调图提速、铁路运输生产力的不断提高，各种先进的技术装备大量应用在铁路运输企业，因此，铁路公安机关应根据铁路的发展和铁路警务实战的需要，研究战术问题，由技术入手，创新警察战术，使铁路警务战术在实践中发挥重要作用。

【本章小结】

本章重点阐述警务战术的概念、研究对象，基本研究方法，使学生明确铁路警务战术是铁路人民警察与犯罪分子或犯罪嫌疑人作斗争的有力武器，对于铁路警察有效开展警务活动，达到预防和减少人员伤亡，提高警务作战能力的目标有着重要的作用。

【思考题】

1. 铁路警务战术的概念是什么?
2. 铁路警务战术的作用有哪些?
3. 铁路警务战术的研究对象和研究方法有哪些?

第二章　铁路警务战术原则与指挥

【教学重点与难点】

重点：铁路警务战术原则

难点：铁路警务作战指挥程序

铁路站车查与缉包括三大类：一是指铁路人民警察通过站车巡视、主动盘查等公开勤务活动，发现、捕获违法犯罪嫌疑人的工作，是铁路公安机关打击各类违法犯罪活动，维护运输铁路运输生产安全的一种重要手段；二是指铁路公安机关根据上级指令或其他公安司法机关请求，对活动在铁路管辖范围内的特定对象展开的缉捕、查控行动；三是指在铁路管辖范围内发生重特大刑事案件后，案发地铁路公安机关和相邻铁路公安机关对逃跑的犯罪嫌疑人展开的紧急缉捕行动。本章着重阐述的是后两类查与缉行动。

警务行动指挥是负责查缉行动的指挥员对所属警力及相关人员为实施警务行动进行的组织领导行为，指挥的正确与否，决定着警务行动的成败，警务战术原则是警务行动的指南，是指导警务行动的准则。

第一节　铁路警务战术原则

一、快速反应原则

铁路车站和旅客列车上人、财、物高度集中且列车处于运行状态，旅客乘降频繁，情况瞬息万变。在警务行动中，快速反应是争取工作主动权的关键，是提高警务行动成功率的重要保证。铁路人民警察面对发生的各类突发事件必须要做出快速反应，闻警而动，不给犯罪分子喘息、逃跑、隐匿的机会，否则就会时过境迁，贻误战机，造成违法犯罪嫌疑人脱逃和重要证据的灭失。一要在接到警情报告或发现可疑情况后，第一时间对现场进行控制，防止案件、警情的恶性转化，造成更大的损失或次生灾害的发生。二要立即向本单位领导报告，运行途中的列车乘警同时要按照警情就近报告制度的规定向前方铁路公安机关通报案情。三要根据上级机关的指令，组织铁路职工采取相应的措施，对现场的人、物、证进行封锁控制，等待支援。

二、确保安全原则

铁路人民警察在处置各类警情中应始终以确保旅客、自身及违法犯罪嫌疑人生命财产安全为第一要务。铁路站车上发生的案件与社会上发生的治安、刑事案件既有共同特点，又有不同之处。站车值勤值乘警察大多是单独执行勤务，在处置突发警情和查缉违法犯罪嫌疑人时，要时刻保持清醒头脑和高度警惕，不冲动、不盲动，沉着应对，把握缉捕的最佳战机，以最小的代价取得最大的战果。针对不同的案(事)件和违法犯罪嫌疑人的不同心理特点，灵活运用战术谋略和处置方式，既要达到有效保护、减少损害的目的，也要尽量做到不使违法犯罪嫌疑人脱逃、拒捕、自杀自残或伤及无辜。

三、以站保车原则

铁路人民警察是以多警种组成的行业警察队伍，肩负着保卫铁路运输和旅客货主生命财产安全，防范和打击辖区内违法犯罪活动的重要职责，在缉逃、缉毒、缉私、打拐、查危以及缉捕各类违法犯罪人员方面，发挥扼守交通线的区位优势。站车查缉行动是铁路公安机关和铁路人民警察的重要任务。随着铁路运输的快速发展，铁路公安机关面临点多、线长、警力严重不足的现实问题，以站保车是铁路公安机关执法勤务模式的必然选择。以特、一、二等铁路车站派出所为支撑点，保障管内线路和过往客货列车安全，为各类突发案(事)件和站车查缉行动提供警力支援和勤务保障，确保在关键时间、重要区域能够快速集中警力，形成查缉作战优势，完成包围、搜捕、救援等任务。

四、协同作战原则

铁路站车发生紧急突发案(事)件或接到上级公安机关指令及其他公安司法机关的紧急协查后，旅客列车乘警和车站派出所警察必须紧密协同配合，发挥整体作战优势。车上乘警一要组织乘务人员分别封锁各车厢连接通道，压缩违法犯罪嫌疑人的活动空间，同时要看守好车厢边门、端门，防止犯罪嫌疑人跳车逃匿和跳车、坠车事故发生；二要对列车上的广播室、设备间、车长阀等重要部位和设施加强防控；三要尽快查明基本情况，向单位领导和所处区域铁路公安机关汇报警情，提出支援请求。车站派出所接到指令或警情通报后，要立即组织警力进行增援，必要时要求车站工作人员对所有进出站通道进行封锁，对行车指挥、通信信号、电力电源等重要部位加强看护；同时封闭列车停靠站台，特别是站台两端。

五、灵活机动原则

在案发现场的铁路警察要根据案(事)件的情况、针对不同的现场环境、不同的形势和不同的对象、做出相应的反应，尽可能阻止事态恶化、防止矛盾激化，减少次生案(事)件发生的风险。实际应查缉工作中，铁路警察会查缉到贩毒、贩枪、拐卖人口、涉黄涉黑、涉恐涉暴、负案在逃以及群体上访等形形色色的人员，其目的各不相同。在警务行动中如出现对峙情况时，对一般群体上访人员要采取劝解策略；对违法犯罪人员应采取控制策略；对极端人员可采取怀柔策略，可适当放宽其活动空间，拖延时间等待支援。在没有绝对把握处置时，不应贪功冒进、轻率盲动。

第二节　铁路警务战术指挥特点和要素

指挥是人民警察战斗力发挥的关键因素，在铁路站车警务行动中有着至关重要的作用。警务行动的成败，不仅取决于警力、武器的强弱对比，更重要的在于指挥水平的高低，在于指挥员能否有效地将蕴藏在所属警力和武器装备中的潜力充分发挥出来，形成强大的战斗力并取得最佳战果。当前全国铁路建设处于跨越式大发展的重要时期，铁路公安工作和铁路公安队伍都面临新的挑战和考验，虽然铁路治安总体形势有所好转，但突发事件不断增多，反恐防暴形势十分严峻。因此，加强对铁路警务作战指挥的研究，提高铁路公安警务作战指挥效能，对充分发挥铁路公安机关的职能作用，打造平安铁路具有十分重要的现实意义。

一、铁路警务战术的指挥特点

铁路警务战术指挥通常是在警情信息不准确，违法犯罪分子未察觉的情况下进行的。指挥员必须要对案情、目标、状态进行分析，对不同的案件采取不同的指挥方式。归纳起来铁路警务战术指挥的特点有：

（一）权威性

铁路公安机关有着明确的管辖界限和指挥层级，警务行动指挥是这个层级内的一个重要组成部分，有着明确的权威性。所谓“军令如山”，指挥员和被指挥者之间主要是命令与服从的关系。一旦出现指挥失误，则会造成整个警务行动的失败，甚至可能引发更为严重后果。而参战警察未严格执行命令，则随时都可能付出鲜血乃至生命的代价。因此，对于指挥员权威性的指令、命令必须不折不扣地执行。

（二）合法性

铁路公安机关是国家派驻铁路的一支治安行政力量和刑事司法力量。警务行动的指挥必须符合法律法规，必须在法律所赋予的各级铁路公安机关权限之内，不得违反法律规定和法定程序调动警力。指挥员发出的指令、命令必须合法、可行，而且要对警务行动的结果负责。

（三）针对性

铁路公安机关开展的警务行动往往是发生重特大刑事案件，或接到上级及其他公安司法机关通报后采取的反应式行动。一般有目标指向明确的紧急协查和无特定指向的通报协查二类。对目标指向明确的紧急协查，指挥员应根据目标的位置、环境、条件和危险程度做出相应的警力部署，配置与任务相适应的武器装备，既要满足达成任务目的的需求，又不能过于紧张。对无特定指向的通报协查要根据通报内容和要求做出明确的分析判断，合理、足够调配使用警力和装备，以封控目标可能的活动区域、限制目标活动能力为目的，直至目标出现，再转为特定对象缉捕。

（四）时效性

快速反应、及时出警是警务指挥的第一要务，对控制铁路站车紧急事件的势态发展，平息事态，制止犯罪，及时查缉犯罪嫌疑人有着十分重要的作用。警务行动指挥员必须及时做出形势判断，熟悉应对各类突发事件的预案，并以最短的时间、最快的速度下达指令、命令，以求得先机制胜。所做出的警务部署必须是适合任务目的的有效部署,能满足任务目的需求,防止出现部署上的漏洞、漏点、漏项,要求指挥系统具有快速灵敏的信息通信网络,确保警务行动的顺利开展,避免贻误战机。

(五)灵活性

对警务行动初期的信息情报要进行研判,随着警务行动的展开,随时都会出现新的情况和新的变化。被查缉目标的人数、位置、对抗心理和对抗能力也可能出现新的变化。指挥员始终要保持高度的警惕性,从战术上重视对手,绝不能麻痹大意。要组织人员对目标及其所处环境进行周密侦查,确定目标的人数、位置、对抗能力等各个要素后,再适时调整部署,为最终缉捕行动顺利实施创造有利条件。

(六)谋略性

"兵以诈立",古今如此。以谋取胜是警务行动指挥的明显特征。既可以隐真示假,欺骗迷惑目标,造成目标警惕性放松,攻其不备;也可以采取"掘坑陷虎、请君入瓮",在不利战术行动展开的时间和空间大张旗鼓地制造声势,增加目标心理压力,迫使其不得不进入对警方有利的预设伏战场,聚而缉捕。指挥员要根据警务行动形势审时度势,把握运用好战术谋略,统筹调配好各类资源,提高警务临战处置的指挥水平。

二、铁路警务战术的指挥要素

要素是构成事物的必要因素,是事物存在的客观基础,是认识事物的必要前提。警察指挥作为一种特殊的社会实践活动,与其他社会实践活动一样,包含若干要素,主要包括指挥主体、指挥方式等。

(一)警务行动的指挥机构

铁路人民警察指挥机构,是指警察指挥主体的组织结构形式,是根据警务行动和执法行动需要,以铁路公安机关的相关指挥人员、相关职能指挥机关(部门)为主建起的指挥实体,既有常设的各级信息指挥中心,也有临时设置的指挥部。由于查缉行动时间较短,一般情况下依托各级信息指挥中心进行指挥,不设置单独临时指挥机构。在指挥机构中,指挥员是指挥机构的主体,是组织指挥警力开展查缉行动的决策者、命令的下达者。

(二)指挥机构的构成

警务行动的指挥机构通常由常设人员与相关业务部门组合而成,因此,指挥机构内部人员素质如何,部门功能构成是否科学合理,直接影响警务行动指挥的效率,关系着警务行动的成败。

1. 人员构成。指挥员是指挥系统的核心,在指挥系统中处于支配地位。其他辅助人员根据指挥员的要求负责信息联络、信息情报搜集整理、数据分析传递等具体工作。指挥员既是警务行动的决策者,又是查缉行动进程与节奏的控制者,同时也是行动成功成果的获得者或是行动失败责任的承担者。指挥员集权力、责任、成败、风险于一身,是指挥机构人员构成的中心,一般由案发地或行动重点地区铁路公安局(处)主要领导或部门分管领导担任。大幅度跨区域的查缉行动则由公安部十局(铁路公安局)统一协调指挥,由铁路公安局领导、信息指挥中心主任或业务职能部门负责人担任指挥员,相关铁路公安局(处)负责组织具体的战术行动。

2. 指挥机关人员。指挥机关是指挥警务活动的具体办事机构,本级指挥机关人员应在指挥员领导下围绕指挥员的指挥活动开展工作,指挥机关人员的专业能力和素质水平的高低，会直接影响指挥员决策的正误和指挥效率的高低，因此，担任警务行动的指挥员应点兵选将，选调业务精、能力强、素质高的人员充实到指挥机关，指挥机关人员一般包括指挥的参谋人员、技术人员、通信保障人员等。

3. 不同警力单位领导或代表。不同警力单位领导或代表，既有上级指挥机关的组成人员，又有本级指挥机关的指挥员，作为不同警力单位的领导或代表，参与上级指挥机关关于警务行动的谋划与决策活动，提供使用警种及本警力单位的具体情况，提供本警种及警力单位的意见和建议，承担上级指挥员所交给的警务作战任务，率领本级指挥机关及所属警力，根据上级任务，指挥好本级具体的警务行动，是本级指挥的核心。

4. 部门构成。部门构成，是指挥机关内部根据警务行动需要而调用的常设职能部门。

（1）情报部门。情报部门主要职责是采用各种侦查手段、侦查、搜集、研究敌情、案情、社情、地形、气象等有关情报，为指挥员定下查缉行动的决心提供充足、可靠的资料和依据。

（2）参谋部门。参谋部门的主要职责是调查研究和熟悉对抗双方的各种情况，向指挥员提出具体战术的建议和方案，协助指挥员定下正确决心和实现决心，传达指挥员命令和指示，检查警力参战准备及执行上级命令、指示情况，组织可靠的通信联络，组织开设指挥和观察所，组织实施缉捕和战术协同，及时向指挥员报告行动进展情况。

（3）通信部门。通信部门的主要职责是建立警务行动信息传输网络，以多种技术手段沟通各参战单位上、中、下之间及相互之间的通信联系，确保警务行动通信联络的保密、可靠、畅通。

（4）保障部门。保障部门的主要职责是根据警务行动的任务和指挥员指示，负责警务行动所需的各种物质、经费及生活供应；组织卫生急救勤务；组织技术保障、交通运输保障，以及对指挥机构实施全面后勤保障，以确保警务行动的任务完成。

（三）警务行动指挥方式

1. 警察指挥方式的含义。警察指挥方式，是指挥员行使职权对被指挥对象实施控制与协调的条件方法和形式。由于警学界对指挥规律的认识不同，指挥的环境和条件不同，因而对指挥权限的掌握、使用和分配的方法与形式也不相同，可以按指挥活动参与主体的成分、权力集中的程度、直接或间接的关系、管辖权情况和指挥机关状态，划分铁路警务行动指挥方式的类型。

2. 警察指挥方式的基本类型。

（1）指令性指挥。指令性指挥，是指命令方式指挥。其特征是指挥员以命令的方式对下级详细地规定任务，明确完成任务的方法、时限和具体要求，包括具体的查缉行动计划、协同计划、保障计划、应急预案等。指令性指挥是一种具有强制性的指挥，下级必须服从命令，严格按照指挥员的指令执行任务，指令性指挥是警务行动中较常见的一种具体指挥方式，通常用于一线指挥。

（2）指导性指挥。指导性指挥，是上级指挥员实施警务行动的宏观指挥方式，而具体的查缉行动战术、手段、措施则由下级根据查缉行动的实际情况自主掌握的一种指挥方式。实施指导性指挥，其优点是既能使参战各方按照指挥员的指挥意图实施警务行动，又能充分发挥下级指挥员的积极性、主动性和创造性，较好解决了集中统一与临战行动之间的矛盾，因此指导性指挥在铁路站车查缉行动中是适用性较强、层级较高的一种指挥方式。

（3）集中指挥。集中指挥，是指警务行动的统一指挥，是警务行动的指挥员依照隶属关系对下级实施集中控制，统一协调相互配合的指挥方式，其基本特点在于指挥高度集中，在警务行动指挥活动中对警力、设备、物质、信息等资源,可以统一调配和使用,是警务行动指挥方式中指挥效能较高的一种方式,常见于战术突击行动中。

(4)分散指挥。分散指挥,是指铁路公安机关需要在在铁路站车多处地点进行警务行动的指挥方式,采用分散指挥方式,在铁路站车警务行动中可能会出现以下几种情况。第一,采取警务行动时出现一个主要现场之后又发现多个关联现场;第二,在铁路站车上作案的犯罪分子或犯罪嫌疑人进行流窜连续作案而形成多处作案现场;第三,发生紧急事件或严重暴力案件,犯罪嫌疑人大跨度分散逃跑,处于多个铁路公安机关管辖之内时,可以根据案情划分若干战区,采用分散指挥方式分头进行战术处置。

(5)逐级指挥。逐级指挥,是指各级指挥机关直接接受上一级指挥机关指令,按现行管理层级进行指挥的指挥方式,是铁路站车实施小规模查缉行动时经常采用的指挥方式,其优点是有利于上下级之间的相互沟通与联系,便于逐级实施控制与协调,充分发挥各级指挥员的积极性、主动性和创造性。

(6)越级指挥。越级指挥,是指上级管理机关在应对特殊紧急情况时,超越现行管理层级一级或数级,直接调度一线警力采取行动的指挥方式。被越级指挥的单位和民警必须坚决执行命令完成任务,同时还应及时的向其主管上级机关报告有关情况。

(7)定点指挥。定点指挥,是指挥员或指挥机构在相对固定的状态下的指挥形式。这种指挥方式通常在警务行动范围较小,需要控制目标较固定的情况下采用,其中也包括指挥部变换地址后仍然在固定场所指挥的情况。

(8)移动指挥。移动指挥方式,是指指挥机关或指挥员在运动过程中实施的指挥,如在旅客列车上进行重大查缉行动实施指挥时,根据需要,调整警力在列车上组成查缉行动指挥机构,对查缉行动现场下达指令,在运行列车上完成指挥调度、部署警力、实施有效警务行动,这是铁路公安机关执行警务作战任务重要的指挥方式。

(9)现场指挥。现场指挥也称前敌指挥,是指挥员在警务行动临场实施的指挥。这种指挥方式通常由担任一线警务行动任务的警力组织实施,由指挥员在现场对警务行动进行直接指挥,有利于提高指挥效能,使指挥具有针对性、应变性和时效性,对于警务行动临战现场出现的一些情况变化,可随时进行调整和应变。

(10)遥控指挥。遥控指挥,是指指挥员远离警务行动现场,通过通信设施、行动命令、指挥文书或借助其他手段实施的指挥。这种指挥方式通常由较高级别的指挥员采用,对下级通常实施指导性的指挥,对下级明确查缉行动的基本意图、任务和行动原则,并注意及时了解和掌握一线警务行动情况。

第三节　铁路警务战术指挥程序与指挥内容

一、警务战术的指挥决策

(一)警务行动决策含义

决策是指对策略的决断。警务行动临战决策活动是警察指挥员的一种主观行为,只有主观决策和客观决策相互统一,才能达到预期的效果。一般来说,主观与客观相互统一,在警务临战决策上表现为:一是主观认识与客观实际相互统一,也就是认识具有客观的真理性;二是主体的警务行动决策目标,包括警务行动的指挥、警务行动保障等都以真理性认识为基础和依据;三是在警务行动的结果上能够实现预期的警务行动效果,也就是警务行动实战结果上实现主观与客观的统一。针对当前的严峻复杂的铁路站车治安形势,且暴力犯罪呈现智能化、团伙化的趋势,面临警务临战出现的各种情况,担任铁路警务行动的指挥员要根据铁路站车突发事件的特点规律和具体情况,认识和把握在警务临战中所遇到的问题的特性,对可能发生情况的时间、方位、手段进行分析、判断、论证,并能及时的预测事件可能发展的变化,预定各种处置方案,按照指挥员警务行动的总意图,在不影响警务行动计划的前提下,因利制权、瞄准时机、先敌决策,把握警务行动的主动权。

(二)警务行动决策特征

1. 目的性。警务行动决策是为了达到一定的目的,为实现一定的目标而作出的决定,如果没有目的或目的不明确,就会决策失误,因此决策的目标性是决策的方向问题。

2. 预测性。在决策过程中,面对复杂的警务作战态势,指挥员要保持高度的警惕,既要充分考虑目标状态可能出现的变化,以及现场环境的各种条件,掌握敌我双方态势的细微变化,把握最佳突击时机,同时也要对可能出现的失误及产生的后果做出充分估计,预先安排好补救措施,防止警务行动失败造成严重损失。

3. 随机性。铁路站车随时随地都存在着发生违法犯罪的可能,发生的时间、地点、人员以及犯罪形式、侵害对象等都是警方难以预料的,因此,铁路站车警务行动的决策具有应变性。警务行动决策随机性常常使指挥员处于被动状态,若战术行动处置不当,就会影响决策时效性和准确性。

4. 应变性。面对警务行动临战中各种突发情况,做到快速反应、随机应变、随即处置,在平时的警务实战演练中,应根据警务行动实战中可能出现的情况,拟订多种预案、设置多种情况,进行各种警务战术的训练,增强指挥员和一线警察的随机应变能力。

(三)警务行动决策分类

警务行动指挥决策的内容主要分为情报决策、组织决策、作战决策。

1. 情报决策。情报决策是指分析判断情报的真假,衡量其价值的决策,其基本任务是,判断其情报的真实程度,剔除虚假成分,核实验证,进行评估,得出正确结论,做到"由此及彼、去粗取精、去伪存真"。

2. 组织决策。组织决策是为了达到预定的警务行动目的,对现有的警力、武器、装备进行科学编组,使之发挥最佳作用的决策。通常的行动编组、警力部署、行动程序都是组织决策的内容。组织决策可以预先决定,亦可临时根据情报考虑相应对策,还可在执行警务行动任务时不断调整。

3. 作战决策。作战决策是为了达到铁路站车警务行动的目的,确定所属警力所要采取的具体战术方法和战斗后勤保障活动的决策。包括与警务行动有关的各种措施,如确定目标、明确突击方向、确定接敌路线、攻击地点、确定战术运用节点、各警力单元任务分工、武器装备配备、战术协同配合、组织各种保障等。警务行动作战决策是指挥员在指挥活动中最紧张、最复杂、最重要的决策,并在执行过程中要根据情况变化修正或改变决策任务。

(四)警务行动决策程序

决策程序是对决策过程客观规律的表述,是决策活动内在规律所决定的决策过程中各个基本步骤的先后顺序。

1. 分析案情、确定目标。从警务行动的角度来分析,警务目标主要指的是犯罪嫌疑人。有时警务目标指的是物,犯罪嫌疑人操控的交通工具及凶器、武器等。确定目标,首先要将警务行动的现场情况弄清楚,从了解和分析案情入手,指挥员要调集警力,运用侦察力量,利用各种渠道,采取必要的战术措施、方法,广泛搜集以案情为重点的各种情况,尽量查清、查实,进行分析判断,适时研究确定目标。

2. 研究对策、拟订方案。查缉目标确定后,应适时研究对策,拟订警务行动方案。警务行动方案是针对犯罪嫌疑人的作案、逃跑企图,依据警务行动预案要求,对警务行动进程和战法所拟定的设想。拟订方案时应坚定两条原则,即方案的齐全性和差异性,齐全性指拟订的备选方案要齐全,考虑到铁路站车警务行动的不确定因素很多,偶然性很大,因此,制定警务行动方案,要从最复杂、最困难、最恶劣的情况着手,拟订出详尽、齐全的方案,这是保证最后能够选定最佳方案的主要条件。拟订方案的方法有两种:一是临机拟定法,即接到报警或上级的命令后,根据警务行动的任务、案情、铁路站车的地形、旅客列车的行车时刻及中间停站、警力配置情况等临时拟订警务行动方案;二是预案修补法,即在平时拟订的铁路站车警务行动预案的基础上,根据现场发案的具体情况对方案进行修改、完善,形成所需的警务行动方案。

3. 全面评估、选优决断。全面评估、选优决断是决策程序的关键一环,也是警务行动指挥决策的关键性步骤。对各种警务行动方案进行分析评估应从成功率高、战斗效率好、符合法律规定、风险小、应变性强、实施难度低等诸方面进行全面评估,从中确定最佳方案,还应根据铁路站车警务行动可能发生的变化选定几个备用方案,使决策有回旋的余地。

4. 执行方案、实施决策。决策的实施是将决策方案的设想和警务行动预期目标转化为现实成果的过程。在铁路站车上组织警务行动,突发性强、情况多变、行动节奏快、警力调集难度大,指挥员在执行方案时,必须精心谋划,运用铁路站车现有的设施和条件迅速周密地拟订具体实施计划、实施决策,并在实施中加强信息的反馈,现场情况变化时应积极修正方案,以保证决策目标的实现,在决策实施过程中,通常采用目标控制、计划控制、随机控制等方法加强对警务行动的控制,对于减少或及时纠正偏差,提高警务行动的效能,确保实现决策确定的目标,圆满完成警务行动的任务具有重要意义。

二、铁路警务战术的指挥程序

警务行动的指挥程序是指警务指挥中心的主要处置环节及其顺序。铁路站车警务行动指挥程序的环节和次序一般可分为四个阶段,即接警处置阶段、先期处置阶段、现场处置阶段、后期处置阶段。

(一)接警处置阶段的指挥程序

1. 警情接报。警情接报是在铁路站车值班、值乘的基层所队、警组或警察,直接接到群众报警或上级指挥机构的报警电话,接警警察对报警信息初步分析后作出初步反应的行动。除发生重特大警情需立即向上级公安机关报告外,一般案件由值班、值乘警察作出处置或先期处置。

2. 出警处置。铁路公安指挥机构根据案情调派派出所、刑警队或治安队到达案发现场进行初步控制性处置,处置指挥的重点是控制局面,摸清现场情况及搜捕犯罪嫌疑人和组织抢救等。

3. 情况反馈。首批到达现场警察中的最高职务者,为行动现场的临时指挥员。负责现场的紧急控制处置,并将了解、核实的情况及时向指挥机构报告。

（二）先期处置阶段的指挥程序

1.建立临时指挥部。当多个部门的警察陆续到达案发现场后，案发地铁路公安机关主管领导应指定现场指挥员，并组建现场临时指挥部，统一协调各警力的警务行动。

2.完成现场紧急控制。铁路站车是公共场所，人员密集，流动量大，指挥部先期处置阶段的一项重要措施，就是迅速完成对现场的有效控制，现场紧急控制措施主要包括四个方面：一是对空间的控制，迅速控制现场的制高点，立即布置周边交通要道设卡堵截；二是对人员的控制，及早发现，搜捕犯罪嫌疑人，必要时应疏散现场旅客及围观的群众，对事主、受害人、目击人、知情人要及时的滞留和保护、甄别、进行初步访问；三是对物品的控制，对可疑的痕迹、物证、破坏的设施、要重点看管和保护；四是对旅客列车上发生的重特大案件，要迅速调集列车前方车站的铁路警察进行先期处置。

3.制定初步方案。根据从铁路站车现场初步获得的信息，指挥部要迅速制定初步处置方案，应着手从三个方面进行：一是根据突发事件的性质、规模及损害情况及发展态势，作出事件基本类型和严重级别的判断，制定处置本次案事件的方案；二是确定初步处置方案的基本内容；三是指挥部要合理调度警力，做好组织分工。

4.现场初步勘验。现场初步勘验是指由铁路公安机关的技术人员组织有序的现场观察、拍照、测量等勘验工作，进行证据保全和提取，现场初步勘验要注意尽量保持现场原貌，对可疑物品不作翻动。

（三）现场处置阶段的指挥程序

1.建立正式指挥部。经过先期处置阶段，案件的性质逐渐清晰，案件管辖的主体也逐渐明确，应组建正式指挥部，指挥员应由案件管辖单位的主管领导担任，做好临时指挥部向正式指挥部转化、过渡、交接工作，其中主要包括信息、资料、人员、证据和先期处置方案建议等诸方面。

2.完善现场处置方案。根据对现场案件性质的深入调查结果和初步方案执行的情况，进一步对初步方案进行整体性或局部性的调整、修改和完善，调整的主要方面：一是警种调整；二是警力调整；三是现场控制调整。对划定的警戒范围、占据的地形地物、控制和访问的旅客、现场清理的切入点和方向等进行调整和完善。

3.现场深入勘验。现场深入勘验是在对现场初步认识的基础上，由技术人员对现场的痕迹、可疑的物品、破坏现象、尸体状况等，进行翻动、移位、提取的检查和勘验活动。

4.警务行动措施与谋略的设计和运用。在搜捕现场，当犯罪嫌疑人负隅顽抗拒捕时，指挥员首要任务是确保旅客的安全和财产不受损失，迅速拟订抓捕方案，设计用谋，抓住战机下达指令，并将现场的处理情况及时反馈与调控，运用恰当战术方法，有效缉捕或控制犯罪嫌疑人。

（四）后期处置阶段的指挥程序

后期处置阶段，一般指突发案件的性质完全明确，已完成临时指挥部向正式指挥部过渡，并已高效地开展处置行动阶段。

1.突发案件的准确定性。现场处置进入后期阶段的主要条件，就是能够为突发事件作出准确的定性，指挥员要为准确定性不断创造条件，在信息反馈过程中积累有关定性的材料，加强证据采集的力度并及时进行现场分析，准确定性。

2.形成证据体系。指挥员在现场处置的全过程中，应把形成证据体系作为指挥活动一项基本任务来抓，在先期和现场处置阶段证据可能是分散的，不够系统，但到后期阶段就应有目的地将人证、物证、书证、现场记录、勘验材料和检验报告等资料,集中管理,如发现疏漏和不完整之处,应及时调整力量予以追补。

3. 警务行动措施与谋略运用和终结。警务行动措施与谋略经过执行与调整,最终捕获犯罪嫌疑人,标志着处置战术的终结和运用措施和谋略的指挥活动的成功。

4. 现场控制终结及善后工作。

(1)现场控制终结的条件。事态不具有紧急性、不具有危险性,现场控制的任务已经完成。

(2)现场控制终结的内容。终结对现场人员的控制、物品的控制、事态的控制。

(3)现场控制终结的善后工作。现场不再保留、现场部分保留、现场全部保留,现场"转移"。现场"转移"是指突发事件的铁路站车属于公共场所,现场处置工作不能按照其自身的需要而占用很长时间,要将现场划出"格子",进行编号,将散落物品按编号装箱,易地勘验。

三、铁路警务战术的指挥内容

警务行动指挥活动的内容,主要包括获取信息、运策谋划、计划组织和调度控制四个部分。信息是决策的依据,决策又要靠计划组织将其转化为可操作性的方案,方案在查缉行动实施过程中的方向和进度,需要靠调度控制手段把握总体平衡。

(一)获取信息

获取信息,是指警务行动指挥者通过主动或被动方式对现场信息进行采集和初步归纳的行为。在警务行动指挥活动中获取和利用信息是指挥活动的首要任务,也是下达指挥指令的基本依据。有些警情信息是通过调查走访或受理旅客、铁路职工报警时获取的,有些信息则是通过上级下达的协查通报、通缉令等渠道获取的,这就需要指挥员熟悉获取信息的渠道和内容,从获得信息时信息存在状态和传递方向来看,其来源可分为静态信息和动态信息两方面。

1. 静态信息

(1)背景信息。是指突发事件现场所涉及的社会环境方面的信息。属于在事态发生前已经被警方所掌握的信息。主要包括突发事件现场地区旅客状况、旅客流量、列车运行状况、铁路站车设施、设备情况。

(2)预案信息。是指为处置在铁路站车上突发事件预先指定的处置方案的相关信息。包括可以调动的警察数量、警察到达事发现场的时间、武器装备及突发事件处置方案信息,这些预案包括处置治安突发事件、严重暴力案件、自然灾害等不同性质类型的预案。

(3)专用信息。是指可通过公安信息网、警务通查询的各种警务专业信息,如缉逃、缉毒、缉私、涉枪案件、无名尸、通缉令、指纹等的专业信息系统。

2. 动态信息

(1)警情信息。是指铁路站车发生突发事件事态的信息,包括查缉行动现场初步掌握的信息,如时间、地点、涉案人员、造成的损失、案件性质等。

(2)指令信息。是指指挥员在警务行动指挥活动中对下级,以命令形式下达的查缉行动信息,包括上级指挥机构对下级处置行动的命令,及下级执行指令后的反馈信息。

(二)运筹谋划

铁路站车警务行动指挥活动中的运筹谋划,是指指挥员综合铁路站车的各种情况,权衡利弊对查缉行动策略、计谋、措施的设计和作出决定的活动,是在利用信息的基础上,提出针对性处置方案的复杂思维活动。

1. 行动谋划。警务行动谋划是指指挥员在部署查缉行动前,对查缉行动整体作战提出构想和方案,是整个警务行动指挥过程的首要环节。

(1)谋划的首要任务。包括警务行动指挥意图,指挥员对警务行动的整体构想,是决定警务行动全面的总体思路。警务行动指挥程序,是警务行动指挥的基本步骤设计,主要由控制现场、组建指挥机构、采取应急措施、调查访问、现场勘验等步骤构成。警务行动中是武力强攻还是围困劝降,是正面进攻还是迂回包抄,都需要指挥员在符合法律法规的前提下,依人、依事、依情、依时运用恰当谋略,有效控制事态发展进度,进而达到警务行动目的。

(2)谋划主要方法。包括综合分析现场的地形、地物、建筑、旅客状况、危险物品、设施设备等,提出有利于铁路公安机关处置的方案,摸清查缉目标的位置、人数、携带物品、险情发展态势,针对人、事、物制定处置方案,并完成处置方案的设计,指挥员应利用一切手段尽快完成先期处置的决策,要运用同时占有多路信息的手段,对其加工整理,分析判断,决定取舍。

(三)计划组织

"凡事预则立,不预则废",对铁路站车开展警务行动,必须要有周密的计划,在警务行动指挥活动中,指挥员为实现处置决策制定查缉行动谋略和措施的计划并组织实施是确保警务行动的主要条件。

在警务行动指挥活动中,计划组织是指挥决策向操作性迈出的主要步骤,其主要内容包括两方面。

1. 制定计划。在铁路站车开展警务行动,由于不能中断正常的铁路运输秩序,时间紧迫,制定计划必须是一个"速成"的过程,其主要手段就是对已拟订的警务行动预案进行选择,修改后实施,其主要内容就是选用适当的措施,设计行动的谋略和安排警务行动的程序。指挥员和指挥机构人员必须掌握运用预案的知识和技巧,谋略的运用是一个复杂的思维过程,应根据铁路站车的特定环境,在特定的时间、地点、人员及案情,迅速构成实用性和针对性很强的谋略设计方案,并组织实施。

2. 组织协同。在警务行动指挥活动中,组织协同是指挥员根据查缉行动计划做好保障准备和下达行动指令的活动,要完成三个方面的保障准备:一是组织保障准备,把临时组织的警务行动指挥机构,指挥员和警务参谋及通信人员配备齐全,开展运行;二是警力保障准备,是把调集的警力、警种尽快部署到位,装备保障是指为完成警务行动所必需的武器装备、勘验器械、抢险器材整备和调用;三是完成下达警务行动的指挥指令,既可以利用通信设备直接下达指令,也可以通过召集紧急会议的方式下达指令,行动命令内容包括:各参战单位的行动目的、任务、应占据的空间、行动的时间、协同配合要领及应变处置原则等。

(四)调度控制

调度控制,是指警务行动指挥员在警务行动中利用反馈机制,对所属警力进行的指导、调遣、调控、监督等动态协调活动。在警务行动指挥过程中,调度是基本手段,控制是主要目的,最后应利用反馈机制实现控制,指挥员要站在全局的高度,通过指挥决策使警务行动指挥活动向预定的目标前进。

1. 调度控制的内容

(1)指导。就是指挥员通过向所属参战部门发出各种指示,传达指挥员查缉行动的方针、意图、原则、方法、措施或谋略等,从而指导和规范警务行动进程的活动。

(2)调遣。就是指挥员对所属参战部门行动的时间、空间和具体任务,进行部署、调整或下达行动指令的活动。

(3)调控。是指指挥员对所属参战部门警务行动的进度或协同配合,进行协调和平衡的活动,对参加警务行动由多部门构成的立体网状进行调控。

(4)监督。是指指挥员对所属参战部门警务行为的目的性和规范性进行检查和控制的活动,加强监督机制是取得警务行动成功的有力保障。

2. 调度控制的方法

(1)掌握平衡。对警务行动规模大、性质严重的铁路站车突发事件,指挥员要注意参战各单位相互之间行动上的协同,对各单位在警务行动中的位置、采取警务行动的时机、战术动作进行协同,掌握整体进度和平衡。

(2)因势利导。警情的变化可以分成"利我变化"和"不利我变化"两类,在铁路站车上由于人员密集、客流量大、列车高速运行等原因,指挥员要善于捕捉稍纵即逝的有利变化因素,在指挥中为我所用,在出现不利我变化因素时,要及时调整原先的部署,机动灵活地调整所属警力,采取得力措施,在保护旅客和自身的安全原则下指挥开展警务行动。

3. 调度控制的重点

调度控制的重点,是指根据铁路站车发生突发事件现场状况、选择出的原有警务行动方案需要调整的主要方面。

(1)整体性调整。是指在警务行动指挥活动中,当所处置的突发事件发生性质的重大变化时,对警务行动部署进行根本性、全面性的调整,并按所调整的方案进行部署实施指挥。

(2)局部性调整。是指在警务行动指挥活动中,当所处置事件的事态发生了局部程度规模或数量方面的变化时,对警务行动部署仅需作出部分调整,如警力、时空或装备方面的调整,局部的调整是为了整体平衡和警务行动整体作战效应。

【本章小结】

通过本章教学,使学生了解铁路警务行动原则的具体内容,掌握警务行动指挥的基本方法、指挥特点和指挥的程序、指挥的基本要素,了解指挥决策、指挥组织与实施的相关知识与方法。

【思考题】

1. 什么是合理的警力对比形势?
2. 如何发挥警察协同行动的整体作战优势?
3. 指挥的程序与内容有哪些?

第三章　铁路警务战术预案

【教学重点与难点】

重点：铁路警务战术预案编制方法、基本框架

难点：铁路警务战术预案演练的程序、方法

第一节　铁路警务战术预案概述

预案在《现代汉语词典》解释为：就是为应付某种情况的发生而事先制定的处置方案。通常说的预案，是指根据评估分析或经验，对潜在的或可能发生的突发事件的类别和影响程度而事先制定的应急处置方案。预案即预备方案，从文种性质来讲，它属于工作计划的一类，但具有"方案"的专一性、专业性、周密性、时限集中性等要求，属于应用写作研究的范畴。

铁路警务战术预案是指铁路公安机关为了预防突发事件，最大程度地减少铁路站车管辖范围内的财产损失和人员伤亡，减少社会公众对铁路运输的负面影响，保障国家和旅客群众的生命财产安全，维护铁路站车秩序，及时高效、妥善地处置铁路上发生的治安和刑事案件，而制定的应急处置方案。

一、铁路警务战术预案的特点

预案是开展应急处置行动计划和实施指南。应急预案又称应急计划，是针对可能发生的重大事故（件）或灾害，为保证迅速、有序、有效地开展应急与救援行动、降低事故损失而预先制定的有关计划或方案，是在辨识和评估潜在的重大危险、事故类型、发生的可能性、发展过程、事故后果及影响严重程度的基础上，对应急机构与职责、人员、技术、装备、设施（备）、物资、救援行动及其指挥与协调等方面预先做出的具体安排。它明确了在突发事故（件）发生之前、发展过程中以及刚刚结束之后，谁负责做什么、何时做，以及相应的策略和资源准备等。

铁路警务战术预案的针对性较强，与一般的工作计划和预案相比，除了时效性、预防为主、现场控制迅速等特点外，还具有以下三个鲜明特点：

（一）专业性

预案的制定从信息收集与研判、警力部署到铁路查缉犯罪嫌疑人的行动开展都要讲究专业，必须充分考虑铁路运输的特点和铁路站车的特殊性，在经过专业论证的基础上确定警务行动方案，在实战演练中完善预案，

在科学决策的基础上采取警务行动。

(二)可操作性

预案是针对可能发生站车事件而制定的,主要目的就是在站车突发事件发生之时能根据预案来进行警力调度,为站车突发事件的有效处置打下扎实的基础。当站车事件发生后,能按照预案进行警力部署、采取处置对策、组织实施,达到知己知彼、起到速战速决的作用,将财产损失和人员伤亡控制在最小程度。因此,在制定铁路警务战术之时预案要具有可操作性。

(三)复杂性

制定预案是一项细致复杂的工作。从预案制定的内容来看,包括火车站及周边维稳事件、铁路沿线线路安全、列车运行途中安全,又包括自然灾害、事故灾难、暴力恐怖等突发事件;从制定过程来看,需要收集资料、开展调研、确定警力部署等,还要进行实战演练以检验预案是否具有可操作性;从预案的实施过程和行动来讲,预案的制定是根据铁路站车事件设想发生的情景来制定的,由于受铁路站车突发事件的不确定性及现场变化等因素,铁路警务战术预案具有复杂性。另外,铁路警务战术预案强调属地管理。铁路公安部门要和当地党政部门加强协作与联系,在上级部门的领导下,以发生地为主体,明确各级部门的责任,做好预案的制定、演练和处置工作以及预案的完善工作。

二、铁路警务战术预案的种类

铁路的站、车、线都会存在多种潜在事件的发生,如群体聚众闹事、拦车断道、破坏铁路设施、旅客长时间滞留等。在春运、暑运、重要节假日或国家重大活动可能会出现重大紧急情况。因此,在编制应急预案时必须进行合理策划,做到重点突出,反映出本站车的主要重大事故风险,合理地编制各类预案,避免预案之间相互孤立、交叉和矛盾。

预案的分类有多种方法,如按行政区域,可划分为国家级、省级、市级、区(县)和企业预案;按时间特征,可划分为常备预案和临时预案(如偶尔组织的大型集会等);按事故灾害或紧急情况的类型,可划分为自然灾害、事故灾难、突发公共卫生事件和突发社会安全事件等预案。根据事故影响范围不同可以将预案分为现场预案和场外预案,现场预案又可以分为不同等级,如车间级、工厂级等;而场外预案按事故影响范围的不同,又可以分为区县级、地市级、省级、区域级和国家级。根据铁路站、车、线的典型性特点,考虑预案的适用对象范围,铁路警务战术预案可划分为综合预案、专项预案、现场预案和单项预案。

(一)综合预案

综合预案是预案体系的顶层,从总体阐述预案的应急方针、政策指导下,从整体上来分析铁路辖区的危险源、应急资源、应急能力,并明确应急组织体系及相应职责,应急行动的总体思路、责任追究等。

(二)专项预案

专项预案是针对某种具体、特定类型的紧急事件,如警卫、站车维稳、群体性事件及其他自然灾害的应急响应而制定的。是在综合预案的基础上充分考虑了某种特定危险的特点,对应急的形式、组织机构、应急活动等进行更具体的阐述,有较强的针对性。

(三)现场预案

现场预案是在专项预案基础上,根据具体情况需要而编制,针对特定站车场所,通常是风险较大的站车场所或重要防护区域所制定的预案。例如,查缉专项预案下编制的某项特定查缉的场内应急预案。现场应急预案有更强的针对性和对现场具体查缉活动具有更具体的可操作性。

(四)单项预案

单项预案是针对旅客群众在站车的聚集活动而制定的临时性应急行动方案。预案内容主要是针对活动中可能出现的紧急情况,预先对相应应急机构的职责、任务和预防措施做出的安排。

三、铁路警务战术预案的作用

铁路警务战术预案在处置各种突发事件中起着关键作用,它明确了铁路警务临战相应的应急策略和资源准备等。它是针对可能发生的铁路站车治安和刑事案件的影响和后果严重程度,为应急准备和应急响应各个方面所预先做出的详细安排,是开展及时、有序和有效事件工作的行动指南。对铁路警务战术进行预案,在铁路公安工作中还有着重要作用,主要有:

(一)预案是构建和谐社会的安全屏障

铁路安全直接关系到国家和人民生命财产安全,关系到社会大局的稳定,重视铁路安全是构建和谐社会的迫切需要。所以,应急机制和处置预案是构建和谐社会的必需要件,以此为社会打造安全屏障。建立健全应对社会安全及自然灾害、事故灾难、公共卫生等方面的站车预警体系,形成统一指挥、功能齐全、反应灵敏、运转高效的应急机制,提高保障站车安全和处置突发事件的能力,是构建和谐社会的一项重要任务。

(二)预案是维护国家安全和社会稳定的战略举措

进入21世纪,恐怖活动日益猖獗,给人类带来了严重灾难。做好铁路反恐应急预案,可以起到以下几方面的作用:一是能最先作出反应,最先投入战斗。恐怖袭击事件是有组织、有预谋的破坏活动,设计极为周密,突发性极强,难以防范。在恐怖袭击事件处置中,各部门要贯彻平战结合的原则,平时针对可能发生的事件,积极主动做好各方面准备;战时要能够快速作出反应,快速应对。二是能最先控制局面。恐怖袭击事件方式、形式、手段多样,受袭击的目标、对象、规模变化性很大,难以掌握。事件发生后,情况特殊、危害严重、救援工作复杂、涉及面广、投入力量多,需要社会各方面力量的密切配合和协同。三是能最大限度地减少损失和伤亡。制定了完善的应急预案,组建相应的组织机构,配备抢险救援器材装备,开展专业训练和实战演练,积累应急处置经验,一旦发生恐怖袭击事件能够迅速展开处置工作,能够有效控制突发性事件的发展,最大限度地减少恐怖袭击造成的财产损失和人员伤亡。

(三)应急预案是成功处置各类突发事件的前提和基础

应急预案在处置各类突发事件中具有重要作用,制定严密、有效的应急预案对处置突发事件,查缉犯罪嫌疑人起着决定性的作用。其主要表现在:一是有利于掌握警务作战行动的主动权;二是有利于促进对可能发生的突发事件进行掌控;三是有利于增强警务作战训练的针对性;四是有利于对铁路警务作战规律和处置对策进行研究。

第二节 铁路警务战术预案的制定

编制预案,是铁路公安机关在完成处置站车治安、刑事案件案件任务中的具体计划和设想,是组织实施铁路警务作战的基本依据和行动准则。准备工作通常有三点:一是要结合乘警、站警、线路警、特警的任务进行相应的教育训练;二是做好充分的思想、物质准备工作;三是要制定内容完善、切实可行的处置预案。预案的制定通常分为预案制定的方法、预案制定的基本框架、预案制定的基本要求三部分。

一、预案的编制方法

预案一般分可以为四大步骤，即组建应急预案编制队伍、开展现状与能力分析、制定预案和预案实施。

(一)组建编制队伍

预案编制、开始应该有铁路各相关部门的参与，需要投入大量的时间和精力，预案编制组的组长最好由各铁路公安局主管刑侦的副局长担任，这样可以增强预案的权威性，有利于促进工作的实施。

(二)现状与能力分析

1. 现状分析。

(1)分析现有预案。需要调研的现有预案，如突发事件处置、站车联动、反恐防暴、消防预案等预案，熟悉相关法律法规。

(2)重点站车和作业分析。

(3)紧急情况所需要的内、外部资源和能力分析。

2. 脆弱性分析。分析各类紧急情况的可能性和对铁路的潜在影响，应考虑下列因素：

(1)站车因素，要分析车站所处的地理位置与人文环境，列车途经的重点车站。

(2)技术问题，要重视事件发生后所有技术取证与追踪问题等。

(3)人的因素，在资源评价时牢记预案工作人员(警察、消防、医护)应关注各自的响应工作，否则，自己将会在紧急情况下不能及时有效地作出反应，导致应急响应行动的延误。

(4)自然因素，要考虑以往是否发生过紧急情况包括火灾、极端天气等。

(三)制定预案

预案制定过程要注意以下几个因素：

1. 明确撰写任务。确定具体的工作目标和阶段性工作时间表，制定工作任务清单落实到具体的人员和时间，确定预案总体和各章节的最佳结构，将预案按章节分配给每一位编写组成员。

2. 确保与地方机构协调一致。将铁路已经开始制定预案的情况通知相关的地方政府部门。确定需要与外部机构沟通的内容包括应急响应的通道与部署等。

3. 评审培训和修订。将初稿拟发各编写组成员审校和修订；在审校和论证时开展桌面演习，充分讨论之后进行完善。

4. 批准和发布。经会议讨论后向最高领导汇报。经批准后发布预案，将预案装订好并逐一编号签收预案。

(四)预案实施

预案经批准发布后，应组织落实预案中的各项工作，如开展应急预案宣传、教育和培训，落实应急资源并定期检查，组织开展应急预案演习和训练，建立电子化的应急处置预案，对处置预案实施动态管理与更新、完善。

二、铁路警务战术预案制定的基本框架

根据《国家突发公共事件总体应急预案》和《铁路公安机关处置突发事件总体应急预案》等相关预案制定的规定，为便于统一管理，铁路警务战术预案制定的基本框架为以下几

个部分:

(一)标题

采用公文式标题写法,如×××铁路公安局群体性事件处置预案。

(二)前言

分析与预案所针对的风险有关的种种现实状态,结合上级的指示和本铁路公安局的实际情况等,提出预案的总任务、目标。前言须文字精练,高度概括,不可写得很繁琐、冗长。

(三)主体

1. 指导思想。这部分强调制定、执行此预案的重要性、必要性和总的原则与理念。这是不可或缺的重要内容,只有认识上提高了、统一了,全局上下才能行动上重视和统一,拧成一股绳,确保预案实施的力度和效果。

2. 组织架构。这部分是将有限的人力合理分工配置,包括领导班子、一线的机构与成员、后勤人员、办公室值班人员等,只有组织架构清晰,才能确保分工到人,责任明确,同时亦要注意分工中有合作,走活一盘棋。

3. 信息网络。这是预案的重要内容,包括与各部门横向联系的方式与责任人,也包括内部紧急状态下的联系方式。如内容较多,可只在正文部分简述,将具体的人员名单、电话号码、单位、地址等作为附件列后。

4. 具体任务、措施和步骤。这部分是预案的实质性核心部分,通常是将站车单位划分成若干责任区,每一责任区形成一个章节,各自围绕任务、措施、步骤分别阐述。

(四)结尾

可再次强调执行此预案的希望和要求,呼应前文,总结全文。另外,俗话说:计划不如变化快,在强调执行此预案的规定性的同时,也应在结尾指出,对于预案没有预计到的情况、问题,执行者要发挥才智,灵活应对,同时对预案也应有所了解。

(五)附件

前文已经阐述到,预案的写作通常带有附件。对于那些简单的、同质性的文字部分、各种数据、区域分布情况等,应设计成各种图表作为插图(表)或附图(表)。

三、铁路警务战术预案制定的基本要求

1. 制定预案必须注重预案的合法性、规范性。要确保预案符合党和国家的方针政策,使预案有法律依据,具有权威性。

2. 在预案类别上注重针对性。预案种类多样,各类预案的功能和作用不同,预案编制的要求也就各异,必须注重其针对性。公安局预案应体现在原则指导上,专项预案应体现在"专业应对"上,部门预案应体现在"部门职能"上,一线所队预案应体现在"具体处置"上。

3. 在预案的编制中要注重完整性、可操作性。一个完整的预案应当充分体现应对突发事件各环节的工作,明确突发公共事件事前、事发、事中的各个进程中,谁来做,何时做,调动哪些资源做,要求预案内容完整,讲求可操作性。一是讲究"明",每个预案应当明确体现突发事件应对处置的各环节工作,一看就知道做什么、怎么做、谁负责,不可模棱两可,含含糊糊。二是做到"实",编制预案就是要实事求是、实战管用,这是预案编制的基本原则。三是力求"精",编制预案在文字要求上应坚持"少而精"的原则,应主题鲜明、内容翔实、结构严谨、表述准确、文字简练。

4. 在预案管理上要注重实效性,避免"纸上谈兵"。预案是根据以往的经验和可能出现

的突发事件的特点编制的，与警务作战的实际情况可能存在一定的差距，且警务作战在不同的阶段也具有不同的特征，因此，必须加强对应急预案的动态管理，深入进行预案的解读和施行，积极开展应急预案的培训，结合预案加强应急演练。

第三节 铁路警务战术预案的演练

一、铁路警务战术预案演练的作用

预案一般包含三个基本环节，即拟订、演练和修订。其中演练是最重要的一环，有着非常重要的作用。

（一）检验预案。通过开展演练，查找预案中存在的问题，进而完善预案，提高预案的实用性和可操作性。

（二）完善准备。通过开展演练，检查应对突发事件所需应急队伍、物资、装备、技术等方面的准备情况，发现不足及时予以调整补充，做好应急准备工作。

（三）锻炼队伍。通过开展应急演练，增强演练组织单位、参与单位和人员等对预案的熟悉程度，提高其应急处置能力。

（四）磨合机制。通过开展演练，进一步明确相关单位和人员的职责任务，理顺工作关系，完善应急机制。

（五）提高风险防范意识。通过开展演练，普及应急知识，提高警务作战能力和风险防范意识、自救互救等应对能力。

二、铁路警务战术预案演练的方法和类型

（一）铁路警务战术预案演练的方法

1. 按照处置预案分段组织演练。

2. 根据铁路警察的基本素质采取分组与集中演练。

3. 设定警情、对抗演练。

（二）铁路警务战术预案演练的类型

划分准标	分类	特点
按组织形式划分	桌面演练	1. 内容：利用地图、沙盘、流程图、计算机模拟、视频会议等辅助手段，对突发事件应急处置的决策、指挥、协调程序进行推演 2. 作用：检验和提高指挥人员的相互协作能力，明确各部门的职责划分 3. 优点：花费少，筹备时间短，调用资源少；缺点：现场感不强
	实战演练	1. 内容：利用搭设的场景、真实的设备物资，完成真实响应的过程 2. 作用：检验和提高指挥人员、执行人员、模拟人员的临场指挥、队伍调动、现场处置、后勤保障等能力 3. 优点：可操作性和现场感强，宣传影响力大；缺点：花费大，筹备时间长，调用资源多

续表

划分准标	分类	特点
按内容划分	单项演练	1. 内容:演练只涉及预案中的一项行动 2. 作用:有针对性地检验和提高特定行动和人员的响应能力 3. 优点:针对性强,易发现薄弱环节;缺点:预案中各项行动的协同性未得到检验
	综合演练	1. 内容:演练涉及预案中的多项或全部行动 2. 作用:全面检验和提高各项行动和各类人员的响应能力 3. 优点:各项行动和人员的协同性得到检验;缺点:花费多,筹备时间长,调用资源多
按目的划分	检验性演练	重在检验预案的可行性、准备的充分性、应急机制的协调性及相关人员的应急处置能力
	示范性演练	重在向社会公众展示铁路警察警务作战能力或提供示范教学
	实验性演练	重点研究和解决突发事件应急处置的重点、难点问题,试验新方案、新技术和新装备

三、铁路警务战术预案演练的程序和内容

(一)铁路警务战术预案演练的程序

1. 明确演练范围和参与人员。如是初次组织演练,应选择预案中的一两个部分来进行演练。多次小规模的演练比一次大规模的演练能获得更好的效果。参与人员通常是与演练范围相对应的警察,同时也可以是熟悉演练范围的相关人员。

2. 组建演练规划小组。将部分演练参与人员纳入规划小组。小组成员也可以包括非具体执行人员,必须了解演练范围内的业务和演练流程。规划小组至少应该包含一位局领导,以增强规划的公信度。

3. 设定演练目标。让规划小组的每一名成员都了解本次演练的范围,通过讨论设定目标,应设定在三个到五个(尽量简化每一次演练)目标。在演练过程中尽量让这些目标量化或可视化。

4. 设计演练情景。情节景可以简单,也可以很复杂。它可能是盘查、清查或缉捕,也可能是突发事件,设计的模拟情景必须能够对预定的警务作战进行演练,并能达到规划小组所设定的目标。

5. 设计演练评估清单。在明确了演练范围、设定好演练目标后,为了恰当地衡量目标是否达成,需要设计演练评估清单,用以在演练中跟踪和记录目标的达成情况。评估清单应该包括评估者的姓名、需要评估的目标、评估的标准等,并为评估者预留出进行评论和做笔记的地方。

6. 选择担任演练中的各种角色。演练中基本的角色包括参与者、观察者、评估者和主持人,每个角色都很重要,需要在演练前进行相应的指导与培训。参与者:通常负责业务连续性计划特定部分的具体执行,不必参与演练的规划;观察者:可以是组织中的任何人,只要对组织的业务或者流程有基本的了解,就需要一直参与到演练中,允许对演练提出具有建设性的评论和意见;评估者:负责评估演练和填写评估清单,观察演练中的一个或多个目标是否

达成;主持人:负责整个演练的管理、参与人员之间的沟通,以逐渐推进讨论,负责演练后的总结,完成演练报告。

7. 召开演练前的指导会议。在演练实施前,召开会议,向参与人员解读演练流程,参与者、观察者和评估者的角色,明确基本规则,帮助参与人员消除紧张情绪。

8. 演练后的总结。演练后的总结是整个演练过程中最重要的步骤之一,记录演练中观察到的优点、不足。在进行演练总结时,可以设计一个反馈表格给参与者、观察者和评估者,记录能够解决问题的建议。演练一般不要超过4个小时,组织适应演练之后再逐渐提高复杂性和持续时间。

(二)铁路警务战术预案演练的基本内容

铁路公安机关要通过走访群众、指挥特情耳目秘密调查等方式,加强对站车的排查,收集并发现线索,确立对铁路站车影响极大的事件作为演练内容,一般来说,演练内容包括:

1. 总则,包括目的、工作原则、编制依据、适用范围等;
2. 组织指挥体系的确立,职责安排;
3. 预警的预防机制;
4. 应急响应步骤;
5. 其他保障、补充等。

(三)铁路警务战术预案演练的要求

1. 注重广泛性。除了铁路警察外,铁路的相关单位要组织广大干部职工认真学习国家关于应急管理工作的法律法规,发动全员参与演练,严肃对待,认真实施。

2. 提高针对性。根据铁路客货运运输的特点开展应急演练活动,根据春运、暑运、重大节假日、恶劣天气的不同开展应急演练。

3. 增强严密性。制定科学的应急预案。把制定应急预案的过程变为教育职工群众的行动,经过专家论证、反复修改,形成科学的应急预案,搞好铁路相关单位的协调配合。

4. 坚持长效性。对应急演练活动进行及时总结,通过演练检验预案的科学性和可操作性,对每一个环节进行认真分析,找出问题和不足,进一步修订完善应急预案,提高实际应急处置能力。要建立铁路实战演练的长效机制,落实承办机构和人员,按照法规要求,按时组织演练活动,切实做到有备无患。

(四)演练处置队形及装备

1. 要明确防护装备,做到熟练着装与使用。警察各种防护等级的着装有轻装警察:警察着常服(或作训服),扎勤务腰带,没有防护;半重装警察:警察着作训服,穿戴防暴手套、护臂甲、护腿甲、防暴头盔,携带防毒面具、催泪喷剂、手投式催泪弹和警棍;半重装轻盾警察:半重装警察,携带防护胸腹部的轻型防暴盾牌;重装警察:警察着作训服,穿戴全套防暴盔甲服,携带防毒面具、催泪喷剂、手投式催泪弹和警棍;重装轻盾警察:重装警察,携带轻型防暴盾牌;重装重盾警察:重装警察,携带重型防暴盾牌。

2. 统一标志。在防暴头盔、警帽的左右和后脑部(或防暴服、便装的后肩部),按所队建制标上明显的建制编号,或贴上醒目的彩色编码图块;如果是在夜间要使用不同颜色的荧光编码图块。处置队形基本构成要求至少设立三层防线:第一层为盾牌,第二层警棍、催泪喷剂相间部署,第三层做后备支援。层与层错位站立,队形中避免锐角衔接,原因是锐角处最容易被冲散。

3. 演练重点科目。例如,在有人抢夺盾牌时,第二层的警棍打击其手部令其退缩;当受到棍棒类攻击时,第二层使用催泪喷剂将其推到安全距离之外;而当受到燃烧瓶攻击时,第三层使用干粉灭火器将其扑灭。特别要努力保持密排队形,防止任何人被拉出或挤出队列,受到投掷物攻击时,由错位站立变为对位站立,转为盾阵防护队形。当受到任何攻击或威胁,应发出明晰的口头警告。若无命令,不得推进。

(五)模拟案例

案例一:反爆炸演练

背景:某铁路公安局接到有人欲对某特等火车站第二候车室实施爆炸的情报。

步骤:当天下午4时36分,某铁路公安局指挥中心接到有人欲对某特等火车站第二候车室实施爆炸的情报,紧急启动《重点车站突发事件应急处置预案》。属地铁路公安处指挥中心接到命令后,立即按照该预案要求车站派出所组织警力迅速封闭某特等火车站第二候车室各出入口,立即布置特警队、治安支队(排爆人员)等30余名民警,按照预定方案,携带武器、排爆犬、警械具、排爆装备等出动,3分钟内到达指定位置,采取封闭候车室出入口、排查嫌疑人员、排除可能藏匿爆炸物的物品器具等措施。要求所有参演警察着装整齐,动作迅速,按照要求及时到达指定位置,开展处置工作。

案例二:高铁列车反劫持应急处置演练

背景:这是由北京南开往上海虹桥的G11次列车。北京南站开车不久,1号车厢内,有3名犯罪嫌疑人劫持部分旅客,提出不合理诉求,并扬言如不满足其要求,将杀害人质,炸毁列车。情况万分危急。

步骤:铁路公安机关接到警情通报后,立即启动《处置突发事件应急预案》。铁路公安机关迅即成立应急处置指挥部,指挥员果断采取应对措施,首先控制列车,迅速调集警力;铁路各部门(调度、列车司机、客运、车辆、供电、电务部门)依据职责分工,同步开展工作,并赶赴现场处置;列车停车地车站派出所赶赴现场后,迅速采取以下措施,开展先期处置(现场封控、交通管制);铁路公安局、处领导及相关警力、其他部门人员共50余人到达现场后,立即成立现场指挥部,组织各系统按职责开展工作。

【本章小结】

铁路警务战术预案分为综合预案、专项预案、现场预案和单项预案,预案编写一般分为组建应急预案编制队伍、开展现状与能力分析、制定预案和预案实施四个步骤,由标题、前言、主体、结尾、附件基本框架组成,预案演练是重要环节,必须掌握演练程序与内容,结合具体的案例,制定翔实的铁路警务战术预案,进行演练,将知识转化为技能,确保铁路警务战术预案的科学性和实效性。

【思考题】

1. 铁路警务战术预案如何编制?
2. 铁路警务战术预案演练的程序与内容有哪些?
3. 铁路警务战术预案演练有哪些要求?

第四章　铁路警务战术心理战

【教学重点与难点】

重点：铁路警务战术心理战的基本模式

难点：铁路警务战术心理战的实施及提高心理战处置能力的途径

第一节　铁路警务战术心理战的概念、特点

一、铁路警务战术心理战的概念

警务战术心理战，是指在指导和进行警察执法工作中运用有效的攻心方法和指挥艺术，以达到积极影响执法对象产生心理效应的活动过程。

铁路警务战术心理战是铁路警察在所管辖的铁路车站，旅客列车范围内保护旅客、保卫铁路的执法工作中采取的攻心方法和指挥艺术，从而影响各种犯罪分子和犯罪嫌疑人的心理活动。

从铁路警务战术心理战实践来看，它是一个具有特定内涵和外延的概念。在铁路公安执法工作过程中，依法同犯罪嫌疑人进行心理斗争的原则和方法。它涵盖心理学中所研究的心理规律、心理原则、警力部署、组织计划、决策指挥、协调控制、施计用谋、战法运用等内容。

在运用铁路警务战术心理战时注意把握以下几点：

（一）心理战是指导和进行警察执法心理战的具体方法

铁路警务战术心理战注重因案、因人而施计用谋，讲求攻心的心理战法，机智灵活，实用有效，是一种局部的指导和进行铁路警察执法心理战的具体方法和指挥艺术。在铁路警察执法战斗中，如警察协同配合执法、警组集中统一的联合执法行动、缉捕行动的协同作战等，对于协调理顺各警种力量，提高战斗力，形成强有力的攻心态势，具有十分突出的意义和作用。

（二）心理战影响执法对象产生心理效应

铁路警务战术心理战通过攻心而达到影响执法对象产生心理效应。执法对象产生心理效应的性质与心理变化程度，通常是依据铁路民警执法工作目的，或是促其良性转化，或是促其恶性发展，或是促其行为反常，或是促其暴露弱点等。

（三）心理战提升了警务作战效能

铁路警务战术心理战既可以广泛地应用于铁路单警或警组的执法工

作中,也可以系统地应用于局部性的执法行动或跨区域的联合执法行动中,具有在铁路警务作战中提升作战效能的作用。

二、铁路警务战术心理战的特点

铁路警务战术心理战存在于执法工作过程中,对它在执法工作中的地位和作用,应予以高度重视。因为心理战作战活动的目标指向、方式方法与措施手段的应用,产生的作用效果等,都具有特殊性。一般来说,警察在警务行动中运用战术心理战的特点表现在以下七个方面:

(一)攻心

攻心是一切形式、类型的心理战的实质,也可以说是心理战的本质特征。自古以来,谋略思想家都十分重视在对抗中的攻心谋略,并视为"至上"的原则。在铁路警察警务行动中,更需要贯彻"心战为上"的指导思想,"攻心"是铁路警察进行警务行动的突出特点。这是因为,一方面,法制工作不仅是注重惩罚、打击犯罪,而且更注重教育、挽救、感化违法犯罪人员,特别是青少年违法犯罪。这一特殊性客观要求铁路警察在执法活动中,更应该注重"攻心为上"。违法犯罪现象特别是严重危害铁路的暴力犯罪行为,往往是行踪诡秘,隐蔽很深。要抓紧时间尽快地揭露、证实、打击犯罪,也必须有效地运用战术攻心谋略,缉捕犯罪嫌疑人,迫使犯罪嫌疑人彻底供述,并且在深挖中交代余罪。在强调依法办案、逐步转化侦查模式的今天,更需要掌握攻心战法,采取"魔高一尺,道高一丈"的智慧方法破案。而强调战术攻心谋略的应用,则是检验铁路民警业务素质能力与水平的重要方面。另一方面,由于多年来铁路公安队伍建设与管理上存在的薄弱方面,"门难进、脸难看、事难办"的冷、硬、横现象,在旅客中反响不好,严重地影响了警民关系,相应地,也就导致了铁路民警在执法工作中取证难、办案难,依法对铁路站车管理难的现象。对此,也客观地需要铁路警察在盘查、清查、缉捕犯罪嫌疑人和群体性事件等执法工作中,做好旅客群众的宣传、引导和教育转化工作。必要的情况下也可以运用有效的心理战法,充分影响并利用其行为变化为我服务。

(二)施谋

"攻心"与"施谋",往往是结伴而行。攻心具体体现目的、意图,施谋则是战术方法与手段,而且表现出一定的艺术性。心理战的作战基本形式之一,就是谋略心理战。由此可见,施谋是心理战的重要特征。

铁路警察在执法战斗状态中的谋略心理战,首先是非常注重战术攻心战法的选择。孙武曾明确地指出了施谋之道,就在于"权诈"与"诡秘"。他在《孙子兵法·计篇》中写道:"兵者,诡诈也。故能而示之不能;用而示之不用;近而示之远,远而示之近;利而诱之;乱而取之;实而备之;强而避之;怒而挠之;卑而骄之;佚而劳之;亲而离之;攻其不备,出其不意。此兵家之胜,不可先传也。"这就是著名的诡道十二法,也可以说是施计用谋的基本方法。后来的谋略家施谋方法的多样化,都是在此基础上发展的。其次是注重在"计""势""形""战"上创造契机和把握战机。"夫先胜者,先见弱于敌而后战者也,故事半功倍也。"(《六韬》)创造契机和把握战机,"示形"与"察势"很重要。一是要掌握主动权,做到"致人而不致于人";二是要隐蔽我们的意图,做到"形人而我无形";三是要营造态势,通过示形的手段,做到"形之,敌必从之;予之,敌必取之";四是要寻找并发现其心理薄弱环节,做到"避实击虚";五是能够灵活善变,随机应变。"因敌变化而取胜者,谓之神。"施谋的灵活与精髓,就在于因变制变,出奇制胜。保守僵化或是不合时宜地盲目"应变",都会造成难以估量的损失。为此,

"应变"意在"应机","出奇"旨在"不意"。要求我方敌变我变,在变化中适时、适地、适情、适度地创造和把握战机;在执法对象意料不到的情况下予以打击,使其在精神上和行为上倍感压力,陷入混乱,从而为彻底地揭露、证实犯罪创造有利条件。

(三)威慑

根据心理学的理论,人在压力的环境中,都会产生不安、忧虑、害怕、恐惧的心理反应。威慑态势是针对潜在的与现实的犯罪嫌疑人的一种战术攻心谋略,同时也是相应产生的一种心理效应。

威慑是通过造成某种既定的高压强刺激态势,显示出铁路警察依法打击违法犯罪的震慑作用与能力,对犯罪嫌疑人产生强大的精神震慑;或是从精神上击垮,迫使其认罪伏法,自首、缴械投降;或是影响其心理活动过程,导致认识上、情绪情感体验上和行为意志控制上的偏差与错误;或是调动其内在心理积极因素,使其犯罪心理动机良性转化等。

形成威慑的攻心态势,往往是在执法战斗状态中,根据执法战斗的不同具体情况、样式,相应造成不同的威慑态势。然而,能否使犯罪嫌疑人产生充分的威慑心理效应,取决于四个方面的制约因素:一是形成威慑攻心态势的客观环境条件,即在什么样的执法活动中,什么样的具体情况下,什么样的情境里,以及存在的客观条件如何,可能会对犯罪嫌疑人发生什么样的作用影响。二是造成威慑攻心态势的时机,即针对犯罪嫌疑人的心理需要与心理状态,认为在什么样的时候最合适,最有效,最容易达到目的。犹如打铁要看准火候一样。三是产生威慑心理效应总是与犯罪嫌疑人的心理薄弱环节相联系的。所以,要做到对其心理予以重击,就要为犯罪嫌疑人"把好脉",选准"死穴"。四是威慑的攻心态势体现为一种多元的战术攻心谋略的组合,必须与犯罪嫌疑人的心理状态及其发展变化有机地结合起来,心理战法随机应变,灵活善变,方能连续组合重拳出击,从精神上彻底击垮犯罪嫌疑人。

(四)服人

心理战的攻心最佳效果,就是服人。服人是相对于攻心而产生的一种积极效应反应,是执法对象接受铁路警察的积极影响,并按铁路警察的执法意图改变行为的效应反应。铁路警察执法工作的目的,不仅是为了惩罚违法犯罪,更是为了对执法对象的教育、引导与思想转化,真正地改变一个人使之弃恶扬善。从这个意义上说,服人是铁路警务战术心理战的效果性特征。

服人是相对的。首先,在表现形式上具有广泛性。在铁路警察执法工作中常见的服人主要表现为三种状态:心悦诚服(心口皆服)、心服口不服(内心佩服)、口服心不服(嘴上佩服)。其次,在实现途径上具有特定性。具体说来有两种实现途径:一是晓之以理的"以理服人",二是动之以情的"以情感人"。前者是晓之利与弊、得与失、是与非、情与法的道理,在思想认识上开启心锁,解惑释疑。后者是动之亲与疏、爱与恨、善与恶、情与德的情感,在道德观念上唤醒良知,弃恶从善。最后,在效应程度上具有层次性。也就是攻心的心理效应反应不同,服人程度上区分为由衷的服人和表面层次的有条件服人。它取决于两方面因素:一是执法对象的主观恶性程度;二是结合执法工作性质(案件性质)和执法工作活动条件(情境),实施战术攻心谋略的水平。这两方面因素是交互作用的。前者主观恶性程度越轻、越浅,而后者战术攻心谋略水平越高、越好,服人的心理效应就越深刻、越理想。否则,服人的心理效应就越表面化、越差,甚至会适得其反。

(五)调节奏

战术攻心既要讲求心理战法,也要注重是一个过程,要把握攻心节奏,切勿急躁而急于求成。可以说慢节奏是铁路警务战术心理战的过程性特征。

在铁路警察执法工作中,对于执法对象战术攻心节奏调节,既体现为过程的辩证法,也体现为一种战术艺术。首先,心理战的战术攻心是为适应执法对象的心理变化而展开的,具体地表现为一个不断发展深化的过程。战术攻心好比优美的乐章,要充分地把握好过程中的节奏,强与弱,高与低,舒与缓,都是节奏的特性。而这些特性的变化,要以其起伏变化的反映内涵为依托。攻心的过程亦是如此。只有把握其战术攻心的节奏,才能步步为赢,达到预期战术目的与意图。其次,战术攻心的不断深化过程犹如"春雨润物细无声",表现出较强的影响渗透力。短暂的暴风骤雨,只能是对地表产生强烈的冲击。虽然在心理战中需要通过加大刺激的示形手段,强烈地冲击执法对象的精神状态。但是,若要达到服人的最佳效果,不断地细雨滋润,使执法对象产生深层次的心理效应。攻心的战术方法是随着节奏的变化而灵活选择,应机善变的。执法对象处于不同的活动环境,在不同的活动阶段相应表现出不同的心理状态和心理活动特点,战术攻心就要把准脉搏,选择适合的心理战法,对症下药,适时、适地、适度地影响其心理按攻心计划意图发生变化,有力地揭露、打击、教育、感化执法对象。

(六)持续不断

心理战的攻心过程不仅是讲求节奏感,而且是连续而不断的战术攻心过程,或者说是持续不断地攻心过程。因此,连续不断是铁路警务战术心理战的作用方式特征。

连续不断的作用方式,是要求在执法工作中,铁路警务战术心理战应做好两个方面工作:首先,攻心的战术谋略应该是多元的、连续不断的,表现为战术攻心的连续性。战术谋略的作用方式,其突出特点就是巧设连环计,这也是适应敌变我变的谋略规律。单一、片面、僵化地墨守一术,难以适应执法活动的客观变化与要求,也就无法实现心理战的目的与意图。只有根据执法对象的心理薄弱环节及其执法活动环境条件,分析认识现在及以后可能的发展变化而制定连环战术攻心谋略,并在有节奏的变化中随机应变,才能做到因敌制胜。其次,战术攻心的作用力和影响力是持续的、不间断的,表现为战术攻心的持续性和不间断性。只有当攻心的影响作用力是持续不断的强化刺激作用时,执法对象的心理抵抗力才能逐渐减弱,心理防线被打破,产生的积极心理效应才能越明显。否则,间断地、跳跃式地作用,容易形成执法对象消极抵抗心理的强化效应。如同病人不按时打针服药,间断时间较长,易使体内病毒产生抗药性的道理一样。即使是部分地达到预期攻心目的,其效果也往往事倍功半。

(七)效果两极性

根据事物发展的辩证法来看,心理战的攻心效果也寓含着正反两个方面的质与量的统一。因此,效果的两极性,则是铁路警务战术心理战的方向性特征。

效果的两极性表现在两个方面上:一是在性质上的两极性,即表现为积极的、良性的效果与消极的、恶性的效果;二是在程度状态上的两极性,即表现为加大、加重的作用效果与减小、减轻的作用效果。从导致效果两极性的原因分析来看,首先,执法工作中铁路警察与执法对象之间是对立统一的一对矛盾。彼此之间往往是以各自的目的与任务作为行为目标。对立目标的矛盾性越强,其对抗性也就越强,由此对抗效果产生的两极性也就越明显。在实战中,铁路警察常常采用明松暗紧的侦查谋略,恰恰就是合理地运用了这一心理战法。其次,由于执法对象心理活动及行为活动的隐蔽性、诡秘性和伪装性,也常常限制、束缚了铁路警察在执法工作中的战术攻心谋略行为。也难免出现认识、分析、判断上的失误,由此造成侦查谋略的偏差,攻心效果的两极性的产生也就在所难免。最后,由于执法工作中铁路警察个体或集体(主要是指挥者)的能力素质上的差异,受环境特别是主体因素的制约,主要是心理因素的影响,如认知能力、个性品质、心理趋向等,导致战术攻心谋略能力与效果水平的高低差异,也就难免形成攻心效果的两极性现象。

第二节　铁路警务战术心理战的基本模式

铁路警务战术心理战的模式,亦称基本形式。通常依据攻心性质、攻心方式与措施手段、攻心的目的与作用,以及攻心的对策范围来确定形成。主要有三大模式:一是舆论导向心理战;二是威慑心理战;三是谋略心理战。三种战术心理战模式在铁路警察执法工作中并非是严格区分的,有时是交叉、重叠进行的。独立地运用之时往往因攻心的目的与适用范围的不同,产生的效果也是不同的。

一、舆论导向心理战

舆论导向心理战,是随着现代化媒体的发展而备受人们重视的一种对抗模式。它是通过强大的宣传鼓动工作,主要是利用社会舆论媒体的宣传与信息传递功能,争取社会支持,凝聚民心,激发士气,震慑、瓦解和离间敌方的心理战术。宣传心理战具有明确的目的性、强烈的对抗性、巨大的鼓动性和鲜明的导向性特点。它的展开往往是全方位、多层次、高强度的。

铁路警察运用舆论导向心理战可以分为战略和战术两个层次,这是根据攻心作用的适用范围大小、程度来区分的。宏观的战略注重的是整体社会心理效应。它往往通过强化社会治安综合治理措施,加强社会主义民主与法制的宣传教育,对大案要案的追踪报道宣传,以及严打整治违法犯罪的专项斗争成果宣传等,宣传铁路民警严格执法、热情服务的良好公众形象,提高铁路对违法犯罪现象实施打、防、控一体化工程的自觉性与主动性,以求造成一种"法网恢恢,疏而不漏"的良好社会法制态势。微观的舆论导向战术,注重局部的、个案的对象性目标的心理效应。在铁路警察执法工作中,铁路警察随时针对不同的执法对象,普遍开展法治宣传与教育工作,这也是铁路警察执法工作中的基本任务与重要功能。与此同时,结合执法活动的性质、特点、方式,以及强制性的措施手段,对于不同的执法对象还要进行特殊的宣传引导,并有必要结合谋略心理战。同时开展工作,彼此呼应,相辅相成。

战术舆论导向心理战的实施,其过程通常表现出以下三个显著特征:

(一)强烈的渗透性

战术攻心的宣传是多层次、多方位的,是铁路警察在执法工作中因案、因人,适时、适地、适度地攻击其心理环节,使执法对象在精神上受到刺激影响的过程。因此,舆论导向心理战只有形成强烈的渗透性,才能使执法对象产生预期的心理效应。

(二)浓厚的感染性

铁路警察在执法工作中,晓之以理,动之以情的舆论导向宣传教育,或是充分利用执法对象社会情感关系交融作用,正确把握宣传内容与时机,正确运用舆论导向心理战方法,对于执法对象在情感上常常会产生很强的感染性,唤醒或激活执法对象的道德情感或法制意识。因此,浓厚的感染性常常是在战术宣传心理战中所追求的预期心理效应。

(三)明确的导向性

舆论导向心理战的突出特点与功能,就是按目的意图引导对象的心理活动或精神状态,朝向某一心理现象发展。铁路警察在执法工作中,若要掌握主动权,就必须运用各种战术心理谋略对执法对象施加影响作用,促使心理活动及法制活动朝向有利于达到执法目的的方向发展。因此,明确的导向性是战术舆论导向心理战的突出特征。

二、威慑心理战

威慑是一种心理效应,是在精神上产生畏惧、害怕、紧张、压抑等强烈震撼的心理反应。在激烈的对抗中,赢得抗争胜利的战略战术有很多。其中,通过威慑心理战使执法对象产生威慑心理效应,最终达到小战大胜,或是不战而胜的目的,可以说是抗争谋略的最高策略,也是心理战的重要作战模式之一。威慑心理战,是抗争中通过有效的造势使对方在精神上产生强烈震撼心理效应的战略战术。威慑的心理效应是抗争中攻心战所追求的一种状态性目的,是通过"造势"的有形战术手段来实现的。

从战术学角度来看,造势是通过在对抗的过程中,积极营造能够充分反映自身能量优势的某种格局或态势。优势的格局或态势,首先是物质性优势,如具备物质实力优势(警力、物力、财力、技术、装备)、占据空间位置优势、抢得时间先机优势等,进而表现出一种压倒一切的精神气概优势。古往今来的谋略思想家们都非常重视在对抗中谋求优势(整体的或局部的),它将会极大地影响抗争"士气""将心"。造势攻心的威慑心理效应,不仅是"三军可夺气",使对抗一方整体上军心动摇,斗志衰退,士气低迷,丧失抗争的勇气和信念;而且,"将军可夺心",使对抗组织领导者心神不定,慌张迟疑,缩首缩尾,内心困惑而不知所措。为此,威慑心理战是警察在执法战斗状态中常用的战术心理战,是警察战术心理战的重要模式之一。

威慑心理战的实施,其过程主要表现出两个方面特点:

(一)强烈的震撼性

强烈的震撼性是战术攻心威慑效应心理反应程度的表现。在执法战斗状态中,针对战斗对象目标在特定情境中存在与活动状态,营造某种强大的压制打击态势,使战斗对象在精神上倍受冲击,深感畏惧、害怕、不安、紧张,相应表现出畏罪、悔罪的心理状态。强烈的震撼性反应,是通过具体的执法战斗外在造势而对执法对象内在心理产生压迫刺激、控制影响的过程。它的实现必须同时具备两个条件:一是客观上外在造势的强大而不可抗拒;二是主观上战斗对象身处特定情境中,深感既定态势的影响冲击而产生畏罪、悔罪心理。

(二)慌乱的无措性

慌乱的无措性是战术攻心威慑效应行为反应状态的表现。战斗对象面对强大的外在态势压力,畏惧、害怕地畏罪、悔罪心理,与脱逃求生、免受刑法惩罚的逃罪心理交织在一起。动机斗争激烈,内在心理体验痛苦,内心矛盾困惑,精神紧张,激动挣扎,行为慌乱,手足无措,易走极端。在此情况下,有效地威慑心理效应,结合战术宣传心理战的渗透与引导,以政策教育、情感融化来舒缓战斗对象紧张脆弱的心理,指明唯一的行为出路,迫使战斗对象缴械伏法或自首,避免无辜、无谓的伤害与牺牲。

三、谋略心理战

谋略心理战是古今中外的军事谋略家们都十分崇尚的攻心模式。《孙子兵法》可谓在此方面堪称“圣典”。其谋略用兵的精髓无不体现“心战为上”的思想。

谋略心理战是讲求运用谋略实施战术攻心的心理战模式。在铁路民警执法战斗状态中,合理地设计用谋,战术上智取攻心,往往起到事半功倍的效果。在执法战斗中对负隅顽抗,做垂死挣扎的犯罪嫌疑人,在展开正面舆论引导、威慑攻心的同时,进一步通过利用各种社会情感关系及其战法施以谋略攻心。可以有效地迷惑、稳定住犯罪嫌疑人,推延并争取时间,避免其破釜沉舟,造成较大的或无谓的伤害(危害)与牺牲,伺机以智取胜,予以控制或消灭。

战术谋略心理战的实施,其过程具有三个方面的显著特征:

(一)示形

示形就是显示出某种外部形势表征。既可以是通过明示方式,也可以通过必要的暗示方式,把我方的执法意图通过有形的信息形态表现出来,以影响作用执法对象,从现象上蒙蔽、迷惑、麻痹执法对象。示形的一般原则正如《孙子兵法·计篇》中阐述的:“能而示之不能,用而示之不用;近而示之远,远而示之近。”其中,“能”与“不能”,“用”与“不用”,“近”与“远”,是虚实结合、相辅相成的谋略措施手段。是通过虚实假象隐蔽自己的真实意图,迷惑、欺骗对方。所以,示形的直接目的,就是影响、干扰对象的正确判断,甚至使对方产生错觉。为此,在铁路民警执法活动中有效的做好示形,则是实现虚实结合、以奇制胜策略的重要战术方法与措施手段,是谋略心理战的显著特征之一。

(二)奇正

何谓奇正,历史上诸家各异其说。普遍的共识,是把常规常法的“合战”视为“正”,而出其不意的“变战”视为“奇”。兵家伐谋而动,无论如何诡道,其运用之妙,就在于熟通奇正。一方面“奇正相生”,要做到善于观察“势”的变化;另一方面“出奇制胜”,要做到善于把握战机,“应机”而动。用奇的神妙之笔,旨在“攻其不备,出其不意”。在民警执法战斗中“奇正之势”是客观存在的,正确地观察认识并掌握其“势”,往往是我们胜利达到执法目的,完成执法工作的重要前提。关键是因“势”利导,顺“势”应变,以奇制胜,这才是执法活动中战术攻心谋略的精髓。因此,奇正体现战术谋略心理战的根本特征。

(三)用间

用间是一种离间分化互解的策略手段。执法工作中通常利用执法对象团伙成员或周围社会关系的影响,以及通过舆论战或造成某种间隙现象,来增大离心力、破坏力而达到瓦解的目的。用间是对抗谋略中常用的一种策略手段,而且是“无所不用其间”。然而,在铁路民警执法工作中,用间因法律的制约是有条件的、有限制的。用间的战术攻心谋略,多见于团伙犯罪嫌疑人的盘查中。其目的在于分化互解,分而治之。通过加大各自心理压力,促其精神崩溃,彼此猜疑,互不信任,或是彼此影响,弱化抵抗心理。因此,用间构成战术谋略心理战的重要特征。

第三节 铁路警务战术心理战的实施

在铁路警察执法工作中,适宜地开展铁路警务战术心理战,已是执法行动不可或缺的重要活动部分。然而,战术心理战的实施并非是随心所欲的,必须依据执法活动本身的性质和特点,根据执法对象的具体情况和心理特征,进行战术心理战。

一、心理与动作快速反应

从心理学的观点来看，心理指导动作，动作反应心理；心理是人动作的内隐活动，动作是人心理的外显表现；心理是动作反应的前奏，动作反应是心理反应的配合和完成。二者是相辅相成、互不可分的两个方面。只有两个方面的速度均有所提高，才能达成真正的快速反应。就铁路警察执法工作而言，快速反应是一种精神上的内在意识和身体上的外在表现相互结合的体现。快速反应首先体现在铁路警察在执法战斗时的精神和心理方面，然后从动作的速度上表现出来。也就是说，内在的心灵反应是抽象的、无法体现的，它需要通过外部动作形态展示出来。心理反应速度主要取决于特定的心理状态、高度的警觉性、敏锐的观察力和准确的判断力。

二、采用灵活的处置方式

战斗状态条件下实施心理战，处置的方式方法种类较多，可以根据心理战运用的器材装备条件和执法环境的需要，灵活地采用不同的处置方法。盘查时根据对方反抗程度，可以利用有效的安全距离，进行语言控制；处置高危车辆查控时在车辆被截停情况下，可以在安全距离后利用手持扩音器实施喊话；处置人质解救案件时，警方谈判专家应近距离与犯罪嫌疑人进行面对面的谈判。心理战的“接敌”，是以信息能否有效地传输至心理战对象的大脑，并足以引起其注意为原则，不要求必须通过火力或人身接触来完成，具体方式还应视战斗需要和环境要求，视任务的具体性质和心理战的效果要求，灵活地加以选择。

三、针对性地发送信息

战斗状态条件下实施心理战的主要目的在于：通过心理战信息的发送，减弱或消除作战对象的抗拒意志，努力达到“不战而屈人之兵”的最佳战果；或者发送真真假假的信息，使对方产生错觉、幻觉、不意及行动失误，为战斗创造良好的取胜战机及条件；或者通过法律政策宣传，争取大多数，孤立少数，鼓励反戈一击，分裂对方，降低对方对抗强度，从而提高作战效益。为达此目的，就要根据情报，针对心理战对象的思想观念、情绪情感、心理需求、行为动机、个性特点、现实心理状态等情况，有针对性地发送信息，使信息内容能够吸引对方注意，并对其产生影响，使执法对象能够在心理战的诱导中，思想观念、情绪情感、心理状态等发生变化，不断向我方有利的方向发展。如果心理战发送的信息失去针对性，其负面效应就会迅速增长，不但会使对方摸到我们的意图，看穿警方的战术，增强对抗的强度，有时还会还之以对方的“颜色”，使战场情况复杂化，增大战斗的难度，搞不好还会导致战斗的失败。因此，任何组织实施心理战的铁路警察，均应对发送信息内容的针对性问题给予极大的重视。

四、反馈与调控信息内容

为保证发送信息内容的针对性，在心理战实施过程中，铁路警察应十分密切地关注发送信息后的反馈情况，以便控制和调整发送信息的内容，进而调整、控制执法战斗行动的节奏。发送信息后，执法对象无声无息，说明已产生注意，他们在倾听；对方答话反应，说明信息已产生影响；对方提出安全条件，说明对方已开始动摇；对方提出具体需求，反映对方的意图指向和现实状态；对方要求进行谈判，反映在选择可能对其有利的出路；对方穷凶极恶地扬言叫嚣，反映对方的对抗意志程度坚决且情绪十分冲动，处于激情或应激状态；对方行动有异常现象，说明其准备突围逃窜或采取极端行动等。这些信息反馈情况，既是对战场情报的进一步搜集，也是不断矫正发送信息针对性的依据，同时也是战斗行动与心理战实施过程的协同基础。心理战指挥员应视战场信息反馈情况，不断分析预测事态发展，不断调谐与控制信息发送的内容与方式，把握信息刺激的强弱反映程度和内容转换时机，在发送信息—反馈信息—再发送—再反馈的心理战过程中，牢牢把握心理战的主动权，不断地用信息控制心理战对象的心理和行为，逐步引导心理战取得最后胜利。

五、配合战斗达到行动目的

战斗状态下实施心理战，由于对抗双方的对抗意志、对抗情绪、对抗手段均非常强烈，所以心理战的地位与作用不能代替具体的作战行动，心理战所产生的效果也往往受各种客观条件的限制，心理战的时限性特征又十分突出。心理战从本质上讲是利用信息作为武器的一种作战方式，而信息主要是语言文字所反映出的大脑思维信号的不同反映形态，只对心理战对象具有“软杀伤”或“精神毁损、心理致盲”的效应，所以，它的效能不是万能的，而是具有相当局限性的。它在不同战斗行动中固然能够起到其应有的，有时甚至是至关重要的作用，但它所发出的信息必须进入心理战对象的脑海，并产生重大的影响，且足以改变其行为之时，才能体现出它的效能与作用。如果心理战对象接收不到这些信息，或者拒绝这些信息，心理战的效能就无法发挥或大打折扣。影响心理战效能的因素很多，既有客观上的原因，也有主观上的问题。但在大多数战斗状态下其地位和作用是配合和辅助性的。尽管在一些战斗状态下，也有以心理战为主导，以战斗行动为配合的情形，但指挥员对心理战的固有局限性也应予以充分的认识，进而扬其长、避其短，和战斗行动相互配合地用好战术心理战。

第四节　制约实施心理战的因素

制约铁路警察在执法战斗过程中实施心理战的因素是多方面的，主要与铁路警察的客观刺激、先天素质和心理品质、执法经验和准备程度、业务能力等方面有关。

一、客观刺激

心理学研究表明，当一个刺激作用时间过长或强度过大，超过了大脑皮层的负担时，大脑皮层就会再现抑制状态，使被刺激者的精力、智力、自控力降低。由此看来，铁路民警在实施心理战与外部情境刺激的强度、性质和持续的时间有关，客观刺激的强度、持续时间不同所引起的心理反应也不同。例如，以刺激的强度来说，低强度的刺激有可能引起注意不足、警惕不够的反应，高强度的刺激则会引起较强烈的激情反应，而特高强度的刺激所引起的应激反应则非常激烈。在查缉作战中，面对穷凶极恶的犯罪嫌疑人，可能导致心理博弈方面出现问题。

二、先天素质和个性心理

（一）先天素质

先天素质是指一个自然人具备的听力、视力、神经系统等先天禀赋的生理基础。研究表明，以人脑为主体的神经系统是活动的生理基础。外部刺激通过神经系统的反射活动才引起人做出相应的心理反应。生理学研究表明,不同的高级神经活动类型都有其各自的波形特点,同样的刺激作用于不同类型的脑神经组织,在其兴奋和抑制活动过程发生的速度、强度、平衡度、转换灵活度上有很大的不同和明显差异。高级神经活动类型学说的实验研究证明,强而灵活的神经类型能经受强刺激,具有承受高度紧张的能力,对变化迅速的种种刺激能较快适应。弱型的神经系统感受性强,难以经受强刺激,即使一般的刺激也会被感知为强度的,表现为高度的紧张,承受力和适应力差,在紧急情况面前正常的神经活动易受破坏,甚至导致精神上的崩溃。这都说明,不同素质类型的神经系统,其心理机能存在差异。在铁路警察执法战斗中,某些警察出现处置时惊恐、慌乱、不知所措等现象,与其精神素质是有直接关系的。经过学习、强化训练和自我控制,其神经系统和心理机能水平是可以得到促进和提高的。

(二)个性心理

在警务作战时,个性心理是一项重要的心理品质。铁路警察个性品质的优劣,对发生突发紧急情况时的处置起重要作用。个性心理是一个复杂的多层次的复合体,各部分相互联系相互制约。主要由个性倾向性和个性心理特征两部分构成。

1. 个性倾向性。个性倾向性包含动机、理想、信念、需要、兴趣、价值观等内容。它们是心理活动的基本动力,是个性中最活跃的因素。也就是说,铁路警察在进行查缉时发现什么样的可疑点,运用什么样的战术方法,就会对案件做出什么样的处置措施。具体表现在选择性、态度体验和行为方式上。铁路警察动机的社会意义越崇高明确,则越具有推动力,心理的平衡性、稳定性越不易受外界刺激因素的干扰;在复杂危险的突发应急情况下,越能调动心理潜能,有效应对处置面临的情况,即使有生命危险,也能泰然处之。反之,如果出于狭隘个人动机(如个人得失、麻痹思想、自我安全感)则不能保持稳定持久的积极情绪,遇到危机就会产生迟疑、退缩等消极心理反应。

2. 个性心理特征。个性心理特征包括性格、气质和能力,反映了人们之间个别差异的主要部分,说明一个人稳定的心理类型和特征,是个性心理的主要内容。其中,性格是人们对现实的态度和行为方式中比较稳定的、具有核心意义的个性心理特征。具体而言,性格是决定人的行为与行动路线以及反映他对周围环境、对自身态度的个性的心理特征。铁路警察在处置突发事件过程中,都会各自以其特有的态度和行为方式,强烈地表现出他们的性格特征。性格具体表现为对现实态度的特征、意志行为特征、认知过程和沉着心理对抗的特征,以及情绪情感和它对行为支配程度上的特征四个方面。其中,对现实态度的特征和意志特征占主导地位,与铁路警察在查缉时的动机和战术方法紧密相连,突出反映了个性心理品质。一个具有无私奉献、与执法对象斗智斗勇、有着强烈的公安事业心和高度的责任感的铁路警察,在身处危险环境时,通常都具有较强的适应力和承受力,能积极调动身心潜在的能量应付危机,能做到判断准确、决心果断、处置有方,表现出积极的激情心理反应。铁路警察在面临突发情况时所表现出的不同心理应对反应,很大程度上是由于个性品质上的差异及其心理构成相互作用的结果。值得强调的是,优良的个性心理品质不是与生俱来的,而是在先天生理结构的基础上,经过后天的教育训练逐渐形成的。

三、主体经验和临战心理准备

(一)主体经验

经验是由实践获得的知识或技能。这里的主体经验是指铁路警察通过实战锻炼以及学习、训练、模拟对抗等途径所获得的知识和技能。有丰富经验的警察在执法工作中，面对犯罪嫌疑人时，常常表现为镇定自若、头脑冷静、反应机警，产生一种增力型的积极的心理对抗活动；缺乏经验的警察则容易受种种外部刺激影响，产生紧张的心理和不沉着、焦急的情绪，在紧急情况面前易产生恐慌、慌乱心理。这两种情况与铁路警察经验的多少是不无关系的。心理战对抗实战经验可以通过平时的战术训练、模拟对抗等形式来增强，以弥补实战经验的不足。

（二）临战心理准备

铁路警察在进行铁路警务行动时运用心理战的临战准备程度，将直接影响其战斗效果。临战准备主要包括心理准备、身体准备和警用装备三方面。大量实战数据表明，铁路警察的临战心理准备是影响心理战效果的重要因素之一。

在铁路警察执法工作中，当危险情况发生时，客观上会对铁路警察造成一种强度很大的刺激，如果铁路警察事先对危险情况在心理上有准备，那么相应的刺激强度就会减弱，铁路警察大脑皮质的负担相对减轻，随之对铁路警察的精力、智力、自控力的抑制作用也相应减缓。因此，铁路警察必须充分认清警务作战的危险性和复杂性，明确个人和警组的职责，时刻保持高度警惕，排除各种干扰，克服麻痹思想，随时做好处置危险情况的心理准备。此外，制定危机应急心理战处置预案，也是警察处变不惊、临阵不慌、反应迅速、处置果断的重要保障。

四、提高心理战处置能力的途径

警察在执行警务作战任务中，都不希望在危机情况下表现失常。毋庸置疑，希望能以“不战屈人之兵”的心理战术去处置警务作战时出现的危机情况。要使铁路警察具备积极的心理反应，提高心理战术对抗能力，必须把握以下几个方面：

（一）心理情绪控制训练

情绪控制训练包括心理防恐惧训练和心理抗压倾诉训练。

1. 心理压力倾诉训练。是铁路警察面对来自执法工作中的各方面压力，内心郁积着的压力难以释放。通过心理压力倾诉的训练方式，使铁路警察内心找到新的平衡支点，对铁路警察的心理健康有着积极的作用。心理倾诉是情绪宣泄的一种有效方式，开展心理倾诉训练对于警察能积极地吐露委屈、倾诉不快有着重要意义。具体训练方法可采用口头述说法、书面释放法、网上聊天法等，通过练习向可信赖的人述说自己内心的积怨，让内心得到调整。

2. 心理防恐惧训练。防恐惧训练的目的是通过逐层次的系统减小心理恐惧，让具有恐惧心理的铁路警察逐渐摆脱恐惧，恢复心理稳定。具体方法主要采用情景模拟训练。在进行实战模拟训练时，首先建立恐惧等级，按刺激的强弱度制定刺激步骤，模拟恐惧案件的环境或人和物，让参训警察逐级接触和体验，逐步适应这种气氛。在训练中，需不断增加危险程度，不断给参训警察增加困难和压力，使其能逐步适应不同氛围的环境，并能积极应对。

（二）心理战技能训练

铁路警察心理战技能训练主要是围绕铁路警务行动开展相应心理对抗训练，旨在提高铁路警察的心理战技能，此内容也是铁路警察心理对抗能力训练的重点。铁路警察心理战技能训练投入少，效果明显，只需在日常培训过程中融入训练的元素，如设置犯罪心理学课程，在岗位练兵中开展模拟情景对抗训练等，起到立竿见影的效果。心理对抗技能训练很多可操作性的知识比较便于实践。但由于个体差异、领悟能力因人而异,所以需要经过培训和引导,提高铁路警察心理战技能水平。

1. 与群众旅客交往技能的训练。铁路警察在站车执法中与一般群众旅客进行交流、沟通,从中获取相关信息或解决群众旅客问题,如何快速、有效地与群众旅客建立关系将直接影响执法效果。因此,铁路警察需掌握一些与群众旅客交往的技能,设置相关训练,如相识训练、人像快速识别能力训练等。相识训练,就是警察如何在开始时克服各种障碍,与群众旅客交谈并从中获取有价值的信息,是一项交往技能。人像快速识别能力训练,该训练的目的是提高铁路警察快速识别犯罪嫌疑人面部及其他身体特征的能力。训练包括按顺序快速识别、典型特征快速识别、比较观察快速识别等。

2. 与犯罪嫌疑人心理对抗训练。认知训练科目,对于提高铁路警察与执法对象直接面对面交流的能力有着重要作用。具体训练可以通过多点询问、执法对象自我介绍、相互交流等来达到发现疑点、排除可疑的目的。例如,在劫持人质案件中,犯罪嫌疑人在与铁路警察的对话中,时常会讲到自身痛苦或感受,铁路警察应敏感地体会其情绪和想法,尽可能达到所谓的“人同此心心同此理”,扮演好谈判角色,在沟通中获取许多有价值的信息,为顺利处置打下良好的基础。矛盾化解训练,铁路警察在处置群体性事件时,如何有效地制止矛盾升级以尽快解决事件,是矛盾化解训练科目设置的主要目的,可根据“说服黄金法则”的原理,设置实景进行训练,以增强铁路警察处置危机、化解矛盾的能力。

【本章小结】

通过本章教学,使学生了解铁路警务战术心理战特点、心理战的基本模式,重点对铁路警务战术心理战的实施及对制约实施心理战的因素进行了阐述,将心理战的知识转化为技能,确保在铁路警务行动中实施心理战的科学性和有效性,达到战斗行动的目的。

【思考题】

1. 铁路警务行动中如何进行谋略心理战?
2. 铁路警务战术心理战中反馈与调控的信息内容有哪些?
3. 铁路警务行动中制约实施心理战的因素有哪些?

第五章 铁路警务战术基础动作

【教学重点与难点】

重点:掩护物的利用

难点:铁路警务战术基础动作应用的意识

第一节 铁路警务战术基础动作的作用及运用原则

一、铁路警务战术基础动作的作用

战术基础动作,是在借鉴、移植、改造军事战斗基础动作的前提下,结合警察执法战斗实践的特点,经过反复的抽象概括和实战检验,从而形成的适用于警察执法战斗的战术基础动作体系。在司法实践中,为体现法律的强制性应用于警察与犯罪行为人之间的武力冲突中,战术基础动作是战术方法的重要组成部分,与犯罪行为人对抗的战术方法离不开战术基础动作的支撑。战术基础动作就其功用而言,如果在执法战斗中及时地、有针对性地应用,其本身就是控制犯罪行为的战术手段。铁路景物战术基础动作是在战术基础动作的基础上,根据铁路地形地物的特殊性、公共场所的复杂性、空间的密闭性,进行实用性、有针对性地提炼、创新,以更有效地打击围绕铁路进行的犯罪行为,保障铁路安全生产运输。掌握好铁路警务战术基础动作,是提高铁路警察战术水平的重要环节。只有熟练掌握并正确、灵活地运用铁路警务战术基础动作,才能在与控制针对铁路实施犯罪活动的执法战斗中充分发挥战术效能,有力地打击犯罪活动,有效地保护自己。

二、铁路警务战术基础动作运用的原则

(一)保护自己与控制犯罪活动相统一原则

自我保护的目的是控制犯罪活动,使受害人得到有效救助。保护自己才能完成执法战斗任务。在铁路警务战术基础动作的运用上,既要防止只顾控制服犯罪活动而忽视自身防护的冒险蛮干的行为,又要防止只求保护自己而不积极主动制止犯罪活动的消极倾向。

(二)针对性的原则

在控制犯罪活动的执法战斗的过程中,根据客观实际情况,警察依法视情况作出正确的判定,所应用的警务战术基础动作要有针对性,该隐蔽时要隐蔽,该出枪时要出枪,以便对犯罪行为人进行合理、有效的控制。

(三)综合运用的原则

一是必须根据执法战斗具体情况综合运用警务战术基础动作。戒备姿势、身体运动的姿势与方法、战术射击动作、对地形和地物的利用要相互结合使用。二是必须与相关的战术手段结合起来,如徒手、警械、武器控制手段,以提高战术应用效能。三是必须与相关的战术方法,如盘查、缉捕结合起来运用,达到战术使用的最佳效果。

(四)迅速果断的原则

在执法任务实施的过程中,对于出现的各种情况,特别是突发的紧急情况,运用相应的警务战术基础动作,要迅速作出正确的判断,及时做出合理的反应,依法果断采取处置措施,力争主动,切忌犹豫不决,以免贻误战机或造成不必要的伤亡。

(五)机动灵活的原则

根据案情、客观环境等情况,警察要机动灵活地运用警务战术基础动作,使战术基础动作与客观实际相适应。当情况发生变化时,应适时地改变警务战术基础动作,要防止生搬硬套,墨守成规。

第二节　单警战术基础动作

一、单警战术基础动作的内容

单警战术基础动作内容主要包括枪支的携带、戒备姿势、临战出枪、枪支防护、战术射击动作、身体运动的姿势和方法、对地形和地物的利用。

单警战术强调"保护自己,发挥技能与装备优势,控制犯罪活动"。保护自己是前提,发挥技能与装备优势是手段,制止犯罪活动是目的。单警战术具有三个功能,首先其具有隐蔽功能,采用各种身体运动的姿势、利用地形地物进行遮掩。其次具有躲闪功能,用快速、不规则的运动来避免伤亡,如位移、滚进。最后具有主动打击功能,采用各种灵活的战术手段,以娴熟的实战技能控制罪犯,如使用武器。三者为一有机整体,互相独立又互相联系。

二、枪支携带

枪支的携带应根据执行具体的任务来选择枪支携带的方法。要求枪支的携带有利于枪支的保险存放和使用时方便、快捷。

1. 手枪的携带

(1)公开携带。着装公开携带,执行如巡逻、堵卡、警卫等任务时常用。分腰侧携带(如图5-1、图5-2)、大腿部外侧携带、右(左)腹前携带(如图5-3、图5-4)。

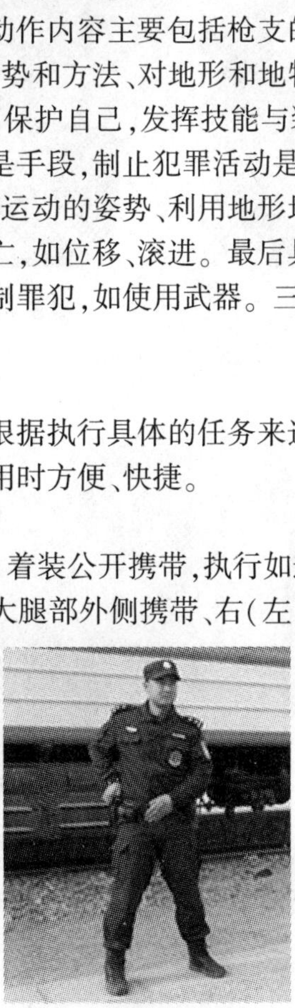

图5-1

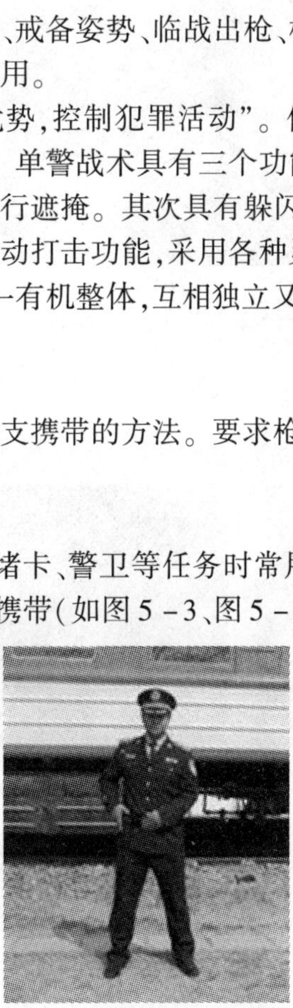

图5-2

图 5－3

图 5－4

(2)隐蔽携带。便装隐蔽携带,执行伪装缉捕、秘密缉捕任务时使用。分腋下携带(如图 5－5)、衣袋内携带(如图 5－6)、包内携带(如图 5－7)、脚腕部携带(如图 5－8)、左右腹前携带(如图 5－9、图 5－10)。

图 5－5

图 5－6

图 5－7

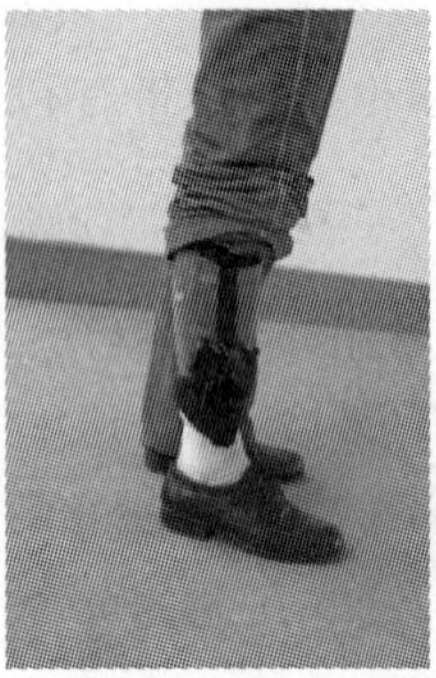
图 5－8

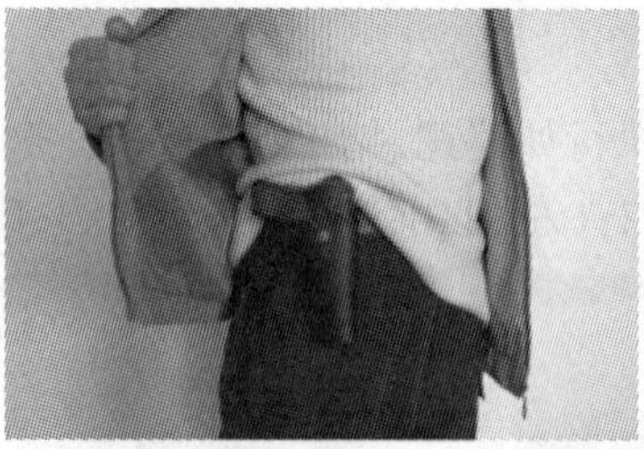
图 5－9

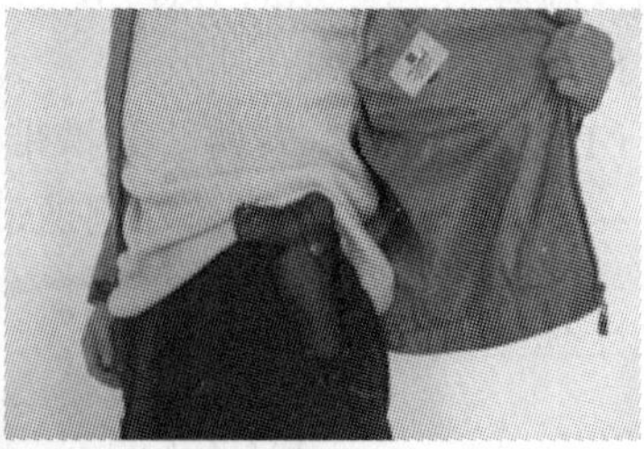
图 5－10

(3)特殊携带。因执行特殊任务需要携带方式。例如,解救人质时常需要使用。分颈后携带(如图 5－11)、后腰携带(如图 5－12)、腿部携带(如图 5－13、图 5－14)、随身物品里携带(如图 5－15)。

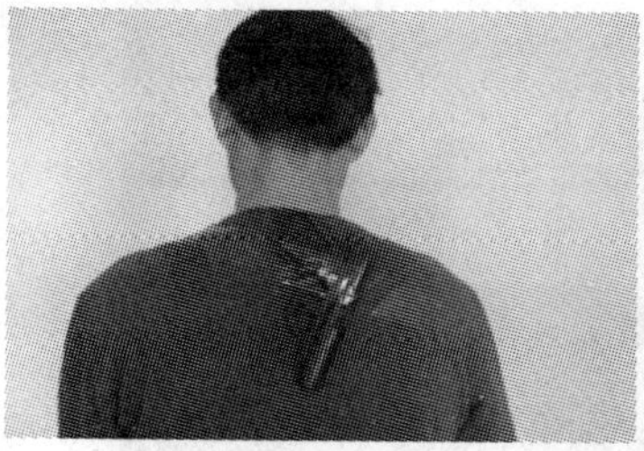

图 5 - 11

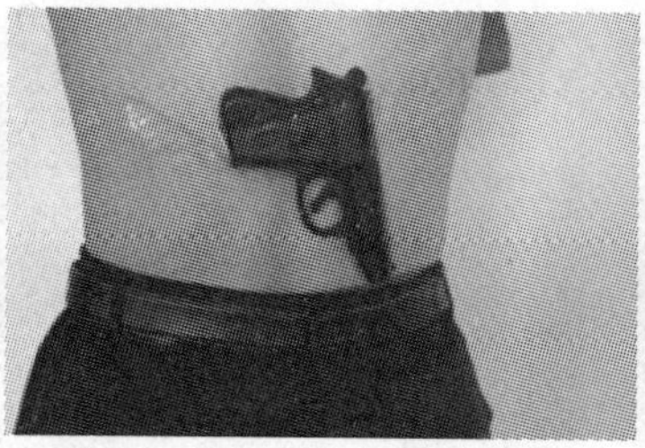

图 5 - 12

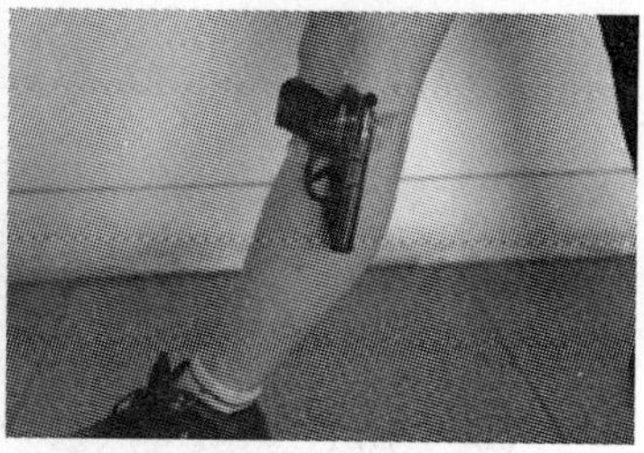

图 5 - 13

图 5 - 14

图 5 - 15

2. 长枪的携带

(1)肩枪。将枪背带背于右肩上,枪身垂直于右大臂后侧,枪口向下,右手在右胸前握背带,拇指由内向外顶住背带,右大臂紧贴右肋(如图 5 - 16)。

(2)挂枪。将枪背带背于左肩上,枪身在胸前约成 45 度,枪口向上,右手握枪颈(挂折叠冲锋枪时,握复进机盖后端),如图 5 - 17 所示。

图 5 - 16

图 5 - 17

(3)挎枪。将枪背带背于右肩上,枪身约成水平置于右腋下腰部间,枪口向前,右手握枪。如果前方有人可将枪口朝上(如图 5 - 18、图 5 - 19)。

(4)背枪。将枪背带背于左肩上,枪身在身后约成 45 度,枪口向下(如图 5 - 20)。

图 5 - 18

图 5 - 19

图 5 - 20

(5)隐枪。在特殊情况下,需要秘密携带枪支时,可将枪放入衣内及各种包、箱等物品内(如图 5 - 21、图 5 - 22)。

图 5 - 21

图 5 - 22

三、戒备姿势

警察在思想、行为、装备上要做好武力对抗的准备。要做好形势评估,带齐装备,尤其是在执法时要应用戒备姿势,以便在突遭攻击时,不需要过长的准备时间,快速位移,及使用相应的战术手段。

(一)正面扶腿戒备姿势

面对执法对象,两脚自然平行开立与肩同宽,两手自然扶腿,目视目标和现场环境,两膝关节微屈保持张力,神态自然(如图 5 - 23)。

图 5 - 23

(二)侧面扶腿戒备姿势

侧对执法对象,两脚前后开立与肩同宽,两手自然扶腿,目视目标,两膝关节微屈保持张力,神态自然(如图 5 - 24)。

(三)正面搭手戒备姿势

面对执法对象,两脚自然平行开立与肩同宽,左手在腹前轻搭扣在右手腕部,目视目标和现场环境,两膝关节微屈保持张力,以便使用徒手控制(如图 5 - 25)。

图5-24

图5-25

（四）侧面搭手戒备姿势

侧对执法对象，两脚前后开立与肩同宽，左手在腹前轻搭扣在右手腕部，目视目标和现场环境，两膝关节微屈保持张力，以便使用徒手控制（如图5-26）。

（五）正面扶带戒备姿势

面对执法对象，两脚自然平行开立与肩同宽，两手放置在单警装备腰带上，目视目标和现场环境，两膝关节微屈保持张力，以便使用警械（如图5-27）。

图5-26

图5-27

（六）侧面扶带戒备姿势

侧对执法对象，两脚前后开立与肩同宽，两手放置在单警装备腰带上，目视目标和现场环境，两膝关节微屈保持张力，以便使用警械（如图5-28）。

（七）正面扶枪戒备姿势

面对执法对象，两脚自然平行开立与肩同宽，强手打开枪套握实枪把，弱手贴扶腹部，目视目标和现场环境，两膝关节微屈保持张力，以便使用武器（如图5-29）。

（八）侧面扶枪戒备姿势

侧对执法对象，两脚前后开立与肩同宽，强手打开枪套握实枪把，弱手贴扶腹部，目视目标和现场环境，两膝关节微屈保持张力，以便使用武器（如图5-30）。

图 5-28

图 5-29

图 5-30

四、临战出枪

临战出枪主要是指根据客观实际判断，在可能与犯罪分子和犯罪嫌疑人发生武力对抗的情形下，依法需使用武器控制时，预先出枪准备或戒备，缩短执法战斗的准备和反应时间。

（一）临战出枪准备

1. 单手出枪准备。身体保持正面或侧面戒备姿势，强手握实枪，把将手枪迅速从枪套中拔出，取捷径握枪置于胸侧前，大臂轻贴肋部，食指放在护圈外侧，枪口指向前上方约成45度，高不过眼（如图5-31）。

2. 双手出枪准备。身体保持正面或侧面戒备姿势，强手握实枪把将手枪迅速从枪套中拔出，握枪置于胸侧前，大臂轻贴肋部，食指放在护圈外侧，弱手的食指、中指、无名指、小指由前正握右手的中指、无名指、小指，枪口指向前上方约成45度，高不过眼（如图5-32）。

图 5-31

图 5-32

（二）临战出枪戒备

1. 低姿戒备。适合较宽阔区域使用，出枪上膛后，双手握枪两臂自然向前下方伸，腕、肘固定，枪口指向前方约1.5米处，食指放在护圈外侧，目视前方（如图5-33）。

2. 平肩戒备。适合在危险情况下使用，出枪上膛后，双手握枪向前保持与肩水平位置，不阻碍视线，强手臂前推，弱手臂略弯曲后拉，枪口指向观察区的正前方，食指放在护圈外侧（如图5-34）。

3. 高姿戒备。适合狭窄空间运用。出枪上膛后,双手握枪两大臂紧靠肋部,肘关节弯曲,手腕固定,握枪置于胸前两眼之间,低于视线,枪口离面颊 25 厘米至 30 厘米,指向前上方,食指放在护圈外侧(如图 5－35)。

图 5－33

图 5－34

图 5－35

4. 腰间戒备。

(1)单手腰间戒备。适合于近距离面对犯罪嫌疑人或接近未知危险区域时运用。快速掏枪上膛后,紧贴腰侧位置(枪口超越腹平面),枪支上平面及手腕平行于地面,枪口指向观察区,弱手协力贴于腹部,食指放在护圈外侧(如图 5－36)。

(2)双手腰间戒备。适合于近距离狭窄空间或较长时间持枪时运用。快速掏枪上膛后,双手持枪置于强手一侧腰间(枪口超越腹平面),枪支上平面及前臂平行于地面,枪口指向观察区,食指放在护圈外侧(如图 5－37)。

图 5－36

图 5－37

五、身体运动的姿势和方法

在犯罪分子或犯罪嫌疑人凶器或火力威胁的情况下,警察为了避免和减少伤亡、发挥技能与装备优势、迅速位移保持安全距离、隐蔽地接近犯罪分子或犯罪嫌疑人、改变身体姿势减弱火力的威胁而采取的各种有效的身体运动姿势。

(一)持枪立姿移动

1. 直身运动。在距犯罪嫌疑人及犯罪分子的现场较远,犯罪嫌疑人及犯罪分子未发现时采用。运动时,身体保持直立,采用临战出枪准备持枪,大步、快步前进或撤离(如图 5－38)。

2. 屈身运动。在掩护物或隐匿物略低于人体时采用。运动时，上体前倾，头部不要高出掩护物或隐匿物，两腿弯曲，降低重心，采用临战出枪准备持枪，大步、快步前进或撤离（如图5－39）。

图5－38

图5－39

3. 猫步。主要用于接近目标或搜索行动时的身体移动。运动时，采用临战戒备出枪持枪，上体前倾，重心下降并保持平稳，先迈左脚前进，左脚脚跟先着地，然后逐步过渡到前脚掌落步，右脚按同样的方法运动，运动时要等步幅、匀速前进或后退（如图5－40、图5－41）。

图5－40

图5－41

4. 滑步。主要用于接近目标或搜索行动时的身体移动。运动时，采用临战戒备出枪持枪，上体前倾，重心下降并保持平稳，先迈左脚前进，左脚落步后，右脚跟滑，运动时要等步幅、匀速前、后、左、右位移（如图5－42、图5－43）。

图5－42

图5－43

5. 跃进。在犯罪分子和犯罪嫌疑人火力威胁下，拉开与犯罪分子和犯罪嫌疑人之间的距离、迅速通过开阔地、追击犯罪分子和犯罪嫌疑人时采用的运动方法。跃进前观察好前方地形，选择好前进路线和暂停位置，要做到跃起快、前进快、卧倒快。前进时要采用临战戒备持枪，降低身体重心快速奔跑，路线可直线，可曲线（如图 5－44、图 5－45、图 5－46、图 5－47）。

图 5－44

图 5－45

图 5－46

图 5－47

（二）持枪卧姿移动

1. 卧倒。在受到犯罪分子和犯罪嫌疑人火力威胁时，迅速改变身体姿势，减少火力对身体的威胁时采用的方法。在临战戒备持枪的基础上，快速屈膝、收腹、含胸、下蹲、成右膝跪地姿势，左手在体前撑地，右手持枪前伸，目视前方。左右脚依次向侧后方伸出，身体正面俯地，两腿伸直分开，略宽于肩，双手持枪指向目标（如图 5－48、图 5－49、图 5－50、图 5－51）。

图 5－48

图 5－49

图 5－50

图 5-51

2. 起立。在卧倒的基础上，左手回收撑地，两腿屈收成跪撑，右手持枪指向犯罪嫌疑人，食指在护圈外侧，右腿屈膝抬起，左手协握右手，成跪姿势双手持枪姿势。身体重心前移，收左脚向前迈出呈戒备出枪姿势（如图 5-52、图 5-53、图 5-54、图 5-55）。

图 5-52

图 5-53

图 5-54

图 5-55

3. 正低姿匍匐移动。在利用掩护物高约 40 厘米时采用。在卧倒的基础上，腹部贴于地面，右手握持手枪收回，伸出左手，屈回右腿，以右脚内侧的蹬力和左手的扒力使身体水平前移。在移动的同时，屈回左腿，伸出右手，用左脚内侧的蹬力和右手的扒力使身体前移，依次交替前进（如图 5-56）。

4. 侧低姿匍匐移动。在利用掩护物高约60厘米时采用。在卧倒的基础上,收左手、左腿弯曲,右腿收回。身体左侧及左小臂着地,右腿靠近臀部着地,右手持枪枪口向前,用左臂的支撑力和左手的扒力及右脚跟的蹬力使身体水平前移(如图5-57)。

图5-56

图5-57

5. 正高姿匍匐移动。在掩护物高约80厘米时采用。在卧倒的基础上,两小臂和两膝内侧分开与肩宽支撑身体。右手握持手枪,伸左臂进右腿移动的同时,伸右臂进左腿,使身体向前移动(如图5-58)。

图5-58

6. 滚进。避开犯罪分子和犯罪嫌疑人观察、射击左右移动,通过棱线或占领左右两侧有利地形时采用。滚进时在卧倒的基础上双手握手枪,两食指放在手枪护圈外侧。两臂伸直并夹紧,合握枪支置于身体的纵轴线上,保持观察,枪口朝前,两腿交叉或紧紧并拢,全身用力向移动方向滚动(如图5-59、图5-60、图5-61)。

图5-59

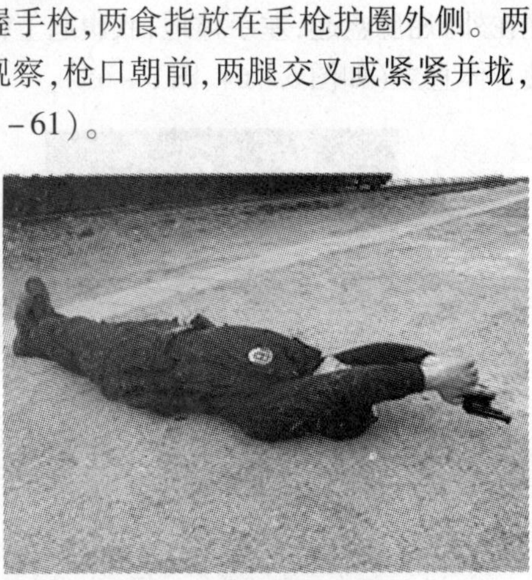

图5-60

图 5－61

（三）铁路站车环境下持枪移动

1. 坐仰倒。在受到犯罪分子和犯罪嫌疑人火力威胁时，由于站车空间范围受限，为减少火力对自身和旅客的威胁，需原地仰角射出时采用。坐仰倒时身体重心迅速下降成蹲姿，左手撑地后臀部着地，然后上体后仰勾头着地。两腿自然分开比肩宽，同时双手迅速合握枪支，指向攻击方向（如图 5－62、图 5－63）。

图 5－62

图 5－63

2. 坐盘起。当火力威胁解除或犯罪分子和犯罪嫌疑人逃跑时采用。两腿交叉（右腿在里，左腿在外）屈膝盘起，左手撑地，收腹起上体，重心前移，成跪姿射击姿势，左腿发力，右膝上抬，使身体直立（如图 5－64、图 5－65）。

图 5－64

图 5－65

3. 蹲姿移动。在候车室利用座椅、车体底部纵向隐蔽接近犯罪分子和犯罪嫌疑人及需转移阵地时采用。使用时身体重心迅速下降成蹲姿，保持临战持枪戒备姿势，身体的高度低于相连的座椅或低于车体底部的高度迅速隐蔽的移动（如图5－66）。

图5－66

4. 并步移动。横向通过车体底部或有较高掩护物在其后横向移动时采用。保持临战持枪戒备姿势，身体重心迅速下降成蹲姿，左（右）脚向左（右）横跨一步，右脚向左跟进形成两脚并步，左脚再向左横跨一步，右脚再次跟进形成并步，依次前进（如图5－67、图5－68、图5－69）。

图5－67

图5－68

图5－69

5. 交叉步移动。横向通过车体底部或有较高掩护物在其后横向移动时采用。保持临战持枪戒备姿势，身体重心迅速下降成蹲姿，右（左）脚从左（右）脚前交叉后，左（右）脚再向左（右）一大步，右（左）脚从左（右）脚前继续交叉，依次前进（如图5－70、图5－71、图5－72）。

图5－70

图5－71

图5－72

6. 撑起跃进。撑起跃进是为了迅速隐蔽地接近犯罪分子和犯罪嫌疑人时，通过候车室横向固定多排座椅时使用。右手持枪在蹲姿的基础上迅速跃进，接近座椅后，前伸左手扶握座椅的顶部获得支撑。利用惯性使身体腾空跃过座椅后迅速蹲姿跃进，到合适位置后迅速下蹲，横向移动出枪（如图5－73、图5－74、图5－75）。

图 5－73

图 5－74

图 5－75

7. 列车的跳上与跳下。列车的跳上与跳下，是在犯罪分子和犯罪嫌疑人从列车上逃跑时，为了尽快地接近及追击犯罪分子和犯罪嫌疑人，而采用的身体运动的方法，要特别注意的是，不能从高速运行的列车上跳上与跳下，只能在列车慢速行驶时进行。

(1)客车跳上。当列车车体在自己身体左侧行驶时，快速随列车跑动，使跑动的速度稍快于列车行驶的速度，利用左腿的蹬力，起右腿上抬，用右脚踏上乘降梯的最低踏板，同时左右手抓握乘降门的左右扶手，提升左脚踏上乘降梯踏板。如果利用车窗，快速随车跑动，使自己奔跑的速度比列车行驶速度稍快，利用腿部的蹬力使身体上纵，两手抓握窗沿，屈双臂支撑，上体前倾进入车内腹部获得支撑点，两手抓握茶几桌沿前拉，使身体进入列车内。车体在自己身体右侧行驶时，动作相反(如图 5－76、图 5－77)。

图 5－76

图 5－77

(2)客车跳下。当列车车体在自己的身体左侧时,左脚站立在乘降梯最低踏板,左手握住乘降梯扶手,面对前进方向,降低身体重心,向侧前蹬左腿,使身体向侧前纵跃,左脚先着地,迅速前跨右腿,随车快速跑动逐步减少惯性。如果跑动中,惯性过大或被绊倒,要迅速团身向前滚动,消除惯性以减少对身体的危害。当列车车体在自己身体右侧时,动作相反(如图5－78、图5－79)。

图5－78

图5－79

(3)货车跳上。当货车车体在自己身体左侧行驶时,快速随列车跑动,使跑动的速度稍快于货车行驶的速度,利用左腿的蹬力,使身体上纵,用双手抓握车体的检查梯,收双臂,收腹,用右脚踏上检查梯最低端获得支撑,然后左脚通过检查梯获得支撑(如图5－80、图5－81)。

图5－80

图5－81

(4)货车跳下。当货车车体在自己身体左侧行驶时,侧靠检查梯,左手抓握检查梯,左脚踏检查梯最低部,面对前进方向。重心下降,左脚蹬检查梯使身体向侧前纵跃,左脚先着地,迅速前跨右腿,随车快速跑动逐步减少惯性。如果跑动中,惯性过大或被绊倒,要迅速团身向前滚动,消除惯性以减少对身体的危害。当列车车体在自己身体右侧时,动作相反(如图5－82、图5－83)。

图 5－82

图 5－83

六、对地形和地物的利用

地形是地貌和地物的总称。地貌是指地面高低起伏的状态，如山地、平原、丘陵地等。地物是地面上自然形成和人工建造的固定物体，如土堆、石块、沟渠、各种建筑物等。除了各种固定物体外，还包括各种移动的物体，如车辆、船只等。

（一）利用地形、掩护物的目的

隐藏自己的身体、发扬火力。隐藏身体是为了保护自己的安全，隐蔽迅速地接近犯罪分子及犯罪嫌疑人；发扬火力是为了有效地控制犯罪分子及犯罪嫌疑人。正确地利用地形和地物，对于保护自己、控制犯罪分子及犯罪嫌疑人具有重要意义。

1. 掩护物及隐匿物

（1）掩护物。能有效的阻挡子弹和弹片的穿透，并保护身体不受子弹或弹片杀伤的物体。良好的掩护物同时也可以作为隐匿物。

（2）隐匿物。可以隐藏身体，免于被犯罪嫌疑人看见，但却不能有效的抵挡子弹或弹片贯穿的物体。掩护物能够保护自己免被子弹或弹片射（击）中，争取时间进行形势评估，确定案件性质、犯罪嫌疑人的位置、人数；必要时按法定条件和程序使用武器。因此除非现场找不到坚固的掩护物，否则应尽量避免使用隐匿物。

2. 利用掩护物的原则

（1）首选原则。凡遇上可能会发生枪战及危险的情况，意识上和行为上首要是寻找并占领掩护物。

（2）防弹原则。根据掩护物厚度和密度选择能够抵挡子弹或弹片的物体。

（3）择大原则。就掩护物的面积和形状而言，面积大优于面积小，面积应以能掩护警察的全身及允许警察保持射击姿势为宜；选择不规则形状较规则形状的掩护物好。

（4）就近原则。应选择最近的掩护物，在最短时间到达掩护物的安全区。

3. 利用地形和掩护物的要求

利用地形和掩护物时，应根据掩护物的面积、形状、厚度和密度、位置，是否易被犯罪分子及犯罪嫌疑人发现及火力威胁程度等情况，选择便于观察、射击和隐藏身体，便于接近、占领和离开，不妨碍组长指挥和同伴动作的有利地形，并尽量避开易燃、易爆、易倒塌的物体和难于通行的地段。采取适当的姿势，做到迅速隐蔽地接近、由下而上地占领、周密细致地观察、不失时机地出枪、突然迅速地离开。在不利于隐蔽的地形上不要几个人拥挤在一起，不便发扬火力优势，同时可能增大伤亡概率。

(二)利用地形、掩护物的方法

1. 接近。依据环境和危险程度选择持枪戒备姿势，根据犯罪分子及犯罪嫌疑人的情况及掩护物的状况，采取适当姿势迅速隐蔽地接近。掩护物较高时，可以跃进接近；掩护物较低时，采取匍匐前进或滚进的方法接近。

2. 占领。接近掩护物后，应由下而上地占领，保证自己的身体能够获得有效的遮护。

3. 观察。须从掩护物上部观察时应快速由右至左，由近至远地扫视观察。从掩护物中部或下部观察时使用快速窥视观察。拐角处可采用斜角线观察。必要时可使用观察镜进行观察。

4. 出枪。当犯罪情形判明，犯罪嫌疑人判明，紧急性判明后。根据现场的情况需要出枪时，可用单手或双手迅速出枪，进行法律许可下的射击。

5. 离开。当占领位置已危险、不便于观察、射击或情况需要转移或变换位置时，应突然迅速地离开。

(三)利用地形和掩护物时的注意事项

1. 使用与掩护物相吻合的射击姿势。掩护物的高度能遮住身体，应使用立姿的射击姿势。如果掩护物的高度无法保持立姿射击姿势时，可以采取跪姿射击姿势。尽量使用掩护物的强手边据枪瞄准或射击。

2. 尽量少使用卧姿或坐姿射击。这两种姿势会丧失宝贵的快速机动能力，同时也可能会被地面的跳弹击中。

3. 不要轻易转换掩护物。没有战术需要，就不要离开掩护物。如果确实需要离开，要选择好下一个掩护物的位置、运动的路线，尽量缩短在危险区域里面的停留时间，在移动之前必须要求队友提供火力掩护。

4. 以最小的身形和最快的速度通过危险区域。在移动过程当中，身形要小，速度要快。走“之”字线推进到安全区，然后再向前推进到新的掩护物后面。如果必须两个人共用掩护物时，两个人都必须保持身体的稳定，不能在推进过来以后，把原先的队友挤出了掩体，必须注意配合，一个立姿，另一个跪姿。形成一个有效的控制。

5. 注意掩护物的单向性。对周边环境保持戒备。掩护物往往只能抵御有限方向射来的子弹，容易形成我们观察的单向性。这个时候要与队友配合，对我们的上方、侧方和后方保持戒备，以免受到意外的攻击。

6. 当受到俯射火力威胁时。尽量使用纵向掩护物，在俯射火力的威胁下，使用纵向掩体比横向掩体的安全性好。

(四)对常见地形、掩护物的利用

1. 对自然地形利用的方法。

(1)利用堤坎、田埂。利用堤坎、田埂，通常利用背敌斜面或残缺部位，根据其高度取适当姿势射击(如图5－84)。

(2)利用土坑、沟渠。土坑、沟渠，通常利用其前切面，纵向沟渠利用弯曲部。根据其大小、深度，以跳、滚、匍匐等方法进入，并根据其深度取适当姿势射击(如图5－85)。

图 5 - 84

图 5 - 85

2. 对楼、房、墙等地形的利用。

(1)利用墙壁。利用墙壁时,根据其高度取适当姿势。墙高于人体时,可用物体将脚垫高或挖射孔和利用残缺部。矮墙可利用墙顶端及断面(如图 5 - 86、图 5 - 87)。

图 5 - 86

图 5 - 87

(2)利用墙角、窗、房柱。墙角:通常利用直角掩护侧,采取适当姿势射击(如图 5 - 88)。窗:可利用窗框两侧或两下角,根据其高度取适当姿势射击(如图 5 - 89)。房柱:应利用两侧,采取适当姿势射击(如图 5 - 90)。

图 5 - 88

图 5 - 89

图 5 - 90

3. 对道路、公共设施利用的方法。

(1)利用路沿。通常利用其凸出的顶部,采用卧姿姿势射击(如图5-91)。

(2)利用树木、电线杆。树木、电线杆、消防栓,通常利用其右侧。根据情况取适当姿势射击,多采用侧身立、跪姿射击,特殊情况下也可利用其左侧(如图5-92、图5-93、图5-94)。

(3)利用沙、石、砖堆。沙、石、砖堆,通常利用背敌面的右侧,如视界、射界受限制或右侧有火力威胁时,也可利用其左侧。双峰堆,应利用其鞍部,根据其高度取适当的姿势射击(如图5-95)。

图5-91

图5-92

图5-93

图5-94

图5-95

(4)对车辆利用的方法。对于停驶的车辆,应视目标出现的方向,以车辆为掩护物将自己的身体隐蔽,同时又要便于观察和发挥火力。可利用发动机一侧及车轮,根据其高度采取适当姿势(如图5-96、图5-97、图5-98)。

图5-96

图5-97

图5-98

4. 对铁路站车常见地形、掩护物的利用。

(1)对站台柱体,通常利用其右侧立姿或跪姿出枪射击(如图 5 – 99)。

(2)对站台值班室、候车室直角墙,通常利用其右侧立姿、跪姿射击。如必要也可利用左侧(如图 5 – 100、图 5 – 101)。

图 5 – 99

图 5 – 100

图 5 – 101

(3)对列车车轮,通常利用其侧面或后面跪姿或蹲姿射击(如图 5 – 102、图 5 – 103)。

图 5 – 102

图 5 – 103

(4)对客车车厢端门,通常利用门两侧直角立姿或跪姿射击(如图 5 – 104、图 5 – 105)。

图 5 – 104

图 5 – 105

(5)对客车内座椅,通常利用其侧面出枪射击(如图5-106、图5-107)。

图5-106

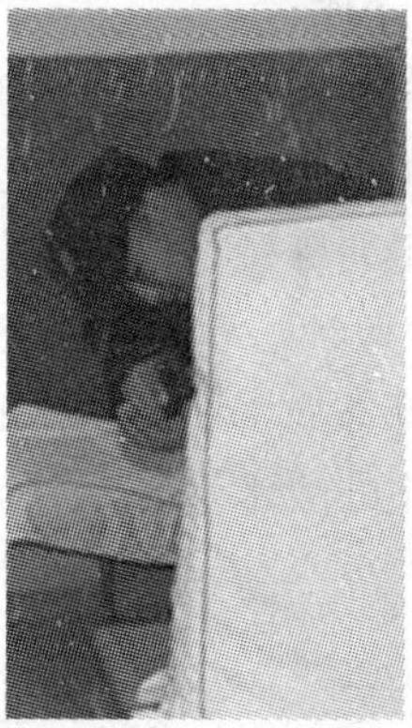

图5-107

(6)对铁轨,通常利用其顶部卧姿射击(如图5-108)。

(7)对站台,墙通常利用顶部跪姿射击(如图5-109)。

图5-108

图5-109

(8)对车体顶部、车门、车窗的利用,通常利用车体顶部卧姿向车下射击,利用车门两侧立姿射击。利用车窗时,利用车窗两侧或两下角,取适当姿势射击(如图5-110、图5-111、图5-112)。

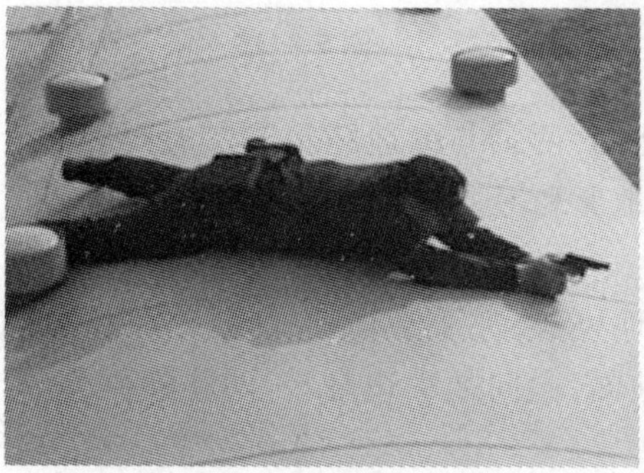

图5-110

图5-111

图5-112

七、铁路战术射击动作

站车战术射击动作不同于一般的射击动作,是以站车环境下的战术对抗需要为依据,将射击动作与战术动作相结合的一种实战应用型动作,以达到隐蔽自己、及时出枪、发扬火力、主动打击犯罪分子及犯罪嫌疑人的目的。

(一)立、跪、卧、仰四种基本的射击姿势

基本射击姿势是警务战术射击动作的基础,只有掌握基本射击姿势,才能够很好地掌握各种适应战斗需要变化的战术射击动作,才能够在战斗状态下有针对性地运用各种战术射击姿势。

1. 立姿射击姿势。

(1)手枪正面双手立姿射击姿势。两脚平行站立,两膝关节微屈,上体正面向前,重心稍前移,两手臂自然前伸,头部微向强手肩部靠,强手前推,弱手回握用力,形成稳定的据枪(如图5-113)。

(2)手枪正面单手立姿射击姿势。两脚平行站立,两膝关节微屈,上体正面向前,重心稍前移,强手臂前推自然前伸,头部微向强手肩部靠,弱手回收贴于胸前或扶握其他物体,形成稳定的据枪(如图5-114)。

(3)手枪侧身双手立姿射击姿势。右(左)脚向后方撤出,身体向右(左)转,两脚间约与肩同宽,膝关节微屈,侧身自然站立,强手臂自然伸直,弱手臂自然弯曲内收,头部微向强手肩部靠,强手前推,弱手回握用力,形成稳定的据枪(如图5-115)。

图5-113

图5-114

图5-115

2. 手枪双手跪姿射击姿势。强手侧膝关节跪于地面,两脚与跪地膝关节在地面形成近似等边三角形,上体(正、侧)同立姿射击姿势,可根据地形和习惯通过重心的调整,使跪姿射击姿势高度适当(如图5-116)。

3. 手枪双手卧姿射击姿势。快速屈膝成右膝跪地姿势,左手在体前撑地,右手持枪前伸,目视前方。左右脚依次向侧后方伸出,身体俯卧地面,微向强手边翻转,两腿伸直分开,略宽于肩,双手据枪指向目标(如图5-117)。

4. 手枪双手仰姿射击姿势。左(右)脚向左(右)横跨一步比肩宽,重心下降,臀部先着地,然后背部着地,头部勾起,两腿自然分开,双手握枪,枪口指向前上方,形成仰角射击(如图5-118)。

图 5 - 116

图 5 - 117

图 5 - 118

(二)手枪射击身法变换动作

警察在与犯罪分子及犯罪嫌疑人的执法战斗对抗中,犯罪分子及犯罪嫌疑人出现的方向是不确定的,前后左右都有可能。警察在执法战斗过程中身体的姿态也是不确定的,可能是静止状态,也可能是走或跑的状态,这就要求警察能够在判明犯罪嫌疑人位置的同时,迅速变换身法,转身的同时,采用合适的射击姿势,将枪口指向攻击方向。主要有停止间身法变换和行进间身法变换。

1. 停止间转身射击动作。

(1)立姿停止间转身射击动作。立姿停止间转身 90 度射击动作:持枪戒备(以左转为例),以左脚为轴,身体向左前方转身 90 度,双手合握据枪,枪口指向安全方向后再指向左侧攻击目标(如图 5 - 119、图 5 - 120、图 5 - 121)。

图 5 - 119

图 5 - 120

图 5 - 121

立姿停止间转身 180 度射击动作:持枪戒备(以左转为例),以左脚为轴,身体向左前方转身 180 度,双手合握据枪,枪口指向安全方向后再指向后方攻击目标(如图 5 - 122、图 5 - 123、图5 - 124)。

立姿停止间转身 360 度射击动作:持枪戒备(以左转为例),以左脚为轴,身体向左前方转身 90 度,双手合握据枪,枪口指向安全方向后再指向后方攻击目标。继续向左转身 90 度,形成 360 度射击动作。

图 5－122

图 5－123

图 5－124

(2)跪姿停止间转身射击动作。跪姿持枪戒备(以左转为例),左膝向左侧跪地,右膝向左侧方向调整跪地,左膝上抬,身体向左前方转身约 90 度形成跪姿射击姿势,枪口指向安全方向后再指向左侧攻击目标(如图 5－125、图 5－126、图 5－127)。

图 5－125

图 5－126

图 5－127

跪姿停止间转身 180 度射击动作。跪姿持枪戒备,左膝向右侧跪地,右膝上抬,身体向右前方转身 180 度形成跪姿射击姿势,枪口指向安全方向后再指向后侧攻击目标(如图 5－128、图 5－129、图 5－130)。

图 5－128

图 5－129

图 5－130

跪姿停止间转身360度射击动作。跪姿持枪戒备(以左转为例),左膝向左侧跪地,右膝向左侧方向调整跪地,左膝上抬,身体向左前方转身约90度形成跪姿射击姿势,枪口指向安全方向后再指向右侧攻击目标。继续向左转身90度,形成360度射击动作。

(3)卧姿停止间转体射击动作。在卧姿射击的基础上(以左转为例),身体向左侧团身翻转。身体右侧着地,双手合握据枪经过屈臂高姿戒备后,将枪口指向左侧攻击目标。然后依靠左手的推力和左腿向左后的摆力,使身体调整为向左侧卧姿射击(如图5－131、图5－132、图5－133、图5－134)。

卧姿停止间转体180度射击动作。在卧姿射击的基础上(以左转为例),身体向左侧团身翻转。身体背部着地,双手合握据枪经过屈臂高姿戒备后,将枪口指向后方攻击目标(如图5－135、图5－136)。

图5－131

图5－132

图5－133

图5－134

图5－135

图5－136

卧姿停止间转体360度射击动作。在卧姿射击的基础上(以左转为例),身体向左侧团身翻转。经过身体背部、左侧着地后,成卧姿。双手合握据枪使枪口随身体转动指向攻击方向。

(4)仰姿停止间转身射击动作。持枪戒备(以左转为例),以左脚为轴,身体向左转身90度,两脚平行比肩宽,重心下降,臀部先着地,然后勾头背部着地,两腿自然分开,双手合握据枪指向左侧攻击目标,形成仰角射击(如图5－137、图5－138、图5－139)。

图 5 - 137

图 5 - 138

图 5 - 139

仰姿停止间转身 180 度射击动作。持枪戒备(以左转为例),以左脚为轴,身体向左转身 180 度,两脚平行比肩宽,重心下降,臀部先着地,然后勾头背部着地,两腿自然分开,双手合握据枪指向后方攻击目标。形成仰角射击(如图 5 - 140、图 5 - 141、图 5 - 142)。

图 5 - 140

图 5 - 141

图 5 - 142

2. 行进间转身射击动作。

(1)立姿行进间转身射击动作。立姿行进间向左转身射击动作:持枪戒备,行进间以左脚为轴,向左前转身,双手合握据枪,枪口指向安全方向再指向左侧攻击目标。

立姿行进间向右转身射击动作。持枪戒备,行进间以右脚为轴,向右前转身,双手合握据枪,枪口指向安全方向再指向右侧攻击目标。

立姿行进间向后转身射击动作。持枪戒备,行进间以左脚为轴,向左前方转身 180 度,双手合握据枪,枪口指向安全方向再指向后方攻击目标。

(2)跪姿行进间转身射击动作。跪姿行进间向左身转射击动作:持枪戒备,行进间以左脚为轴,向左前方转身,右膝跪地,双手合握据枪,枪口指向安全方向再指向左侧攻击目标。

跪姿行进间向右转身射击动作。持枪戒备,行进间以右脚为轴,向右前转身,右膝跪地,双手合握据枪,枪口指向安全方向再指向右侧攻击目标。

跪姿行进间向后转射击动作。持枪戒备,行进间以左脚为轴,向左前方转身 180 度,右膝跪地,双手合握据枪,枪口指向安全方向再指向后方攻击目标。

(3)卧姿行进间转身射击动作。卧姿行进间向左转身射击动作：持枪戒备，行进间以左脚为轴，向左前转身，迅速卧倒。双手合握据枪，枪口指向安全方向再指向左侧攻击目标。

卧姿行进间向右转身射击动作。持枪戒备，行进间以右脚为轴，向右前转身，迅速卧倒。双手合握据枪，枪口指向安全方向再指向左侧攻击目标。

卧姿行进间向后转身射击动作。持枪戒备，行进间以左脚为轴，向左前方转身 180 度，迅速卧倒。双手合握据枪，枪口指向安全方向再指向后方攻击目标。

(4)仰姿行进间转身射击动作。仰姿行进间向左转身射击动作：持枪戒备，行进间以左脚为轴，身体向左前转身，两脚分开比肩宽，身体向下坐仰。两腿自然分开，双手合握据枪，枪口指向安全方向再指向左侧攻击目标。

仰姿行进间向右转身射击动作。持枪戒备，行进间以右脚为轴，身体向右前转身，两脚分开比肩宽，身体向下坐仰。两腿自然分开，双手合握据枪，枪口指向安全方向再指向右侧攻击目标。

仰姿行进间向后转射击动作。持枪戒备，行进间以左脚为轴，身体向左转身 180 度，两脚分开比肩宽，身体向下坐仰。两腿自然分开，双手合握据枪，枪口指向安全方向再指向后方攻击目标。

(三)快速出枪与快速射击技术

1. 快速出枪，是指警察在突发战斗对抗状态下，迅速将手枪从枪套内抽出、推弹上膛并立即形成射击姿势的动作过程。在枪支使用中，出枪动作的熟练和快速与否常决定对抗双方的生死存亡。当突然发生火力交战或者预感到火力交战有可能发生时，警察都应在瞬间完成出枪动作，盯住目标、开枪套扣、握实枪柄、快速抽枪、腹前右手持枪前推，左手握拉套筒回拉，形成错力推弹上膛、迅速据枪指向目标，从而保证能够随时进行射击。在出枪时，动作应非常连贯的，不能有犹豫和停顿的现象。同时应使这一系列的动作过程，在紧急情况下，成为一种下意识的动作反应(运动动力定型)，如图 5－143、图 5－144、图 5－145、图5－146 所示。

图 5－143

图 5－144

图 5－145

图 5－146

2. 依法判明。警察主观上对客观情形判定,快速出枪的过程要依法判明是否符合使用武器的法定条件,包括对严重暴力犯罪行为情形的确认、对犯罪行为紧急性的确认、对犯罪行为人的确认、对不需要警告情形的确认、对不能射击情形的确认。符合法定条件,依照法定程序使用武器。

3. 概略瞄准。快速出枪与快速射击技术是在近距离内使用,使用时双眼盯紧目标,双手保持枪面平稳,并使之处于双眼之间的视平线中间或略低于视平线中间位置上,枪口就已经指向了目标,此时双眼就已起到了瞄准具(缺口)的作用。眼睛的余光注意准星,盯住所要击中部位的中心部分,使双眼的视平线、准星、目标中心部分形成直线。

4. 快速扣压扳机。食指单独用力,预压扳机要快,松开扳机要快,击发瞬间要稍慢,扣压扳机要正直、均速地压动。

5. 连续射击。首先,应在每次射击时连续打出两枪,以加强射击效果。第一枪由于快速动作可能未击中目标,但起到巨大的震慑作用,造成对方短暂的茫然,为第二枪换取时间,由第二枪命中。若第一枪已经击中目标,则第二枪的命中会使其失去反抗能力停止犯罪行为。其次,连续射击在短时间内将目标的火力压制住,便于迅速地观察判断和进行战术移动。最后,连续射击不等于打乱枪,每次均是有目的的射击。不要在子弹打光时再换弹匣,应抓住机会战术性更换弹匣,以防陷入被动。

6. 克服不必要的心理障碍。犯罪分子及犯罪嫌疑人的心理活动比警察简单、明确,其目的就是逃跑,而现场警察的存在,则是阻碍其达到目的的直接威胁。所以,犯罪分子及犯罪嫌疑人会坚决地选择将警察置于死地的手段来达到其逃窜的目的。对警察而言,需要考虑的方面很多,法律是否许可、周围环境如何、击伤还是击毙、后果对案情有何影响等,都会影响警察射击的决心,特别是当警察面对这种开枪就将致死的残酷现实,会极易产生犹豫心理。这些妨碍枪战效果的心理要坚决克服,只要法律许可,现实确有必要,就要冷静、果断、快速、准确地对目标实施射击。

(四)站车紧急避险射击动作

犯罪分子或犯罪嫌疑人为了逃避法律的制裁,对执法警察的袭击往往是突然的,铁路警察在站车的环境下处置这类情况的困难性和被动性很大,首先,站车为公共场所,从法律上来讲禁止开枪,除非不开枪后会引起更为严重的后果,瞬间的判断不容易。其次,人员密集,开枪容易伤及无辜。最后,空间狭小,使警察的战术动作易受限。为了有效地保护自己,制伏罪犯,需要警察有极高的射击技能。在被动的情况下警察应采取有效的紧急避险射击动作。附近有掩体的要迅速占领掩体,有躲闪的空间时,要迅速位移与犯罪分子及犯罪嫌疑人保持空间安全距离,同时快速出枪形成射击姿势,判明后依法使用武器。如果没有躲闪的空间,判明后应用快速射击技术,既保护自己又有效的制服罪犯。

1. 迅速跃进占领掩体,立姿快速出枪判明射击。警察发现危险情形或突遭犯罪分子及犯罪嫌疑人枪支(凶器)攻击时,主动突然跃进,占领附近的掩体,同时快速出枪,推弹上膛,成立(跪)姿射击姿势,将枪指向攻击目标,依照法定程序射击(或使用警械制止),如图 5－147、图 5－148、图 5－149 所示。

图 5 - 147

图 5 - 148

图 5 - 149

2. 主动横向位移，立(跪)姿快速出枪判明射击。警察突遭犯罪分子及犯罪嫌疑人枪支(凶器)攻击时，附近无掩体，首选向犯罪分子及犯罪嫌疑人的强手侧横向跑动，拉开 5 ~ 7 米的安全距离，同时快速出枪，推弹上膛，成立姿射击姿势，依照法定程序射击(或使用警械制止)。如果在站车环境下犯罪分子的强手侧无空间，也可选择其他方向突然横向跑动，但不应失去观察(如图 5 - 150、图 5 - 151、图 5 - 152)。

图 5 - 150

图 5 - 151

图 5 - 152

3. 主动位移，仰倒快速出枪判明射击。在站车空间狭窄、人员密集的环境下，警察突遭犯罪分子的枪支(凶器)攻击时，迅速位移拉开距离，同时快速出枪，推弹上膛，呈仰姿仰角射击姿势，依照法定程序射击(如图 5 - 153、图 5 - 154、图 5 - 155)。

图 5 - 153

图 5 - 154

图 5 - 155

4. 制造安全距离,立(跪)姿快速出枪判明射击。

(1)警察突遭犯罪分子持凶器攻击时,前臂格档后掌根推击犯罪分子后,拉开距离,快速出枪形成射击姿势,依照法定程序射击,或使用警械制止(如图 5－156、图 5－157、图 5－158、图5－159)。

图 5－156

图 5－157

图 5－158

图 5－159

(2)警察突遭犯罪分子的凶器攻击时,前臂格档后踢击犯罪嫌疑人小腿胫骨部位,拉开距离,快速出枪形成射击姿势,依照法定程序射击(如图 5－160、图 5－161、图 5－162)。

图 5－160

图 5－161

图 5－162

(3)警察突遭犯罪分子及犯罪嫌疑人持凶器攻击时,利用随身物品摔击犯罪嫌疑人面部,拉开距离,快速出枪形成射击姿势,依照法定程序射击(如图5-163、图5-164)。

图5-163

图5-164

第三节 警组战术动作

一、警组作战任务

警组按照上级的统一部署可担负巡逻、设卡、盘查、搜索、清查、设伏、追缉堵截、解救人质等任务,有时根据需要也可单独执行任务。

二、警组警力编成

所谓警组,泛指能够实施面对面地直接指挥、内部成员相互间能够进行直接的联络与配合,为执行某一具体任务而临时组成的小型警力群体。在警组的编成和所担负的任务上,具有完整性和相对独立性的特征。警组是一个广义的概念,它包括各种类型、规模不等的警组。警组在编成规模和编成样式上没有固定的标准和模式,应根据情况和任务灵活掌握。

(一)警组的规模

警组的人数应根据情况和任务而定,少则2~5人,多则10~20人。总的指导原则是在确保完成任务的前提下,适当控制警组规模,人员不宜过多。警组应短小精悍,运作灵活,便于指挥,便于机动,便于联络,便于协同。

(二)警组的编成样式

警组通常按四个层次进行若干编组,即指挥人员、第一线突击人员、第二线机动人员、第三线保障人员。例如,缉捕人犯,第一层次为指挥人员,第二层次为突击人员可分成抓捕组、围控组,第三层次为机动人员可成立机动组,第四层次为保障人员可成立保障组。担负的任务不同、分组不同。10人以下可编成一个警组,组内设组长1人,根据需要还可设副组长1~2人。多数人员担负第一线行动任务,一部分人员分别担负机动和保障任务。10人以上可编成一个大组,下设若干警组,一部分警组担负第一线突击任务,1~2个警组担负第二线机动任务,将各类保障人员编为一个保障组。

(三)警组编成注意事项

当情况明确,外围敌情威胁较小,可在保持适当机动力量的前提下,加大第一线的警力编成,形成较大的警力优势,达到速战速决的目的。当未能全面掌握情况或外围敌情威胁较大时,应留有较强的机动力量,以便能及时有效地增援处置各种意外情况。行动保障任务通常由警组成员兼任,应根据行动成员的不同特长赋予其不同的保障任务。当行动规模较大,或情况特殊,如缉捕持枪、持爆炸物的犯罪嫌疑人,需要专门保障人员时,由有关专业人员(驾驶、通信、工程、排爆、消防、急救等)担任保障任务。着便衣执行秘密捕获任务时,在同一个地点对同一个目标或团伙采取行动时,其参战人员应由同一个建制单位的人员组成,若条件限制或其他原因,警组由不同建制单位的人员临时编成时,行动前互相熟悉了解,或明确在行动中互相识别的信(记)号及方法,以便互相识别。夜晚警组行动时成员之间一定要有明显标识,以避免误会而导致伤亡。

三、警组的特点

(一)编成形式的灵活性

警察战斗小组的组成形式主要有临时组建与固定设置两种。临时性的战斗小组,人数最少两人,多则十几人。这种小组组织较松散,一般指挥员相对固定,而战斗员则根据情况在人数、构成等方面临时确定,武器装备相对简单,战斗任务也相对简单,但组织灵活,是多数警察部门常用的战术小组组织形式。随着我国严重暴力犯罪活动的加剧,对警察技战术水平的要求也不断提高,需要建立相对固定、经过严格训练、能处理严重暴力事件和大型突发事件任务的专业战斗队伍,如特警战斗小组。

(二)战斗任务的双重性

警察战斗小组的战斗任务必须突出攻击性与防护性的结合。一方面,要发挥战斗小组的整体战斗力,以快速有效的战术形式打击犯罪分子及犯罪嫌疑人;另一方面,小组在行动中必须加强防护,相互掩护配合,避免不必要的伤亡,以获取最大的战斗效益。在战斗小组的任务分工中,要同时考虑攻击与防护两方面的要求,既不能一味强调攻击而忽略了对自身安全的防护,也不能过于强调防护而畏缩不前。

(三)人员配置的针对性

警察战斗小组的各个成员都应当有明确的分工和岗位,以承担不同的战斗任务。行动任务和要求不同,其岗位设置及任务分工也有所差别。要针对不同的岗位和战斗任务进行战斗编组,挑选合适的人员,配备相应的武器装备,明确职责,确保行动组织和战斗进程开展的有序性。既要便于小组成员的相互协同,又要便于各成员独立地开展行动。

(四)行动开展的整体性

任何一个战斗小组都是作为一个有机整体活动的,小组成员间应当按战斗任务确保有效的战斗协同动作,明确位置、队形、行动进程和协同方法。在行动中要针对武器使用、行动时间、行动信号、行动的路线、行动的次序等方面做好协同,最大限度地发挥战斗小组的整体战斗力,避免行动中因协同不力出现问题。协同是发挥整体性的基础。

四、警组运动队形、战斗运动、战术行动运动方法

采取适当的运动队形、运动和行动的方法,对于发现犯罪分子及犯罪嫌疑人,分散目标的注意力和火力,隐蔽迅速地接近犯罪分子及犯罪嫌疑人,发挥我方警力、装备优势以及减少我方伤亡具有重要意义。

(一)警组运动队形

小组的运动队形,应根据地形、执法对象的情况和任务而定。人与人、小组与小组之间

的间隔距离应灵活掌握。在火力对抗或有可能发生火力对抗的情况下,应拉大间隔距离。在目标威胁不大的情况下,可适当缩小间隔距离。间隔距离过小、队形展不开、人员拥挤,易增大伤亡;间隔距离过大、人员过于分散,不便于指挥协同。

运动队形通常有一(二)路队形、一字队形、三角队形、弧形队形、梯形队形、W 形、环形、介字形等(如图 5 - 165、图 5 - 166、图 5 - 167、图 5 - 168、图 5 - 169、图 5 - 170、图 5 - 171、图 5 - 172、图 5 - 173)。运动口令:目标(方向)X 处,以 XX 为准,间隔 X 米,成 XX 队形散开。

图 5 - 165　一路队形

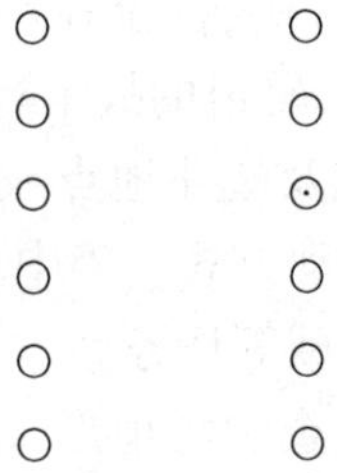

图 5 - 166　二路队形

图 5 - 167　一字队形

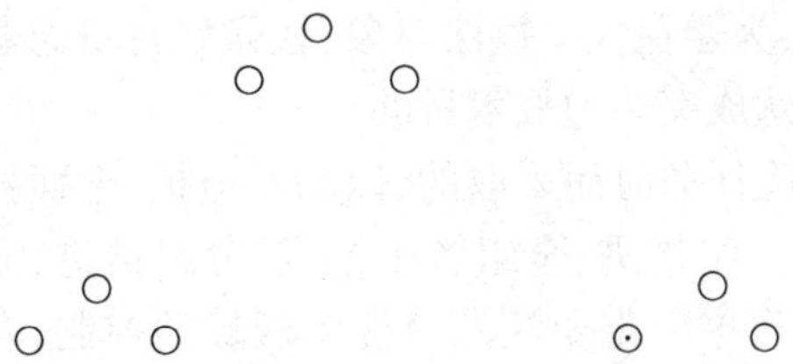

图 5 - 168　前三角队形

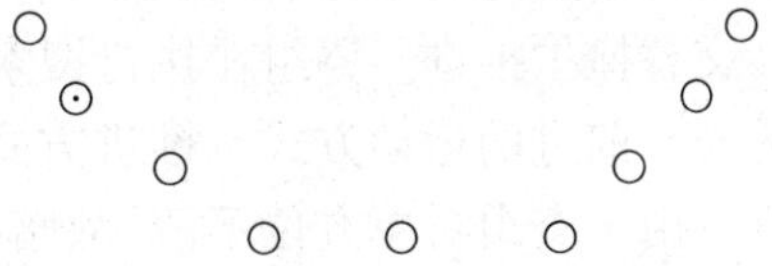

图 5 - 169　弧形队形

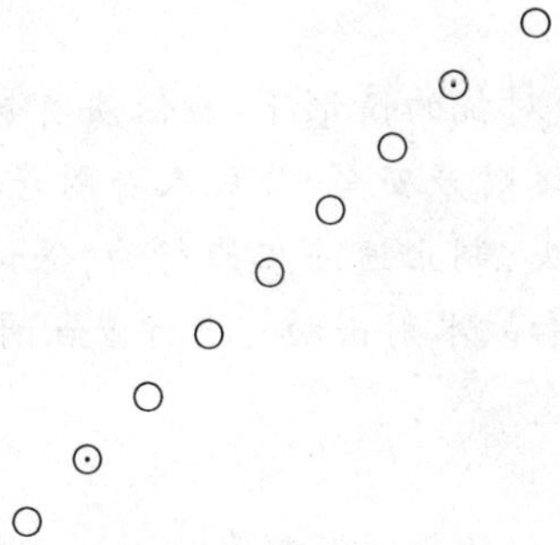

图 5 - 170　左梯形队形

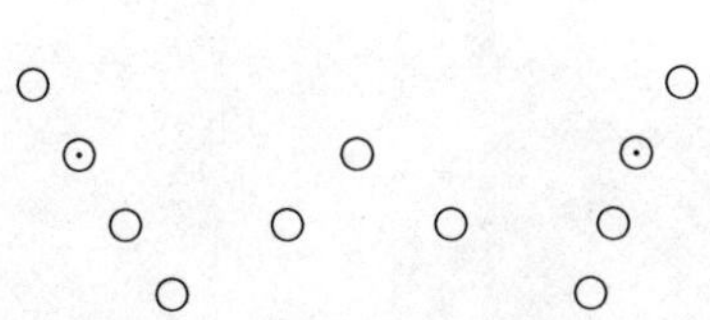

图 5 - 171　"W"形队形

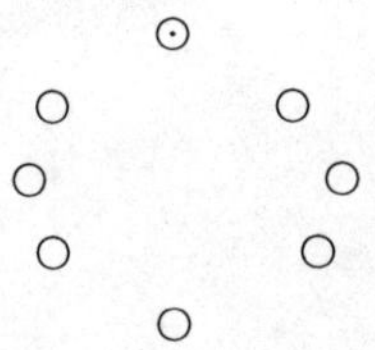

图 5 - 172　环形队形

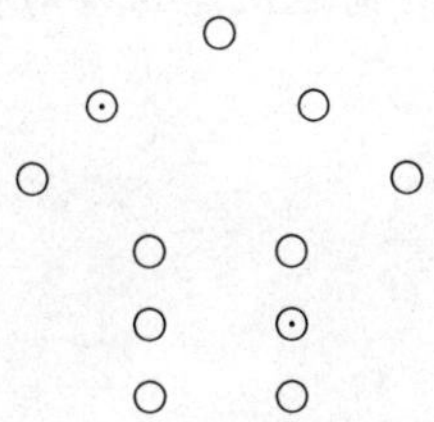

图 5 - 173　介字形队形

（二）警组战斗运动方法

指挥员通常先指挥不便于担任掩护而便于隐蔽前进的警组跃进，各警组中的队员听到口令后，应按规定的顺序跃进。跃进中，地形越开阔，目标火力威胁越大，跃进速度应越快，每次跃进距离应越短。在原地或到达指定位置的警组成员应以火力掩护运动中的警组成员，使火力与运动紧密结合，迅速隐蔽地接近目标。组长应处于队形中便于观察、指挥的位置。运动中应根据地形、执法目标威胁程度采用不同的运动方法，如全组跃进、全组各个跃进、分组跃进、分组各个跃进。

（三）警组战术行动运动方法

战术行动运动方法由战术方案和战术意图决定，受犯罪分子及犯罪嫌疑人的防御状况、现场地形状况、天气等因素的制约。在不同案件中，甚至在一次战术行动的不同阶段，警组都有可能采取不同的运动方法接敌。一般来说，警组的战术行动运动方法有以下几种：

1. 全组集中奔袭。一般是当执法对象外逃及战斗地点或战斗样式发生变化时，整个警组以机械化方式快速赶赴现场而采取的快速运动方式。集中奔袭的主要目的是尽可能地争取时间，以最短的时间完成迂回、转移、设伏、堵截等任务。

2. 各个秘密渗透。警组在战前为了秘密勘查现场地形，准确确定对象特征、方位，在诱捕、伏击战斗中预先设伏，在不惊动执法对象的情况下，警组成员伪装或以其他方式秘密渗入进行实地观察、勘测、设伏的运动方式。

3. 全组快速潜行。警组在攻击前接敌阶段，为避免惊动执法对象，在做好自身隐蔽和掩护的基础上而采取的快速、秘密的运动方式，以达成突袭的战术目的。

4. 交替掩护推进。警组在执行搜索等高风险任务时而采取的，以相互掩护、全面控制为基础的交替前进的运动方式。推进方式主要有全组推进、全组各个推进、分组推进、分组各个推进。由于查缉对象方位不清，敌暗我明，推进中一定要注意对搜索区域的控制，有掩护再前进，以免遭受目标的突然打击，或留下漏洞使目标脱逃。

【本章小结】

铁路警察在执法时发生武力对抗的情形下，应依法有针对性地运用铁路警务战术基础动作的知识、技能，保护国家、集体财产安全、公民人身财产安全及公安民警自身的安全，尽量避免和减少人员伤亡，财产损失，制止违法犯罪行为，保证铁路安全运输。本章对身体运动的姿势和方法、掩护物的利用和战术射击动作进行重点阐述。

【思考题】

1. 铁路警务战术基础动作运用的原则有哪些？
2. 利用掩护物的原则有哪些？
3. 简述快速出枪与快速射击技术的动作要领。

第六章　铁路盘查、清查、查堵战术

【教学重点与难点】

重点:实名制火车票的盘查

难点:铁路站车查堵战术

第一节　铁路盘查战术

一、铁路盘查的概念与目标

(一)盘查的概念

盘查是指铁路警察在车站、站区和列车上执行职务过程中,依法对可能有违法犯罪嫌疑的人进行盘问和检查的警务活动。是铁路警察发现、识别、判定违法犯罪嫌疑人的主要措施之一,是一种有意识、有目的、有计划的能动性的高级知觉过程。观察、盘问、检查、判定的过程,是把感性的视觉观察与理性的大脑思维紧密地结合起来,对事物进行由表及里的观察、分析,通过判断,准确地把握事物的外部特征,以正确的盘问和检查方法,抓住事物的本质,确定或者排除嫌疑的人、事、物。

(二)盘查的目标

1. 对被盘查对象应查清以下情况

(1)身份。包括姓名、年龄、住址、工作单位、从事职业等能确认身份的基本情况。

(2)携带物品,包括物品种类、数量、性质、来源、用途等。

(3)同行人关系。包括亲属、朋友、同事、相识、雇佣等情况。

(4)其他可疑情况。包括可疑行为、可疑神情、可疑痕迹、可疑物品、可疑迹象、可疑事件等情况。

2. 确认或排除被盘查对象是否涉嫌违法犯罪

(1)是否为在逃犯。

(2)是否从事带有运输特征的现行犯罪。

(3)是否携带有赃物、违禁物、危险品。

3. 捕获在逃犯,侦破带有运输特征的现行案件,截获作案工具、赃物和其他违禁、危险物品。消除安全隐患,确保铁路运输生产安全和旅客生命财产安全。

二、铁路盘查的原则

(一)依法办事原则

盘查是一种执法行为,它代表着国家法律的尊严不可侵犯;同时,它又在法律的严格制约下,从内容到形式都不允许超越法律规定的范围。

1. 盘查是人民警察的当场处置权。盘查时被盘查对象会出现语言、行为不配合的现象,这就要求运用法律规定,告知被盘查对象警察的权力,保证盘查工作的顺利进行。

2. 盘查工作的处置措施、政策掌握、罪与非罪的界定都必须符合国家法律、法规。正确运用法律判定被盘查对象的行为是否有违法犯罪行为存在、正确使用法律规定的各种处置措施和武器警械等,使盘查工作严格限制在法律允许的范围之内,保障盘查任务的完成。

3. 必须保证执法程序的规范。例如,盘查的告知(亮明身份)程序、示证程序、行政处罚的告知程序、盘查的执行程序及特殊情况下武器的使用程序等。如果不按法律规定的程序执行,必将影响执法公正,侵犯公民的合法权利,增加群众的对立情绪。

坚持依法处置的原则,指导铁路警察站车盘查的战术方法,使其在决定采取任何行动之前,考虑所有的有关法律因素,既能有效地发现并制服违法犯罪人员,又能使铁路警察的合法权益不受侵害。

(二)确保安全原则

盘查是对有可能具有违法或犯罪行为的嫌疑对象进行仔细的盘问和对其所带物品进行认真检查,从而发现和确定被盘查对象是否具有违法犯罪的事实的法律措施。盘问和检查时,执行盘查任务的民警与犯罪嫌疑人及犯罪分子身体接近,犯罪分子为逃避法律的制裁,会突然反抗,事先不易察觉,其反抗的时间、空间的主动权不受铁路警察控制。警察处置盘查中的反抗行为有很大的被动性。所以盘问检查具有较大的危险性,如果缺乏警惕和警觉意识而疏于防范,极易造成重大伤亡事件。因此,在对嫌疑人员进行盘查时,要严密控制嫌疑人员,在有多个警力参加的盘查任务中要做好组织分工,分别执行监控、盘问和检查工作。除注意自身安全,防范犯罪嫌疑人的袭击和侵害外,在盘查时机和地点的选择上,还必须考虑周围人民群众的安全和利益,防止给人民群众的生命和财产造成重大损失。

坚持确保安全的原则,就是运用正确的盘查方法、采取一系列安全措施,消除一切不安全因素,堵塞违法犯罪嫌疑人可能利用的空隙和漏洞,确保执行盘查任务的人民警察和人民群众的绝对安全。

(三)及时细致原则

在执行盘查任务的过程中,对于出现的各种情况,特别是紧急情况,要迅速作出判断,及时作出反应,果断采取行动,适时地运用相应的战术动作,做到先发制人,力争主动,切忌犹豫不决,以免贻误战机,造成不必要的伤亡。

细致就是指周密筹划,谨慎从事。盘查过程中的各阶段工作都不能丧失警惕,粗心大意。如果伪装凶器、票证、假证、自残物品不能及时查出,就很容易出现失误。只要及时周密细致地进行盘查,就能赢得战机、克敌制胜。

(四)明确分工原则

盘查工作是一项具有高度组织协调性的工作,要求直接参加盘查的警察之间明确分工、周密安排、协同配合,确保盘查过程的安全。

- 盘查职责
  - 盘问职责（盘问）
  - 检查职责
    - 证件检查
    - 人身检查(搜查)职责
    - 携带箱包检查职责
    - 车辆检查
  - 警戒职责
    - 对盘查对象的监视与控制
    - 对盘查场所外围的警戒与控制

上述职责必须明确到人。坚持明确分工的原则,有其特殊的作用:

1. 通过明确分工,明确每个人的具体职责及任务,可以充分发挥整体的效能。

2. 盘查人员可根据自身在盘查时规定的职责任务范围,采取具体措施,不出现遗漏,防止造成自身的混乱。

3. 能够使警力之间做好协防,既能立即在突发情况下制服嫌疑人,又能有效躲避嫌疑人的攻击,还能防止警戒线之外嫌疑人的同伙的袭击、骚扰或侵害,共同完成任务。

(五)同步实施原则

盘查包含盘问和检查两项基本内容。盘问主要是针对人,检查主要针对物或场所,也经常对人。铁路警察在执行职务时,盘查对象比较复杂,尤其是嫌疑人,有的是触犯刑律的重大犯罪嫌疑人,有的是通缉在案的犯罪分子,有的是违反治安管理法规的行为人,有的是因误会或错觉而受到牵连的群众。因此,铁路警察在行使盘查权时,应区别对待,因人施策,有机地将盘问和检查结合起来。既可以先行盘问,也可以先行检查,又可以同步实施。但绝不可将盘问与检查划分为两个阶段,否则就有可能发生危险。

同步实施的作用:

1. 相互印证,及时揭露嫌疑人的可疑之处。盘问和检查巧妙地配合,就能够充分利用检查出来的赃物、违禁物或其他可疑物适时举证,反驳嫌疑人的诡辩,动摇犯罪嫌疑人的侥幸心理。

2. 解除可能出现的危险。通过对符合继续盘查对象或犯罪嫌疑人的人身、携带物品、居所的检(搜)查,除获取犯罪证据外,还可以查明和清除隐藏在犯罪嫌疑人身上和便于利用的各种凶器,有效地解除和防止犯罪嫌疑人利用凶器拒绝盘查、行凶、自伤或自残,确保执行盘查任务的民警的人身安全。

(六)盘查针对性原则

盘查首先要找准对象,铁路警察在执行勤务的过程中,要善于观察事物、发现疑点、分析情况,准确发现和判定盘查对象。

三、铁路站车盘查的方法

(一)识别盘查对象

盘查的目的就是发现、识别和判定各种违法犯罪的嫌疑人员。能否及时发现和找准盘查对象是实施盘问和检查的重要前提和基础。因此,铁路警察在执行盘查任务的过程中,必须学会和掌握正确的识别方法,并把观察获取的资料按时间顺序作系统的推理和评价,以作为分析判定的依据。识别的方法有观察、辨认、比对三种。

1. 观察。主要有心理和行为观察。

(1)心理观察。主要注意嫌疑人的眼睛,通过眼睛窥测出他们的心理状态,并视情况做出相应的判断。

(2)行为观察。是指人民警察对嫌疑人的行为动作进行的观察活动。注重发现嫌疑人异常的动作和反常的现象。

2. 辨认。辨认是指人民警察在执行勤务时,利用识记过的通缉或协查对象给自己留下的体貌形态特征,同相似或近似的通缉、协查对象比较鉴别,以识别和确定犯罪嫌疑人的一项措施。

3. 网上比对。利用公安网络信息平台或“警务宝典”等专用工具,对被盘查对象进行“身份认证”,与网上逃犯信息比对核查,进而采取措施予以捕捉的工作方式。其特点是能够实现在逃人员资料共享、条件组合查询、快速检索比对,使各地公安机关能够既立足抓获本地在逃人员,又能放眼全国使外地在逃人员难逃法网。车站网上比对,把住“三口”“两上”和“一扒”比对。“三口”为进站口、出站口、车厢口通过的可疑人员。“两上”指候车室座椅上、站台上的久候可疑人员。“一扒”指扒乘货物列车的可疑人员。列车网上比对应通过观察、辨认,重点查询比对。

通过观察、辨认、比对,发现进入铁路辖区的人员有下列行为和现象,应进行盘查。

(1)眼神可疑者。当见到民警时,眼神表现出胆怯、躲避,显得十分紧张、局促或无所适从的人员。

(2)身份可疑者。身份证与本人不相符或持假身份证的人;与身份证相貌、年龄、籍贯、口音等有明显差别的或不相符的人;一个人持几个身份证或几种工作证的人员。

(3)行为可疑者。是指有从事违法犯罪活动的嫌疑人,其行为举止有违科学规律,有违正常人的行为模式,且又符合或相似于一些违法犯罪活动特征的人员。例如,看到警察后躲躲闪闪、表情惊慌、疾步走开的;在火车厢不坐不睡觉,来回走动的;在车门口挤来挤去,不上车的;在车上长时间不进食饮水的;扒乘货车的行为人;乘列车不带任何物品的人员。

(4)体貌与面部表情可疑者。与通缉、通报对象相似的体貌特征且年龄相一致,口音相符合,衣着和随身所携带的物品相似的;或面带惊恐之状,疲劳困倦之意的;面带黑色眼镜,戴大口罩或整容、化妆奇特,有意改变原面貌,企图蒙混过关的人员。

(5)携带可疑物品者。例如,携带看似作案工具的;携带现金数额巨大的;携带的可能是毒品、枪支、凶器等违禁物品的;携带的包裹遮遮掩掩,怕碰撞、怕触摸,躲躲闪闪、神情慌张的人员。

(6)带有明显犯罪迹象者。身负枪伤或可疑外伤,浑身血迹或污痕的;衣服被撕扯或破损严重的人员。

(7)关系可疑者。与之相处在同一空间人的关系和行踪可疑者。男女同行时年龄不相符(拐卖妇女儿童),表情异常的;或女人精神异常;或男的主动、女的害怕,纠缠不清的;几个人同行,言语都是黑话,见警察急忙散开的人员。

(8)着装可疑者。上下衣档次严重不符,内外衣档次严重不符,以及衣着大小不符的;衣着与携带的物品不符;或衣着破旧、龌龊却携带高档手提箱,明显不协调的;或衣着整洁,却在拐角、屋后、偏僻黑暗角落藏身的人员。

(9)气味可疑者。身体及携带的物品有异味,如吸毒者特有的气味,携带物品有汽油味等。

只要具备上述行为中的一种,即可成为盘查对象。围绕站车进行各种违法犯罪嫌疑人的个性特征及表现具有一定的规律性,通过察言观色,分析判断,只要注意从正常行为举止中找出异常的动作和反常的现象,并注意发现疑点,就不难发现犯罪嫌疑人。

（二）接近盘查对象

1. 盘查地点的选择。在执勤中发现可疑情况是随机性的，但是选择盘查地点，则需铁路警察自己来决定。选择盘查地点，应根据可疑情况的特点、嫌疑人数、性质、关系、时间；警方的警力与装备是否有优势，如有反抗后果能否保证周围旅客和群众安全等因素来确定，预想盘查中可能会发生的各种情况及处置方法，权衡利弊，选择有利的地点再行盘查。地点选择应把握以下几点：宜开敞不宜封闭，宜人少不宜人多，宜简单不宜复杂，宜明亮不宜黑暗，宜宽敞不宜狭窄，宜直不宜弯。

2. 接近盘查对象的方法。通过观察或辨认发现盘查对象后，应策略地接近盘查对象，依据犯罪嫌疑人的人数、是否携带凶器及所犯罪行等不同情况及自身条件，采取不同的接近方法，以隐蔽、突然、安全为原则，不能过早地让盘查对象发现警察在接近他。不给盘查对象反抗、逃跑的反应时间。接近盘查对象应掌握以下几种方法：正面阻拦、迅速出击；从嫌疑人视野盲区接近、突然出击；伪装接近、奇袭出击；明暗结合掩护出击；迂回接近、突然现身；跟踪接近、到点出击；呼叫增援、到达出击。

（三）截停盘查对象

1. 口头要求方式。针对具有一般嫌疑程度的可疑人员。当距可疑对象3～5米时截停，发出让其站住的要求："同志，请等一下，我们是警察（警礼），依法执行公务，请你配合。"亮明身份、依法行事。

2. 口头命令方式。直接用命令的口气让盘查对象配合行动，在特殊的时段或特定区域发现可疑对象，或者行为举止极端可疑的人，为减少危险，可先将对方控制，然后接近对方。必要时应先检查身体，排除危险，确认盘查对象不会对警察构成威胁后再进行盘问。盘问中始终保持高度警惕，除注意监控盘查对象的双手外，还要注意观察四周动静，严防有其同伙的袭击。

（四）协同站位

在车站环境下，承担盘查任务的铁路警察在巡逻时应视车站环境情况保持一字队形、一（二）路队形、梯形、三角队形。截停盘查对象后两名警察变成侧方两点站位、一线夹击站位，三警变成三角形站位，多警变成弧形站位。与盘问对象距离上保持在1.5～2米。在站台出入口定点盘查时，两警成相距5米左右的一字队形站位。一名警察截停盘查对象后，另一名警察变成侧方两点站位或一线夹击站位。一名警察主问，另一名警察负责监控盘查对象的眼神、表情和双手，做好安全防范，免遭意外。多名警察盘问时，不要一哄而上，同样要分工明确。对盘查对象比对时，位置分配应三组三点。一组网上比对组负责身份证比对和对现场警戒；二组截停组负责截停盘查对象；三组堵截组负责堵截企图逃避比对的嫌疑人。三点相距一定距离，可互相支援。

在列车硬席上两名警察巡视通常使用一字队形。前警靠近盘查对象负责监控盘查对象及视野内其他旅客的行为。后警站在前警的右侧方或左侧方，进行盘问并观察视野内其他旅客的行为。在卧铺车厢，警戒的警察在卧铺通道负责监控盘查对象，盘问的警察负责在卧铺车厢的过道上对盘查对象进行盘问和检查。（如图6－1、图6－2）。

图 6－1

图 6－2

(五)及时盘问

及时盘问既是认真执法、依法办案的要求,也是迅速、准确地完成盘查任务的基本要求。

1. 起问

盘问必须能够让被盘问人感受到一种执法氛围,在心理上形成压力,对民警的提问必须作出回答,没有别的选择。同时让被盘问人在心理上不能有太多的反感而形成盘问僵局。在这里,选择合适的起问方式就显得很重要。起问应根据被盘问的对象的不同而有所选择。

(1)常规式提问。通过例行公事的问话,从了解对方身份、住址、职业等情况入手。运用"十问、十对"的基本方法:问姓名对证件;问年龄对面貌;问职业对举止;问原籍对口音;问学历对言行;问身份对衣着;问物品对来由;问去向对方位;问表情对神态;问同伴对关系。在交谈中,注意寻找发现可疑之处,再作细致盘问。这种提问方式对方一般易于接受,比较适宜于没有明显疑点的可疑对象。

(2)针对式提问。针对式提问适合有明显疑点的盘查对象。例如,对象携带的物品可疑,有的身上有可疑伤痕或污迹。可以就其疑点直接发问,无须过渡。突然发问可以打乱对方防线,让其主动供述。这样提问要注意使用策略,因为有些疑点当事人无法掩饰,因此在心理上已作了防范,甚至可能已编好一套谎言随时应对盘问。即使有针对性还要注意问题的广度,以发现破绽,同时强调提问的连续性,让对方无暇思考,难以自圆其说。

(3)试探式提问。针对盘问对象的特点,用探询性的口气提出问题。试探式提问可以在提出关键问题之前,通过对被盘问对象探询性发问,观察了解其对盘问的态度,便于我们审时度势,随机应变地提出关键的问题。

(4)迂回式提问。即把所要提问的诸多问题,一是按照一定的逻辑顺序进行排列,不直接接触主题,就外围问题进行提问,逐渐缩小提问范围,待切入主题后对方已无法回避;二是对于一些戒备心较重的对象可以先问其他,避其锐气,使其误认为问题尚未被发现而无戒备时,突然发问,步步紧逼。

2. 导问

当盘问不能按照警察的意图进行时,应及时调整盘问话题,或提示盘问对象,确保盘问顺利进行。

(1)调整问题,更换角度。对于答非所问,或者回答思路明显偏离主题的,要及时予以调整,通过重复提问并加以简单解释,让对方明白所问意思,或者更变换一个说法,从另外的角度提出同样的问题,确保对方弄清弄懂所提出的问题。

(2)调整心态,科学提问。对于出现暂时性遗忘的被盘问对象,不必重复提问,而应将问题化解,分成若干小问题,或换几个容易回答的问题让其选择,只要其能回答其中的一个问题,就能扭转心态,逐渐恢复正常,答全问题。对于因误解警察行为而产生恐慌的被盘问对象,切忌连连发问,怀疑态度流露无遗,应简单讲明盘查的性质,消除其误会。

(3)把握主题,保持节奏。盘问中,警察应时刻将自己置于主动地位,不为对方谈话所动,即使深谈下去或展开来谈,也能确保随时回到主题上来。更不能由对方发问,破坏盘问氛围。盘问时要保持节奏,问清一个问题结束一个问题。内容上要有逻辑性。遇到愿意发挥的对象时,可以在再次提问时明确提出简短回答的要求,迫使其压缩应回答的内容。

(4)创造条件,耐心提问。经过提问、观察确认对方是有残疾的人、外国人、少数民族,如确有嫌疑,应根据盘问的实际需要选择懂哑语、外语、少数民族语言的人做翻译,积极创造盘问条件。不可掉以轻心,马虎了事。

3. 追问

有些被盘问对象通过起问后的初步交谈就可查清事实真相,有些盘问对象则因种种原因需要引导帮助才能谈到实质问题,但这些问题,回答并不一定合乎要求。这就需要深入细致的追问,才能保障查清全部问题。

(1)点明矛盾,要求解释。直接指出回答中前后相矛盾之处,让对方解释清楚产生矛盾的原因和理由,看其能否自圆其说,在其解释中注意发现新的疑点和矛盾。

(2)抓住细节,逐一提问。对关键性问题可以分解成若干个小问题,逐一提问,让对方作出肯定或否定的回答,不能含糊其辞、蒙混过去,也可以对一个问题变换角度提问,确保每一疑点一查到底。提问时要留意对方在哪些问题上作了明确回答,哪些回答是搪塞,哪些问题在回避,从中分析对方防范的重点内容,并推测原因。

(3)针对疑点反复提问。就主要疑点和需要核实的内容反复询问,得出同一答案,使问与被问的双方对同一问题有共同认可,避免纠缠不清,还可以防止对方拒不认账。

4. 拒绝盘查的处置方法

(1)预防拒绝盘查现象的发生

①仔细的观察和确定盘查目标。不要轻易、随意地进行盘查,观察一段时间以便确定有嫌疑的事实,再进行盘查。

②应有良好的礼貌。在接触盘查对象的时要遵循三个原则:一是温合的态度;二是良好的礼节、礼貌;三是应有的尊重。

③用合适的理由进行盘查。进入截停转入盘问时,可根据具体情况选择合适的理由进行盘查,让对方容易接受。

(2)拒绝盘查的处置

①表明盘查的决心。警察盘查是在依法执行公务,如果不能确定或排除有嫌疑的人、事、物,就会给社会治安秩序带来重大隐患。履行盘问责任的警察对盘查活动有坚定的信念,明确告诉被盘问对象警方一查到底的决心,让对方明白自己躲避盘问的企图是不切实际的幻想,必须接受警方的盘问。

②进行法治教育。《中华人民共和国人民警察法》第9条规定:为维护社会治安秩序,公安机关的人民警察对有违法犯罪嫌疑的人员,经出示相应证件,可以当场盘问、检查。法律赋予了警察盘查权。第34条规定:人民警察依法执行职务,公民和组织应当给予支持和协助。规定了公民和组织应当支持和协助人民警察依法执行职务的义务。第35条规定:拒绝

或者阻碍人民警察依法执行职务,将给予治安管理处罚法的处罚。盘问民警应通过告知有关法律条文,向被盘查对象讲明人民警察有依法盘查的权力,消除其误解。特别是在有群众围观起哄的场所时,警察要用简洁有力、具有说服力的语言,教育、扭转围观群众的态度,变被动为主动,使被盘查对象感到如果一味拒绝盘查,可能遭到群众指责,甚至可能受到法律的制裁。

③分隔被盘查对象。在被盘查对象不止一人,警力又充足的情况下,应仔细观察被盘查人员中是否有愿意接受盘查或动摇的人,将其从强硬的拒绝者身边分隔出来,另行盘查。

④更换盘问场所。有些被盘查对象在公众面前很要面子,常通过种种过激行为为自己挽回面子,但脱离人群后能又很快冷静下来,面对现实迅速作出抉择,与警方合作,把事情搞清楚。对于别有用心,利用不明真相的群众干扰盘问的人,应采用更换场地的办法,脱离其可资利用的人群,使其无计可施。特别是有的与同伙失去联系后不免恐慌,为争取尽快摆脱盘问,表面上不得不摆出服从盘问的样子,不再拒绝盘问。

⑤避其锋芒。当盘问警察察觉事态变化并趋于失控,甚至被围攻时,应果断地暂时放弃盘查,避免正面冲突,请求立即增援,以便能更好、有效地处置。

(六)细致检查

检查是盘查的重要组成部分,它和盘问一起构成了盘查这一特定的行政法律措施。检查在盘查中不仅可以证实盘问的内容,还可以发现问题,为进一步盘问提供线索。同时,及时检查盘查对象的身体和携带物品,可以有效地控制盘查对象,防止其行凶或逃脱。站车环境下的检查包括对盘查对象的证件、人身、携带物品检查。

1. 证件检查

(1)证件检查的目的。查明盘查对象的真实身份是盘查的主要内容和关键性环节,真实、合法、有效的证件可以证明一个人的真实身份。铁路公安机关的人民警察在各种盘查中检查盘查对象的证件,目的就是要通过对证件真伪的判定和对证件记录内容与持证人的核对,查明盘查对象的真实身份,从身份方面确认或排除盘查对象的违法犯罪嫌疑。

(2)判定证件真伪。真实、合法、有效的证件能够证明一个人的真实身份,但是,伪造证件不仅不能证明持证人的真实身份,反而可能成为掩盖违法犯罪嫌疑的证据。不法分子为逃避打击和缉捕,往往要持转借、购买、变造、伪造的身份证件。因此,判定证件的真伪是发现、识别各种违法犯罪嫌疑人的有效方法。

识别假身份证的常用方法有:

①触摸法:查验居民身份证,首先用手触摸,真居民身份证采用专用的涂塑相纸,新、旧版真身份证手摸有前凸后平感,四周压封平实、清透。不易折弯,用手捏证件正、反面,感觉整体硬度一致,手稍用力搓,纸基没有多层分离的感觉。假身份证手摸多有前后双凸感,四周压封处多有胶熔性气泡反映。用手捏着证件正、反面,感觉不像真证那样结实,有多层次剥落之感。

②目视法:

A. 核对相片。判别证件照片与持证人的一致性。

B. 新版身份证侧光验看正面的"中国"等字样和长城的立体浮雕图案荧光反映是否强烈,尤其是反面周边压封处的荧光反映是否强烈,反映强烈的为真版。

C. 真身份证公章上的所有文字和姓名、性别、出生、地址、编号等文字的横笔均为平直笔画,如"市、安",横笔的收笔处无三角。假身份证则不同,如"市、安",横笔的收笔处有三角。

公章中的“局”右边上下平齐(局)为真身份证;上缩下凸(局)为假身份证。

D. 真身份证正面“性别”字样下的国界线有三处未连接的缺口;假身份证此处无缺口。

E. 真身份证的中国版图海南岛屿与台湾岛屿下方至编号处有数个点状和条状岛屿相连。假身份证大多没有这些岛屿,有的只在台湾岛屿下方有几根模糊不清的短线。

F. 真身份证反面右上角倒数第四根相绞的绿色网线上有一个香蕉状网纹。假身份证没有。

G. 真身份证反面国徽中顶部,大五角星上角正指一处有麦穗相对形成的缺口。假身份证“缺口”与真身份证“缺口”有所不同,即使形状相同,但两侧麦穗形状模糊不清,导致“缺口”不成形态。

H. 真身份证反面国徽天安门下方的齿轮中心为圈状。若齿轮中心圈中为“1”形状,一定是假身份证。

I. 真身份证反面,中华人民共和国的“民”字处红色花纹图案右上角花纹第二根纹线端部有一个未连成线的囊袋。若囊袋被连成线,则一定是假身份证。

J. 二代身份证底纹采用彩虹、精细、缩微印刷方式制作,颜色衔接处相互融合自然过渡,颜色变化部分没有接口;在底纹中隐含有缩微字符。缩微字符由“居民身份证”汉语拼音字头“JMSFZ”组成。查看底纹中缩微文字字符。使用放大镜(10 倍以上)观测。

K. 二代身份证正面写意“长城”图案采用荧光印刷,使用紫外灯光观测荧光印刷的“长城”图案。

L. 二代身份证背面“长城”图案采用定向光变色膜。自然条件下,垂直观察看不到图案。和法线(垂直于图案平面的直线)成较大夹角时,在正常位置观察,图案反射光颜色为橘红色;当图案绕法线方向顺时针或逆时针旋转 30 ~ 50 度时,图案反射光为绿色;当旋转 70 ~ 90 度时,图案反射光颜色为紫色。

M. 二代身份证背面“中国 CHINA”字符采用光变光存储膜。查看光变光存储“中国 CHINA”字符,可观测到“中国 CHINA”字符,字符串周转有渐变花纹,外沿呈椭圆形。

③逻辑识别法:根据居民身份证登记项目填写规定及相关项目之间内存在关系判断证件的真假。

A. 前 6 位行政代码与住址栏填写的住址是否相对应,居民身份证编号中的出生日期码与持证人出生日期必须一致。居民身份证编号中的分配顺序码,是否符合男性奇数,女性偶数的规则。居民身份证编号中四个分配顺序码即“999、998、997、996”分别为百岁老人专用的特定编号。一般持证人不使用。

B. 持证人年龄与证件有效期限,签发日期之间一定要符合。根据持证人的年龄,必须申请与其对应的有效期限的居民身份证。我国居民身份证的有效期限分为 10 年、20 年、长期 3 种;16 周岁至 25 周岁的人,发给有效期为 10 年的居民身份证;26 周岁至 45 周岁的人发给有效期为 20 年的居民身份证;46 周岁以上的人,发给长期有效的居民身份证。不足 16 岁,自愿申领,发给五年有效期身份证。

C. 住址、签发机关印章与持证人户口所在地要一致。

D. 证件的姓名与其直系亲属有姓氏上的逻辑关系。

E. 证件登记的住址与居住地周围的县、乡、村、区有逻辑关系

④仪器检查法:即使用专用仪器识别。居民身份证签发机关印章使用的油墨含有特殊标识。在白光下不能辨认,但在专用仪器的照射下,呈现出荧光。新工艺制作的居民身份证

采用透视全息图像塑封套防伪,在塑封套正面的内侧,印有 IDENTITY CARD(身份证)字样,图案为浅白色,塑封前用肉眼在普通光线下可以辨认,塑封后使用专用检验仪器照射证件正面,显现出荧光。临时身份证使用可显示荧光的长城烽火台图案的加密塑封套,图案印刷在塑封套背面的内侧,塑封前在普通光线下可以辨认,塑封后使用专用检验仪照射证件背面,显现出荧光。二代身份证通过专用阅读机器读取存储在证件芯片内的机读信息,并进行解密运算处理后,自动判别其真伪。若读取的信息是合法写入的,则专用阅读机器显示(或送出)所读取的信息;若读取的信息是非法写入或被篡改的,则专用阅读机器只显示(或只送出)信息有误的提示。

(3)证件检验注意事项。

①始终注意持证人的反应。索要、核查、退还证件,都要密切注视盘查对象,不要忙于其他事而只伸手不抬头地索要证件;不要只低头研究证件内容而不抬头核对;不要不正眼看持证人而随手递出证件给对方。看着对方要证、看证和送还证件,既是文明礼貌的要求,也是发现持证人情绪变化、寻找疑点的关键。

②边查边问。查验证件时,视具体情形让持证人自述证件内容,边问边查。这样,持假证件的人所自述的内容就有可能与证件登记项目相矛盾,暴露问题。

③注意安全防范。检查证件的过程中,始终要有安全防范意识。索要证件时,一是让盘查对象站在面前明亮处,让盘查对象用左手掏证件;二是创造条件或借口掏证前先触摸盘查对象的证件位置;三是密切注视其手掏证的动作,发现异常,应立即控制持证人;四是防止低头看证时,盘查对象行凶或逃脱。

④防止发生差错。查验证件无误后,应将证件发还持证人。在有多人被检查时,要严防错发和他人重领或冒领证件。应将证件发还持证人本人,一般情况下不准代领、代发。如果需要作技术鉴别的证件,应向持证人说明。

2. 火车票检查。中国铁路总公司自 2005 年起已多次更新客票系统,以 2005 年铁道部颁布的 5.0 客票系统为例,由各铁路局根据情况逐步实施,并允许在 5.0 版客票系统逐步实施过程中,与 4.0 版客票系统新旧两种票样并存。在这种过渡时期,加强新旧版乘车证辨识就更为必要,配合铁路生产部门查验乘车证、辨别真伪、识破打击违法犯罪活动,是铁路公安部门的重要职责,也是铁路查缉应掌握的一项基本技能。

(1)查验伪造火车客票的方法。伪造火车客票主要有涂改挖补伪造、制版伪造、真票底版打印伪造法。

①涂改、挖补伪造法:涂改挖补伪造是指用涂改或挖补的方法将废票、短途票的发到站、日期、票价、座别等进行变造,把短途票改为长途票、废票改为有效票。

涂改、挖补的重点部位特征:票面内容的发到站、日期、车号、票价等处是涂改、挖补的重点部位,票面的红色底版纹线被涂改、挖补后出现模糊或错位、有裂缝或发白的现象;票面的字符排列不整齐,后盖印的字符与整个票面字迹色泽不一致;条形码数字信息错误,条形码信息中的售票日期代码与实际日期不符,公里数代码与发到站区间距离不吻合。

②制版伪造法及其检验:制版伪造手段又分为复印制版、打印制版、印刷制版三种方式。

③真票版打印伪造法:指利用非法手段获取的真票空白底版打印假火车票。

(2)新旧版火车票识别。

①旧版火车票下方的条码在新版中被右下角处一个正方形的二维码所取代。二维码呈方形,黑白相间,形似“三维立体画”。二维码一是将某种特定的几何图案,按一定规律在平

面(二维方向)上分布成黑白相间的图形,用来记录数据符号信息。二是具有储存量大、保密性高、追踪性高、抗损性强、被缓性大、成本便宜等特性,可以有效防止火车票制假行为的发生。三是可储存车次、时间等信息,无论在进站口还是在列车上,检票人员都可通过二维码识读设备对客票进行识读,从而快速辨别客票的真伪。因此,通过目测方式快速鉴别新旧火车票最有效的方法就是看车票上印刷的是一维码还是二维码。

②新版车票在左下角另印有一行共 20 个数字和 1 个字母,取消了旧版车票的随机码和里程数。

③旧版中的"限乘当日当次车在当日内有效"等字样在新版中由两行变为一行。

④在坐席信息处,新版火车票的车号、座号一行与座型一行上下左对齐,而旧版火车票的车号、座号一行与座型一行上下空两格对齐。

⑤票价后面的车型部分,新票省略了很多,如旧版票的"硬座普快"新版票直接为"硬座"。

(3)新版火车票检查。

①整体检验。从票面观察,真火车票呈横长方形,边框剪裁整齐,无剪口,印刷条文清晰,纸张崭新。而假票形状可能会因为制作工艺和材料不同而发生变形,边沿裁剪不整齐。有的不法分子将废票的日期、票价、车次通过挖补或者粘贴的方式拼凑为一张新票,则可能会出现文字大小不一,字体不同,墨迹颜色浓淡、粗细不一,可通过透光观察和手摸来鉴别。还有的将已到站还未过有效期的中转签票低价回收或捡来,重新中转签字后低价卖给旅客,此种票多数票面较旧,且有的已被剪口。

②油墨检验。印刷火车票所用的油墨,采用特殊油墨,打印后车票字迹清晰、浓淡均匀、大小相同,字体一致,用水不可轻易洗掉。假火车票票面油墨不均匀,字迹较为模糊,文字大小不一样,且文字部分油墨很容易被指甲等抠掉,有的甚至同一张车票上不同部位的字体不一致。

③纸张检验。真火车票的印刷纸质较好,不易折破,新打印的火车票纸质具有良好的韧性,轻揉车票有清脆的声响,真票手感稍粗糙,假票手感光滑,鉴别方法如同人民币钞票。另外,通过计算机打印的新式"软纸车票",采用的是特制纸张,不仅质地柔韧,表面光滑,而且票面的水波纹线细密,字迹清晰,票面干净,逆光看有水印,若仔细辨别或将角度稍作即可见"中国铁路"和"CR"等防伪隐形文字及火车头样式的图样。

④票号及文字检验。新版火车票最左上角的红色字体为票号,表明对于某台售票窗口或终端连续售票的编号,由 1 个字母和 6 位数字组成,有时字母前方还有数字,一般表示售票窗口编号。该号码为一票一号,出现票号相同的概率几乎为零。对于上车站和到达站,行程在 400 公里以内的字体为魏碑体,400 公里以上的为黑体。

新版火车票最后一行的数字和字母的意义可以分为五个部分来解释:

第一部分:前 5 位为发售车站代码。

第二部分:第 6、7 位为售票方式码,具体内容为:00 ~ 09 车站发售,10 ~ 19 预约预定,20 ~ 29 代售,30 ~ 39 自动售票,40 ~ 49 备用,90 ~ 98 管理,99 技术维护(其中,对于售票方式码为 20 ~ 29 的,窗口号通常为代售处编号)。

第三部分:第 8 ~ 10 位为售票窗编码,范围 001 ~ 255,并非火车站售票窗口所显示的"第 × × 窗口"。新版火车票窗口码具体内容为:1 ~ 200 为首批、退票、预约预定窗口,201 ~ 255 为管理窗口。

第四部分：第 11 ~ 14 位表示财收结账日期（非买票日期），使用 4 位数字以“月月日日”的形式表示。该日期为收入广利的计算日期，通常在每天下午后改为第二天日期，也有部分铁路局错后一天，大体可以认为是购票时间。

第五部分：第 15 ~ 21 位是车票号码，使用除了 I 和 O 以外的大写英文字母 + 6 位数字，计 7 位表示，票号编码范围为 A000001 ~ Z100000。规定每一票卷由 1000 张票低卷成，票面左上方印有票号。该部分号码与车票左上角的票号编码相同，也是一票一号。由于部分铁路局还会在左上角的票号前面加印窗口号，票号部分应与客票左上角印刷的票号中字母开始的部分一致。

最后，座位号或者铺号。对于大部分绿皮车和空调列车而言，1 号座位肯定靠窗，以“0”“4”“5”“9”结尾的号数也靠窗。列车长办公席所在的车厢以“3”“4”“8”“9”结尾的号数靠窗。

一般列车车厢排列如下：

窗|567|过|89|窗

窗|012|道|34|窗

有列车长办公室的车厢排列如下：

窗|901|过|23|窗

窗|456|道|78|窗

对于部分动车组列车：一等座号车厢，靠窗座位的号码均为“4 的倍数”或者“4 的倍数 + 1”。二等座号车厢排列为：

窗|45|过|678|窗

窗|90|道|123|窗

由于动车组车型较多，所以情况均不一致。

通过新版火车票最后一行数字的意义判断新版火车票的真假，是一个行之有效且简便的方法，对于鉴别真假车票具有重要意义。

3. 物品检查

（1）物品检查的目的：物品检查的目的就是认定被检查物品的性质，发现违法犯罪证据，确认和排除违法犯罪嫌疑，及时发现和收缴、处置凶器、作案工具、危险物品和违禁物品，防止违法犯罪嫌疑人行凶、自杀、继续违法犯罪或制造事端。

（2）物品检查的方法：

①物品检查要求：第一用清晰明确的指令，禁止盘查对象在第一时间内打开他随身所带的箱包等物品。第二用清晰明确的指令让他人物分离，并将包置于警察的控制之下。

②检查物品的程序：对物品进行检查的时候，应遵循一问、二看、三听、四闻、五摸、六打开的程序要求。一问，是在开包前先向盘问对象问清楚，里面有什么东西。二看，是从外观上检查这个包，观察这个包的外观，看有无异常的痕迹。三听，是听一下里面有无异常的响动。四闻，是要拿起来闻一下，如果是武器，会散发出一种机油味道；如果是毒品也会散发出一种特殊的味道。五摸，是摸一下里面有无一些异常形状的东西。六打开，是用慢动作小心地把包打开，把手伸进去，用大拇指、食指中指上下夹着物品链往后推，手指可以先感受到里面的变化。

③物品检查注意事项。第一不损坏包内物品；第二不污染或尽可能的少污染检出的物证；第三应该从上往下逐层往外取拿，再逐层放回，轻拿、轻放。

4. 人身检查(搜查)

(1)人身检查(搜查)的目的。及时发现、收集违法犯罪的痕迹物证,确认或排除违法犯罪嫌疑,及时清除收缴凶器、危险物品,防止违法犯罪嫌疑人行凶、继续违法犯罪或自伤、自残。

(2)人身检查(搜查)的对象。盘查中并不是对所有人都必须进行人身检查,符合继续盘问条件的,必须进行人身检查;对符合逮捕、扭送、拘留条件的,必须进行人身搜查。人身检查主要是凶器与违法犯罪证据检查。凡检出违法物品、赃物证明检查对象构成了犯罪,均应对检查对象采取缉捕的强制措施,严格控制,防止出现意外。

(3)人身检查(搜查)的内容。人身检查(搜查)的内容应当包括人的身体的全部(表面及自然孔窍)及其衣物(饰物)和随身携带的其他物品。人身检(搜)查应发现的痕迹主要有人身体上的伤痕、血迹、斑痕、服装上的痕迹、斑痕,以及随身携带物品上的痕迹。人身检(搜)查应发现的凶器主要有各种枪支、刀具、绳索以及其他能够伤人(或自伤、自残)的物品。人身检查(搜查)发现的作案工具则因不同案件而形态各异,如撬锁工具、攀援工具、吸附工具等。人身检查(搜查)应发现的危险物品主要有爆炸物品、易燃易爆化学物品、放射性物品、剧毒物品等。人身检(搜)查应发现的违禁物品主要有毒品、麻醉物品,反动、淫秽书刊、音像制品等物品。

(4)人身检查(搜查)的要求。在确有必要的情况下(符合法律规定),实施人身检(搜)查;检查(搜查)必须在犯罪嫌疑人已被实际控制的前提下进行;当检查(搜查)对象处于不易反抗的身体姿势后再靠近其身体;检查(搜查)必须在高度警惕下进行;检查(搜查)在有帮手的情况下进行;人物分离;检查(搜查)到一件凶器后,切不可心理松弛,降低检查(搜查)身体的仔细程度;检查(搜查)前要从重考虑、按有凶器处理;检查(搜查)身体时必须认真、彻底检出凶器、自杀物品、伪装武器、票据等;检查(搜查)要沉着、冷静;检查(搜查)时的语言要清晰,要有一定的威慑力。

(5)人身检查的方法。人身检查的方法主要有三种:对站立检查对象的身体检查,对跪立检查对象的身体检查,对卧地检查对象的身体检查。

①立姿有依托。两名警察配合,负责检查的警察命令检查对象面对墙面,距墙 50 厘米左右站立,双脚尽量叉开,两脚外展,脚跟提起,身体紧贴墙上,头仰起眼看上方,双臂侧平举展开,手心翻转朝外。检查警察从检查对象左侧后方接近检查对象,在距其 1 米左右处停顿一下,以观其反应。以防检查对象反抗。右侧警戒的警察距盘查对象 1.5 ~2 米。

检查警察用左手内旋检查对象的左手腕部至顶点(或旋折大拇指至顶点),用左脚踩住其左脚面,成左弓步,右手挤压检查盘查对象身体的后腰部、左侧、右侧背部、头发、口腔、上肢、下肢后部。然后右手八字掌按压检查对象颈椎关节,令检查对象双手五指交叉抱头,检查警察左手锁握检查对象左手中指和食指,右手八字掌上托检查对象右肘部,令其转身,两腿分开,两脚外展,左腿顶检查对象的右膝关节,右手挤压检查对象右前腰部、右前胸部、右前下肢、裆部。然后右腿顶检查对象左膝关节,换右手锁握检查对象左手中指和无名指,左手检查盘查对象左前腰部、左前胸部、左前下肢。确认有无凶器或其他犯罪证据。

②立姿无依托:令检查对象双手五指交叉抱头,双腿分开,脚外展。检查警察从左侧接近检查对象后用左手锁握检查对象左手中指和食指,左腿顶住检查对象右膝关节,成弓步,用右手检查右侧后腰部,背上部、右上肢、头发、口腔、右前腹部、胸部、下肢、裆部,然后右手锁握检查对象右手中指和无名指,用右腿顶检查对象左膝关节,用左手检查左前腰部、背部、

左腹部、胸部、左上肢、左下肢。

③跪姿。令检查对象五指交叉抱头，两腿交叉跪下，检查警察从左侧接近检查对象后用左手锁握检查对象左手中指和食指，左脚顶住两腿的交叉点，成弓步，用右手检查右侧后腰部，背上部、右上肢、头发、口腔、右前腹部、胸部，然后右手锁握检查对象右手中指和无名指，用右脚顶住检查对象两腿交叉点，用左手检查左腰部、背部、左腹部、胸部、左上肢。然后左手托检查对象右肘令检查对象站起，两腿分开，右腿顶检查对象的左膝关节，左手检查左下肢、裆部，换腿换手检查右下肢。警戒的警察在右侧进行警戒。

④俯卧式。令检查对象向后转，令其跪下，然后趴下，向地面俯卧，两手五指交叉抱头，两腿交叉，头向右侧转动。检查警察从左侧接近检查对象，用左手握住检查对象的左手中指和食指，右膝跪压检查对象的腰椎关节，用右手对检查对象的后腰部、背部、头部、口腔、右上肢、裆部、下肢后部进行检查，然后左手稍向后折中指和食指，令检查对象身体右侧抬起，对右腹部、胸部检查，用左膝跪压检查对象的腰椎关节，用右手对下肢前部检查，用右手按压检查对象的头部顺时针转动，用右手锁握检查对象的右手中指和无名指，左膝跪压检查对象右腰部，用左手对检查对象的左前腹部、胸部、左上肢、左下肢前部进行检查。警戒的警察在右侧进行警戒。

(6)人身搜查的方法。

①立姿有依托。两名警察配合，一名警察在右侧负责搜查，一名警察在左侧负责警戒，出枪威慑，负责搜查的警察命令犯罪嫌疑人面对距墙 50 厘米左右站立，双脚尽量叉开，脚跟提起，身体紧贴墙上，头仰起眼看上方，双臂侧平举展开，手心朝外翻。搜查的警察从犯罪嫌疑人右侧后方接近犯罪嫌疑人，在距其 1 米左右处停顿一下，以观察其反应。以防犯罪嫌疑人反抗。警戒的警察从左侧接近犯罪嫌疑人距其 3 米处屈臂持枪警戒。

搜查的警察用左手握折犯罪嫌疑人右手大拇指，成左弓步，右手持铐，用压铐铐住其右手腕，令犯罪嫌疑人左手抱头。用左手横握犯罪嫌疑人的左手掌，向后反住腕关节，用挑铐或压铐铐住犯罪嫌疑人左手腕。将犯罪嫌疑人双手铐住。用左手下压铐环，用左腿顶住犯罪嫌疑人的右腿膝关节，用右手挤压搜查犯罪嫌疑人身体的右侧腰部、、右侧背部、右侧胸部、头发、口腔、右下肢前、后部。用右手压铐环，用右腿顶住搜查对象的左膝，用左手搜查犯罪嫌疑人的左侧腰部、左侧背部、左侧胸部、左下肢前、后部、裆部，确认无凶器，看是否有其他犯罪物证。

②立姿无依托。命令犯罪嫌疑人身体前倾，向后伸直双手，掌心向上，两腿分开，两脚外展。搜查警察从右侧接近成左弓步，用左手握折搜查对象的右手大拇指，用右手压铐铐住犯罪嫌疑人右手腕，然后用左手握折犯罪嫌疑人的左手大拇指，右手挑铐铐住犯罪嫌疑人的左手腕。用左手握铐链下压开始搜查，搜查步骤同“立姿有依托”。

③跪姿。命令犯罪嫌疑人五指交叉抱头，两腿交叉跪下。然后令犯罪嫌疑人向后伸直双手，掌心向上，搜查警察从右侧接近成左弓步，用左手握折搜查对象的右手大拇指，用右手压铐铐住犯罪嫌疑人右手腕，然后用左手握折犯罪嫌疑人的左手大拇指，右手挑铐铐住犯罪嫌疑人的左手腕。用左手压铐链，用右手搜查犯罪嫌疑人的右侧腰部、背部、胸部、头发、口腔、右上肢。用右手压铐，成右弓步，用左手搜查犯罪嫌疑人左侧的腰部、背部、胸部、左上肢。左手从犯罪嫌疑人的前左腋下穿过。右手从犯罪嫌疑人的后右腋下穿过。上提命令犯罪嫌疑人站起，右手压铐链，两腿分开，右膝顶住犯罪嫌疑人的左膝关节，对其左下肢、裆部仔细地搜查。然后左手压铐链，用左膝顶住犯罪嫌疑人的右膝关节，对其右下肢仔细搜查。

④俯卧式。警察持枪对准犯罪嫌疑人,保持 3 ~ 4 米的距离,命令其向后转,跪下,趴下,向地面俯卧,两手侧平举,手掌外翻手心朝上,两腿分开,头向一侧转动。

搜查的警察从右侧接近左手握折犯罪嫌疑人的右手大拇指,然后收枪。用右手持铐铐住其右手腕,然后两膝下跪夹住犯罪嫌疑人右臂并压在犯罪嫌疑人的右侧肩胛骨上。上提铐环至顶点,反住犯罪嫌疑人的右臂。用左手握犯罪嫌疑人的左手四指内旋后拉至顶点,右手压铐将犯罪嫌疑人的左手腕铐住。右手向上拉铐链,抬起左膝,用左手对犯罪嫌疑人的后腰部、背部、头发、口腔进行搜查,用右手拉提犯罪嫌疑人的左上臂,用左手对犯罪嫌疑人的左腰前部、左胸部进行搜查。然后用右膝跪压犯罪嫌疑人的腰部,用左手搜查犯罪嫌疑人的裆部,下肢后部。用左膝顶住犯罪嫌疑人的左膝关节后部,用左手握拉犯罪嫌疑人的左踝部,对左腿前部进行搜查。用左手压住犯罪嫌疑人的背部,从犯罪嫌疑人的头部向其左侧转动,用右膝跪压犯罪嫌疑人的左腰部,用左手握拉犯罪嫌疑人的右上臂,对犯罪嫌疑人的右侧腰前部、右侧胸部进行搜查。然后用左膝跪压犯罪嫌疑人的腰部,用右膝顶犯罪嫌疑人的右膝关节后部,右手握拉犯罪嫌疑人的右踝部,用左手对犯罪嫌疑人右腿前部进行搜查,左手从犯罪嫌疑人的左腋前部插入,右手从犯罪嫌疑人的右后腋部穿过,令犯罪嫌疑人跪起,然后站起。警戒警察在上铐前可踩犯罪嫌疑人的左脚,转动时逆时针转动到犯罪嫌疑人的右侧进行警戒。

(七)押解带离

警察有时不便当场进行盘查,需要就近选择更适宜的盘查场所,或者经初步盘查后,需要将其带至公安机关继续盘查,为了防止盘查对象在被带离途中逃跑或行凶顽抗,带离的方式要科学、严密。应将盘查对象夹在警察中间,警察同盘查对象之间的距离以 1 米左右为宜。前警在嫌疑人左侧,能通视嫌疑人表情,后警在嫌疑人右后侧,应严密注视其右手的动向,准备控制能动手,随时准备处置突然的变故,特别是在准备就近选择盘查场所、盘查对象尚未被人身检查的情况下,更应时刻保持高度的警惕。如果盘查对象的嫌疑重大,或者带离途中人流稠密,警察可视情对盘查对象采取具有一定控制性的方式带离,对检查对象携腕(握中指)带离。通过盘问检查确认盘查对象是犯罪嫌疑人,上铐搜身后,可折腕、别臂或提铐链押解带离。如果使用车辆押解带离,上车前应用犯罪嫌疑人的衣服或其他物品将犯罪嫌疑人的头部蒙住,使其没有方位感。上后铐将铐链从其后腰带穿过(也可将腰带解下,对其上臂进行"8"字捆绑),控制住犯罪嫌疑人手的活动范围,如果是两名警察在车辆的后座上,将犯罪嫌疑人夹在中间,两警用腿压在犯罪嫌疑人的腿上。如后排是一名警察,将车辆右侧后车门锁住,让犯罪嫌疑人坐在后座右侧,押解警察座在左侧,将右腿压在犯罪嫌疑人的左腿上。

(八)妥善处置

1. 对盘查对象的处置

(1)对于没有发现违法犯罪迹象的盘查对象,盘查民警应立即予以放行,并向其说明盘查活动对于维护社会治安的重要作用,以求得盘查对象对盘查工作的理解和支持,并同时感谢对盘查活动所给予的协助。

(2)对于已经查明有轻微违法、违规或有违社会公德行为的被盘查对象,经批评教育后,可视情况放行。

(3)对违反治安管理处罚法,具备当场处罚的盘查对象,可适用当场处罚的简易程序。

(4)经盘问、检查,如盘查对象的嫌疑一时难以澄清,符合继续盘问条件的,可将其带至就近的公安机关(所、分局、局),填写《继续盘问审批表》,经该公安机关负责人批准后继续盘问。

(5)查明有犯罪嫌疑或有犯罪事实的盘查对象,即应采取约束搜身措施将其带至就近公安机关依法办理刑事拘留或逮捕手续,并通知其所在单位和家属。

(6)对盘查中的醉酒者和精神病患者,要因势利导,将其引离现场,通知当地公安派出所或其家人领回。

2. 对被盘查对象随身携带物品的处置

(1)对于没有发现违法犯罪迹象的盘查对象,在被放行的同时,应将其随身携带的物品如数退还其本人,不得以种种借口扣留其物品。

(2)对于违禁物品、违反治安管理处罚法所得的财物和使用的工具,应依法实行临时性收缴或没收。违禁物品包括:枪支、弹药;爆炸物品;剧毒物品;毒品;放射性物品;管制力具;反动、淫秽书及音像制品。工具包括:赌博赌具;吸毒器具;殴打他人器械;制作、传播淫秽设备;倒卖营利的各种票证或者骗取财物的用品。

(3)对与犯罪有关的物证、书证应依法予以暂时扣押,要开具物品的没收单(收缴单)或暂存单。

(4)确保赃物、赃款及各种证据的完整性。

(九)盘查时突发情况的处置

1. 对被盘查对象突然逃跑的处置

要求:负责检查及负责监控的两名民警反应及时,动作迅速果断勇猛,两人协调配合,左右两点攻击,先摔后反,控制后进行人身搜查。

处置:在未截停前,离盘查对象最近的警察扑摔或推摔盘查对象,两警迅速控制盘查对象的手,将盘查对象控制。截停后由负责警戒的一警扑摔或推摔盘查对象。两警各控制嫌疑人的一手,将盘查对象控制。

2. 对被盘查对象突然拳打脚踢的处置

要求:反应及时,动作迅速果断,先格后摔,两人配合,上下两点攻击,倒地及时控制双手,控制后进行人身搜查。

处置:在盘查过程中如果盘查对象右手突然向盘问的警察面部挥拳打来,民警应迅速作出反应进行处置。一是盘问警察迅速出左臂格档并顺势携握其右腕,右手携握其右上臂前带(或抓敌发前带),右手向前下带压肘关节,左手上推右手腕,反住右上肢关节。同时担任警戒的警察迅速抱敌双腿后带,合力将犯罪嫌疑人摔到;二是警戒警察迅速上前反扣住犯罪嫌疑人的左上肢关节,控制双手后,上铐人身搜查。如盘查对象抬脚踢向民警,盘问警察应准确地锁其脚前带(或格档其脚后,迅速近身抱单腿摔),警戒警察携握右手腕夹颈向后切摔,合力将犯罪嫌疑人摔到;三是盘问警察迅速上前,双手交叉握犯罪嫌疑人左手腕逆时针旋至顶点,左脚踩住犯罪嫌疑人左胸腋部,控制左上肢关节。警戒警察双手交叉握犯罪嫌疑人右手腕顺时针旋至顶点,右脚踩住犯罪嫌疑人右胸腋部,控制右上肢关节,警戒警察右手提压犯罪嫌疑人的右肘关节,使犯罪嫌疑人俯卧,上铐后进行人身搜查。

3. 盘查对象突然掏枪、掏匕首的处置方法

负责检查及负责监控的两名警察要反应及时,动作迅速果断勇猛,预控为先,两侧攻击,倒地控手,强力缴械,人身搜查。

(1)当发现盘查对象表情异常突然用右手向腰部或衣兜中去掏,警戒的警察要迅速用双手同向握住犯罪嫌疑人右手腕,用左臂折压犯罪嫌疑人的右肘关节,然后用右手折其右手

腕,控制盘查对象右手的行为,另一警察从左侧别臂挑腿摔,倒地后用力反肩关节,右臂向上抬,抬到极点,左手猛力折压其左手腕关节,使犯罪嫌疑人持械手无法用力,令其放弃抵抗。控制后上铐搜身。

(2)如果犯罪嫌疑人已掏出匕首,而民警又无武器警械,遇此情况两警应迅速与犯罪嫌疑人保持安全距离,并寻找有利的位置,前后两点站位,前警喊话,放下凶器,同时用武装带(或其他可利用的物品做临时武器)向敌攻击,吸引敌注意力,后警从敌后盲区突然靠近抱双腿摔,前警迅控制犯罪嫌疑人持刀手,另一警察控另一手,控制后上铐搜身。如果犯罪嫌疑人正面冲来企图强行逃跑,警察应侧身闪过后,从其身后推摔犯罪嫌疑人,然后控制双手,上铐搜身。

(3)如果犯罪嫌疑人已掏枪在手而民警没有武器时,应迅速压低身体向两侧跑动分散,拉开与犯罪嫌疑人的距离,让开敌逃跑路线,暂时退出杀伤区。然后远程跟踪,及时上报指挥中心,寻求增援。如果民警携有武器,犯罪嫌疑人掏枪后,两警应迅速向两侧曲线跑动,快速出枪,分散运动,占领有利地形形成交叉火力,视情况是否可以开枪,敌逃跑后,战斗运动有掩护有跃进、有掩护、有迂回,断其退路,将犯罪嫌疑人击伤或击毙。

四、实名制火车票的盘查

(一)火车票实名制的概念

火车票实名制是指乘客在购买火车票和乘坐火车时,需要登记、核查个人的真实姓名和身份的一种制度。在2010年的春运,广铁集团、成都铁路局开始试行火车票实名制。2011年6月1日,动车组开始实行火车票实名制。2012年元旦起,全国所有旅客列车实行车票实名制。而从2012年5月10日起,实名制火车票如果丢失可以挂失补办。

实名制火车票制度的全面实施,特别是实名制客票信息系统数据应用,为铁路公安机关开展网上追逃、打击倒票、流窜等违法犯罪工作,提供了有利条件。

(二)实名制火车票打击违法犯罪活动的具体应用

1. 站车缉逃

当前,铁路公安机关利用铁路实名制客票系统数据开展缉逃工作,逐渐成为站车缉逃工作的常态模式。铁路公安网络监测部门通过将公安部在逃人员信息与铁路实名制客票数据进行碰撞比对,从而发现在逃人员的购票信息,掌握其乘车日期、车次、车厢座次信息,实施精确抓捕。

2. 打击倒票

铁路实名制客票系统数据是由车站售票窗、“95105105 订票电话”和“12306 购票网站”售票数据组成。铁路公安机关通过分析购票身份证号、护照号码、订票电话、网络账户等数据,排查出异常购票情况,从发现倒票线速,锁定倒票嫌疑人员。

3. 人员管控

将涉稳、涉恐重点人员和流窜、倒票、涉毒、涉拐、假币人员的资料信息导入铁路实名制客票系统数据,滚动筛查轨迹,广泛搜集深层次、内幕性、预警性和行动性的情报线索。通过对重点管控人员的比对预警,对辖区的治安状况和查缉工作进行科学评判和监测预警,有针对性地开展打防控工作。

(三)实名制火车票在现场盘查上的作用

每张实名制火车票上都印有购票人身份信息,持票人需做到“人、票、证”三者相符,才能顺利进站乘车。当发现盘查对象人票证不符时,铁路公安民警应当详细询问缘由,核实被盘查对象及其同行人员身份。重点查实是否为违法犯罪人员套用他人身份证企图蒙混过关,是否所持有车票为从票贩子手中购买,另外还可从持票人是否为冒用他人身份证等方面寻找蛛丝马迹。

第二节　铁路清查战术

一、铁路清查的概念

清查是人民警察对犯罪分子或重大犯罪嫌疑人可能藏身落脚或来往出没的地点、场所进行清理和检查的查缉措施,在清查行动中具有基础性的地位。对铁路站车清查是铁路人民警察为保证铁路运输生产安全,对利用铁路实施犯罪的犯罪分子及犯罪嫌疑人的出没地点,扰乱铁路站车公共治安秩序行为人的聚集地点,盗窃铁路运输器材和运输物品销赃点或藏匿场所,对铁路车辆及运输的物品安全进行清理检查的查缉措施。由于站车清查的地点、场所有可能是犯罪分子及犯罪嫌疑人藏身或出没的地方,因此民警与犯罪嫌疑人发生对抗的可能性极大,且有转化为暴力冲突的可能性,这种冲突因为犯罪分子或犯罪嫌疑人在暗处而具有突然性和不可预测性。所以清查过程必须要有科学的方法和策略,才能达到保护自己缉捕罪犯的目的。

二、铁路清查的基本形式

清查可分为专项清查和防控清查两种基本形式。

(一)专项清查

专项清查是指公安机关行动前已知特定的犯罪嫌疑人的基本情况及活动特点和体貌特征,在有准备的情况下,对其可能藏身落脚或来往出没的地点、场所进行清理和检查,寻找、堵截和缉捕这些特定违法犯罪分子的查堵措施。实战中,主要适用于以下几种情况:一是公安部发布A级通缉令,二是公安部发布B级通缉令,三是辖区现行案件现场遗留有能反映犯罪嫌疑人基本情况和体貌特征线索的,四是本级公安机关部署的犯罪嫌疑人特征较为明确的查堵任务,五是地方公安机关请求铁路公安机关协助开展的犯罪嫌疑人特征较为明确的查堵任务。由于时效性、危害性等程度上的不同,在实施专项清查时,组织领导和人员分工也有所不同。查堵公安部A级通缉令中被通缉对象或重特大现行案件犯罪嫌疑人,公安机关主要领导必须亲临现场指挥、协调;查堵公安部B级通缉令中被通缉对象或其他犯罪嫌疑人,分管领导或刑侦部门负责人必须到场指挥、协调。查堵时限一般是72小时,执勤警察必须在接到指令5分钟内上岗。

在具体实施时,应按照不同的场所、不同的情况采取不同的方法:

(1)对犯罪嫌疑人、被通缉对象逃入、窜入铁路辖区内、目标明确的,应先由便衣警察秘密巡查,核实身份,然后选择适当时机,按预定方案,在确保不伤害旅客群众的前提下,实施缉捕。

(2)对携带有枪支、爆炸、剧毒物品的犯罪嫌疑人窜入铁路辖区的,必须十分谨慎,因地因时制宜地开展清查。警察可化装成客运员、列车员,假借一定的名义,如查票、换票、打扫卫生、送水、兜售食品饮料、书报杂志等,巡回活动观察,从中发现可疑人、可疑物,以确定具体部位并制定相应的行动对策,智擒犯罪嫌疑人,行动中要特别注意警察自身安全和旅客群众的安全。

(3)对犯罪嫌疑人在客站作案后逃窜的,应在尽快做好现场勘查访问、摸清犯罪嫌疑人体貌特征的前提下,立即组织执勤警察对车站广场、候车室、出站口、售票房、站台、乘务员公寓以及站周汽车站、宾旅馆、网吧等场所设点清查。必要时,可以请求当地派出所协助,对站周居民住宅区进行清查。

(4)对犯罪嫌疑人在客车上作案后下车逃窜的,应在做好现场访问、摸清犯罪嫌疑人体貌特征的前提下,立即向可能逃窜的途经站派出所汇报,请求对车站广场、候车室、出站口、汽车站等进行清查。同时,请求在该时段途经该站的其他客车乘警对车厢进行清查。

(5)对货车的清查应采取停站清查的方法。清查前,应详细了解到发货车时间,在到站列车周围布置警戒,有条件的可以先选择制高点进行观察,尽可能在弄清犯罪嫌疑人藏身部位的前提下再登车清查。公开清查时,可利用警犬协助清查。

专项清查的特点:

1. 目的、对象明确。专项清查的目的是保证铁路运输生产的正常治安秩序,打击利用铁路实施违法犯罪的行为。保证铁路运输生产安全和社会治安秩序。专项清查一般是指在综合分析情报、情况的基础上,清理、检查扰乱铁路运输治安秩序的行为人,保证铁路运输生产的正常秩序;对犯罪分子及犯罪嫌疑人可能利用站车环境藏身落脚的地点,藏匿盗窃所得赃物、销赃地点,以及对站车安全环境构成危险的物品,在特定区域展开的治安管理活动,目的是寻找、发现、缉捕违法、犯罪嫌疑人、被通缉的网上在逃人员,收缴赃款赃物、危险(违禁)物品,维护铁路站车治安稳定。

2. 预有准备。由于专项清查的目的、对象比较明确,清查人员根据情报和反映的情况,可以有针对性地进行清查战术方案设计、战斗的组织准备,特别是对有可能是重大暴力犯罪分子或嫌疑人利用站车环境藏匿的地点进行清查时,可以预先在警力、武器装备、组织清查的战术形式等方面做好充分准备,取得优势地位。

3. 组织周密。专项清查,因事先有情报,清查前有战斗准备,所以在清查的组织部署、警力配置、武器配备、装备防护、清查场所确定、清查战术方法的适用以及指挥、联络等方面均应有详细的计划,各清查执行部门应根据各自的任务和责任,对所负责的区域,场所进行必要的预先侦察,制定适应行动的清查战术方案。

4. 统一行动。专项清查行动在时间确定、行动目的、指挥协同上一般较为统一,通常由局、处一级公安机关组织、部署和指挥,基层所队具体实施,在一定的时限内、一定区域的特定场所同时展开行动,通过清理、检查,发现、查获一批违法、犯罪嫌疑人。由于清查的场所面积广、点位多,因此隐藏在清查区域内的特定目标易被查出捕获。

(二)防控清查

防控清查是指公安机关对铁路辖区治安复杂的场所、线路、区段进行清理和检查,从中发现犯罪嫌疑人,进而对其进行堵截、缉捕的一种查堵措施。防控清查一般在行动前只有确定的清查类别,没有确定的对象。

在具体实施时,应重点查清有下列行为的人:

(1)发现有现行违法犯罪行为的,如扒窃嫌疑人作案中的挡、掏、割、拉等,诈骗作案中的"丢钱包""唱双簧"等。

(2)见警察走近巡查时,犯罪嫌疑人将可能藏有毒品、枪支等物品的包裹、行李往卧铺、坐席底下移动、掩盖,或有意躲避安检的。

(3)持有短途区间车票起止站名与旅行原由不符,或行为举止异常的。

(4)有违法犯罪嫌疑的人员的眼神、手脚等有明显异常反应的。

清查可采取公开与秘密相结合、以公开为主的方式进行。开展秘密清查的警察可化装成客运职工或普通旅客,巡回清查;也可采用不易引起对方警觉的调虎离山计,将有违法犯罪嫌疑的人员诱至旅客较少的地方实施强制清查。对犯罪嫌疑人人数较多、警方难以控制局面的,则应在严密监控的前提下分而处之。

防控清查具有以下特点:

1. 目标事先不明确。防控清查,一般在行动前只有清查类别的确定,而没有事先已确定的特定目标。其清查目的在于寻找、发现违法、犯罪嫌疑人员,整治站车治安秩序。所以事先并不掌握清查目标的具体情况和有关特征。只有在清查过程中发现清查对象有否违法、犯罪的行为或重大的嫌疑,才能逐步明确目标,采取行动。

2. 行动搜索性强。由于事先并无确定的特定目标,因此,凡属违法或犯罪的行为均属防控清查任务,需要清查人员主动地去寻找、搜索有关违法、犯罪的线索和事实,清理和查处有关违反治安管理处罚法的人和事,缉捕犯罪分子及犯罪嫌疑人。根据不同的情况,采取不同的措施及时进行处置。

3. 遭遇突发性明显。由于防控清查事先没有特定的目标,所以警察不可能事先掌握违法、犯罪嫌疑人的有关情报信息,对清查对象是否确实构成违法或犯罪事实难以立即断定,需要一个逐步搞清的过程,加之民警身份公开,一些违法、犯罪嫌疑人在遇到警察进行防控清查时,往往抢占先机之利,突然逃窜或暴力袭警。这种突发性情况,往往事态变化急剧,行动紧张急促,形势转换始料不及。若警惕性不高,处置方法不当,极易造成执行清查任务的警察的伤亡事件。

4. 独立作战能力要求高。由于防控清查事先没有明确的特定目标,清查准备难以周全,在突然遭遇违法、犯罪分子的情况下,警察在现场没有优势,短时间不易迅速搞清遭遇的突发情况,在清查目标抢先动手袭警或逃窜之时,组织、指挥、行动易仓促、混乱。因此,警察必须具备较强的独立作战能力,才能在遭遇突发情况时处变不惊、机智灵活,并迅速果断地予以处置。

专项清查和防控清查,在清查实战中常有清查效果上的交叉,也都对经查确认的违法、犯罪的行为人实施缉捕。但二者清查重点不同,行动的预先准备程度不同,其采用的战术方法也有较大差别,因此,在清查工作中应视清查的不同类型把握其不同的特点,采用有针对性的战术方法,灵活机智地处置清查中的各种情况。

三、铁路清查战术

(一)专项清查的基本战术方法和要求

1. 客运列车的专项清查。

(1)公开查寻、重点辨认、背后接近、认真盘查、确认缉捕。获得需要清查的情报、指示后,当值乘警及添乘警力,要牢记清查对象的体貌、语言、衣着打扮、携带物品等特征。分成查寻和机动增援两组,查寻组和机动增援组可间隔一个车厢。可一面平推查寻,即在一个区间内从后车厢往前,也可从前车厢往后,逐个车厢查寻。查寻组经过辨认后。发现重点目标,要及时通知增援组,哪个能从重点目标的背后接近,哪个组负责接近、站位、盘查,哪个负责警戒,应有具体的分工。如果警力充足,也可两面平推,从餐车向车厢两边各分两个组,向车厢两侧平推查寻、盘查可疑人,缉捕犯罪嫌疑人。

(2)便装查寻、仔细辨认、伪装接近、亮明身份、盘查确认。获得需要清查的情报、指示后,对于有拒捕可能性的清查对象,查寻组和机动增援组可伪装成旅客或列车工作人员,对各车厢的旅客进行辨认、发现目标。查寻组发现后,及时通知增援组,同时伪装接近、亮明身份,合理站位后进行盘查,增援组及时跟进,负责警戒,共同缉捕犯罪嫌疑人。

(3)公便结合、便装发现、着装盘查确认。当需要专项清查时,查寻组伪装身份进行查寻,发现重点目标后,通知着装增援组。查寻组先接近目标等候,增援组负责盘查,查寻组负责警戒,共同缉捕犯罪嫌疑人。

(4)便装巡视、发现报告、跟踪监视、择机捕获。获得专项清查的情报、指示后,对于严重暴力犯罪分子的目标清查,尤其是持电发火爆炸物的犯罪嫌疑人,以查寻、跟踪为主,不宜在车上强行缉捕。伪装清查发现目标后,迅速跟踪监视,及时报告情况,待嫌疑人下车后,再择机缉捕。

2. 货运列车的专项清查。

(1)两头围控、逐车检查、发现目标、清理下车、仔细盘查。将参战警力分成围控组、机动组、清查组。清查组必须有专人负责警戒。清查组进入车厢尾部,机动组在车体中部两侧,围控组控制货运编组站的出入口,并有专人控制车体前部。清查组从车后逐车向前登车清查,发现扒乘人,令其下车接受盘查。机动组根据情况及时增援清查组,并围控跳车逃匿人员。

(2)登高观察、发现目标、隐蔽接近、清理下车、仔细盘查。有登高条件的,可分观察组、清查组、机动组、围控组。观察组负责登高观察,发现有扒乘人员的车厢及时通知清查组进行清查;机动组在车体前部与清查组互相配合,堵截逃匿的扒乘人员;围控组负责控制出入口。

3. 车站的专项清查。对车站的专项清查主要对象是在逃犯及犯罪嫌疑人或破坏铁路运输秩序的行为人,如进站拉客、围车叫卖、倒卖车票等。其常用的战术方法为:

(1)统一巡视、仔细查寻、机动增援、相机捕获。对有可能在车站内藏身的犯罪嫌疑人,分机动组、查寻组、围控组。围控组负责控制清查地点的出入口,查寻组负责巡视查寻,机动组负责增援。查寻组发现可疑人员后通知机动组增援。经盘查确认后,依照缉捕方案进行缉捕。对于体貌特征、语音特征明显的严重暴力犯罪嫌疑人,查寻组可伪装身份进行查寻,发现可疑人员通知机动组增援,确认后进行缉捕。

(2)突然出击、先围后清、依法处置。对破坏铁路运输秩序的行为人的专项清查,分查控组和机动组。查控组获得证据后,在其出入的地点突然围控,专人负责警戒。将这类行为人集中,安全带至派出所,依照相应的规定进行处罚。遇有变化的情悦,机动组负责增援。

(3)隐蔽接近、亮明身份、全部集中、逐一盘查。对破坏铁路公共运输秩序的行为人的专项清查,分查控组和机动组。查控组的便衣警察待行为人破坏铁路运输秩序的行为实施后,立即亮明身份,由一名警察负责警戒。其他警察将清查对象安全带至派出所,依法进行处罚。机动组着装,遇有变化的情况,迅速增援。

4. 围绕铁路运输犯罪相关场所专项清查。

(1)废品收购站的清查。

①统一行动、公开出击、先围后清。对废品收购站的清理检查,主要是查寻被盗的铁路

设备及运输物资,所以应以查物为主、从物到人,打击盗窃铁路运输物资、设备的行为人。废品收购站的经营者如果参与犯罪,将面临所收购赃物被没收,导致经济利益受损,就可能出现暴力抗法的情况。因此,对废品收购站的清查在一定范围内必须要统一行动,使经营者不能转移被盗物资。公开突然出击,既可震慑行为人,也能配合清查工作顺利进行。清查前分工要明确,分清理检查组、现场警戒组、围控组、机动组。清理检查组负责对物和人进行清理检查,现场警戒组负责处理突发的袭警行为,围控组负责控制出入口,机动组负责增援处理袭警和暴力抗法的行为。先封锁出入口,然后清理组和警戒组进行经营区对人和物进行清理检查,对白天不易清查的可在夜晚进行。

②统一行动、隐蔽围控、公开进入、先围后清。对废品收购站的清理检查,如果进入经营区的路线过长,犯罪嫌疑人有可能提前发现而逃匿或转移被盗物品时,应先派出由便衣警察组成的围控组控制出入口后,再通知清查组和警戒组公开进入,以保证清查行动取得最好的效果。

(2)旅店的清查。对旅店的专项清查,主要是查找特定的犯罪分子及犯罪嫌疑人,根据通缉通报上获得的犯罪分子及犯罪嫌疑人的体貌特征及其他相关情况进行重点查寻。分清查组、机动组、围控组进行清查,清查组至少由四人组成,一是要对登记本进行检查,并对旅店服务人员进行询问,查看有无符合犯罪嫌疑人基本情况的人员,确定重点清查对象;二是如果发现符合条件的嫌疑对象,围控组负责控制出入口,根据嫌疑人的人数、凶器、技能状况,机动组随时增援清查组,保证现场有绝对的警力、装备优势。清查组到符合条件的嫌疑人居住的房间,一人警戒、控制门口和走廊,开门后一警进入控制窗口并警戒,两警负责盘问检查;三是如需要全部清查,可分成几个清查组,一层一组负责清查。如遇警力不够,可从楼上往楼下逐个清查;四是在夜晚进行清查时,为防止犯罪嫌疑人将房间灯具提前破坏,造成进入后敌暗我明的被动局面,一定要带照明工具,以便迅速确认重点清查对象的位置和行为,以利于警察有效处置;五是清查严重暴力犯罪分子及犯罪嫌疑人一定要佩戴好防护装备。

(3)影视、游戏、舞厅的清查。对影视、游戏、舞厅的专项清查可分成警戒组、清理组、围控组、机动组。警戒组首先进入开启所有的照明灯具后亮明身份,令所有人集中站立配合,清理组对所有人的身份进行确认,警戒组负责现场的警戒,围控组负责堵住所有出入口,机动组作好增援的准备,处理各种突发的情况。清查前携带好照明工具,清查严重暴力犯罪分子及犯罪嫌疑人应佩戴好防护装备。

(二)防控清查的基本战术方法和要求

铁路警察日常防控清查是和警察责任区、车的正常巡视结合在一起的,由于防控清查在行动前虽有清查类别的确定,如清查黄、毒、逃犯等,但事先基本上没有特定的目标。因此,在对铁路公共复杂场所责任区进行公开的巡视防控清查时,要主动寻找有嫌疑的人、事、物。并进行相应的清理检查。防控清查是保证铁路运输安全的有效查缉措施,从战术的防范性和有效性来看,防控清查的战术方法在具体的场所上可以应用专项清查的战术方法,以提高防控清查的安全性。但在日常的巡视清查中还应注意以下几点。

1. 根据铁路站车公共复杂场所的特点,准确划定需经常性防控清查的责任场所、地点,并根据违法、犯罪嫌疑人在这些场所和地点活动的时间规律进行定点定时或定点不定时的公开巡视防控清查。也可和铁路公共复杂场所单位的内保人员、保安人员、旅客建立稳定的联系,以便随时掌握这些地点、场所的治安情况,相应确定清查的时机和方法。

2. 合理分组、分工明确。进行防控清查时可分成清查组和机动组。清查组应由两人以上组成，一人负责警戒，主要负责主动查寻责任区内可疑的人、事、物。机动组随时待命，以处置各种突发情况。清查组在发现可疑人、事、物时，自己无警力优势的情况下，应及时通知机动组增援。

3. 提高警惕、准备充分。由于巡视防控清查具有目标事先不确定、敌暗我明、与犯罪嫌疑人遭遇的突发性明显等特征，在清查时必须保持高度警惕，加强防卫意识和防范措施，清查时警力的部署、装备的配置、清查的方法、发生突发事件的紧急处置措施等，均应提前做好准备。

4. 严密控制、注重协同。防控定点巡视清查以清查责任区、车的场所为主，对场所内的可疑人员应严密控制，一是注重接近的方法、正确站位和相互掩护；二是注重动作的相互配合、相互协同；三是注意控制清查节奏，注意区分无关人员与违法、犯罪嫌疑人员；四是发现可疑现象应盘问、检查清楚，发现异常举动应立即采取果断措施严厉制止；五是清查中，可疑人员需留置或带回审查的，或不宜在现场盘问的，应控制牢靠，尽快带离现场；六是若出现清查对象突然逃窜、袭警，则应立即实施缉捕。

5. 用语规范、礼貌待人。防控定点巡视清查中遇到的情况十分复杂，警察依法进行清查，涉及的人员众多，在没有发现被查者有违法、犯罪行为或可疑行为时，应充分注意用语规范，礼貌待人，见面敬礼，开口尊称。特别是在人员稠密处执行清查任务时，更应注意民警自身形象，最大限度争取被盘查人的理解和配合。没有发现问题，应及时放行；发现疑点，需带回继续盘问时，也应使用规范语言。不到必须采取强制措施时不要轻举妄动。

第三节　铁路查堵战术

在铁路运输由于人、财、物高度集中、高度流动，成为犯罪分子及犯罪嫌疑人以非法侵害他人经济利益为目的的主要犯罪场所，也成为犯罪分子流窜作案及逃匿藏身必须借助的主要交通要道。铁路站车查堵是铁路公安机关在铁路的车站和列车上，采取公开和秘密的方法，查缉犯罪嫌疑人和堵截在逃犯、危险（违禁）物品、赃物的一种特有的侦查措施，是公安机关履行职能，尤其是铁路公安机关在犯罪活动跨地区大范围流动特征日趋突出的新形势下，打击犯罪、维护治安的有效方法和手段。研究铁路查堵战术，对提高查找和捕获犯罪分子和犯罪嫌疑人的成功率，保证警察的生命安全，低耗高效地完成查堵任务具有重要的作用和意义。

一、铁路查堵战术的概念

铁路查堵是指铁路公安机关对乘坐铁路交通工具（列车）或进入铁路运输场所（站、场）的可疑人、事、物依法进行清查、盘查，从中发现犯罪嫌疑人、犯罪分子或罪案线索，并通过审讯、查证、缉捕犯罪嫌疑人及犯罪分子进而侦破案件的一种手段。

铁路查堵战术是指铁路警察在站车上依法查寻、捕获在逃犯罪分子及犯罪嫌疑人，截获赃物、违禁物品、危险物品，对犯罪分子活动区域实施控制过程中，在面临可能发生武力或武装冲突的情况下，为取得对抗的胜利采取行动的方法。

查堵之所以可以上升至战术，首先是由其对抗属性所决定的。在每一个具体的查堵行动中，其表现形式都是多样性的，包括清查、盘查、堵截、缉捕等。在这些表现形式中，警察与被查堵对象都面临武力或武装对抗冲突的可能,这种对抗冲突能否转化为现实性一是取决于被查堵对象的行为取向,二是由对抗的目的性所决定的。警察在查堵的对抗中,追求的是用最小的代价换取最大的胜利,这就必须掌握在查堵对抗中取得胜利的原则、手段、方法。

二、铁路查堵内容

(一)铁路运输的特点所决定

铁路站车是公共场所,是犯罪分子实施犯罪的重要地点,是跨区域流窜的主要交通工具,是运送违禁物品的主要场所。为逃避法律的惩罚,这些犯罪行为在站车公共场所的施行都具有相当的隐蔽性,犯罪嫌疑人亦会根据自己的作案需要进行必要的伪装,所暴露出的犯罪痕迹、行为具有细微性、反常性。这就要求铁路民警必须练就娴熟、过硬的查堵技能。

围绕铁路运输而实施的犯罪行为和被上网通缉的逃犯呈现出特定的犯罪特点和客观规律,只要有针对性地加以总结,从中发现、研究这种客观规律,合理运用针对性的查堵战术,就能有效在打击铁路违法、犯罪活动。

(二)其区域控制功能所决定

铁路公安机关查堵犯罪具有区域控制的功能。通过在运输渠道和交通要道广泛开展查堵,就能有效堵住犯罪分子流窜、逃跑的通道,控制住犯罪分子作案、藏匿的场所,挤压犯罪分子的活动空间,在一定的区域内形成控制格局,掌握打击站车犯罪的主动权。因此,在铁路交通线上的查堵铁路公安机关的优势具有不可替代性。

(三)使用的效果所决定

查堵作为一种有效的侦查措施,在各个警种中都有应用,但是从使用的效果来看,铁路公安机关所取得的成绩是其他警种不可比拟的。查堵战术的作用在铁路公安机关打击犯罪效能上有突出作用。

三、铁路查堵战术常用方法

根据查堵的任务和铁路运输的特点,可分为阵地防范查堵、条件控制查堵和特定专项打击查堵。

(一)阵地防范查堵

阵地防范查堵,是指在日常工作中铁路公安机关依托车站、列车阵地,在巡视中以观察为主,辨认、比对为辅,以查寻为要素,以稳定辖区治安为主线,以盘查、缉捕战术为主要手段,清查战术为辅助手段,控制重点部位,盘查可疑的人、事、物,打击各类违法、犯罪活动,维护铁路运输生产安全和旅客生命财产安全的执法执勤活动。

1. 识别作战对象的方法。发现、识别查堵对象(犯罪嫌疑人)的方法主要有观察、辨认、网络情报系统比对三种方法。具体操作主要是八字工作法:一看,就是观察旅客的眼神、着装、神态、表情和举止行为,从中察觉异常的动作和反常的现象。二问,就是盘问查清可疑情况,查清本人真实身份,查清同行人关系。三思,就是抓住答话矛盾进行分析,通过思考作出是否可疑判断。四查,就是检查证件,检查物品,检查人身,取得证据。五辨,就是辨别证件的真伪,物品的性质。六审,就是对整个查堵过程及被盘查对象是否有违法、犯罪行为进行现场审定。七擒,就是采取合理、有效的战术方法,迅速、果断地处置可能抗法、逃跑的嫌疑对象。八勤,就是在工作中要做到眼勤、嘴勤、脑勤、手勤、腿勤,不断总结经验,主动做好工作。

2. 阵地控制查堵战术方法。

(1)区域寻踪查堵。铁路公安的站、车、线值勤警察勤务的主要方式是徒步巡视，按照科学合理划分的岗位责任区，将车站划分为有机的控制防范区域。例如，广场区、候车区、站台区、货场区、仓库区、生产区。将列车有机的划分为硬席区、硬卧区、软席区。部署以警组为单位的警力，运用公开与秘密的方式，定时或不定时地在划定的岗位责任区域内巡逻，检查重点部位，发现、盘查违法犯罪可疑人员，清查扰乱铁路公共秩序的行为人。运用盘查、清查战术查清可疑的人、事、物是否违法；运用缉捕战术及时控制有犯罪嫌疑的行为人。各警组之间要在指挥员的统一指挥下，注重协同配合，形成警力优势，果断、有效地处置各种突发事件。

(2)卡点控制查堵。在车站、货场的出入口和列车的车门口设立公开或秘密卡点，运用盘查、堵截战术，对进站上车或下车出站的可疑人、事、物，有针对性地进行截停盘查，对确认的犯罪分子及犯罪嫌疑人进行缉捕。

(3)封锁区域查堵。当群众举报的逃犯或警察发现有可能是流窜的犯罪嫌疑人，在尚未逃离某一区域时，使用围控战术。例如，在候车室时，要封锁候车室出入口，组织围控，明确分工，认真盘查可疑人员，防止其逃窜(如果是持武器、凶器、爆炸物的犯罪嫌疑人，搜寻组可以伪装身份，接近可疑人，合理站位，及时控制)。若判断犯罪嫌疑人可能在车上，要组成秘密组，发现接近嫌疑人，通知公开组进行盘查确定。

(4)现行控制查堵。铁路警察在巡视中，对正在施行犯罪的流窜犯罪嫌疑人及时进行中止犯罪行为的控制。首先用威严的语言亮明警察的身份，同时出枪威慑，命令犯罪嫌疑人停止犯罪行为，并令犯罪嫌疑人身体处于一种不易反抗的姿势，对犯罪嫌疑人进行人身搜查，然后上铐带离。其次是直接用擒敌格斗技能迅速将犯罪嫌疑人制伏(犯罪嫌疑人无枪)，搜身上铐带离，如在警力无优势的情况下应及时呼叫增援。

(5)搜索查堵。如判断逃犯或流窜犯罪嫌疑人可能藏身的地点在车站周围的站前广场、茶社、影视厅、旅社等，可派专人清查、盘查、搜寻堵截。必要时可以带领能够指认犯罪嫌疑人的受害人、证人进行搜寻。

(6)守候查堵。在列车特定的路段，车站特定的时段，连续发生同类案件的地方，派出查缉人员伪装守候，或选择隐蔽的地点守候，发现、缉捕犯罪嫌疑人。

(7)监控查堵。在车站或列车车厢的重点部位安装监控设备，通过不间断的监控及时发现现行犯罪嫌疑人，同时通过监控设备及时获取犯罪证据，及时捕获犯罪嫌疑人。

(8)重点专项查堵。在各地域的车站、站区、列车上所犯罪的类别有所不同，如昆明的贩毒，广州的伪钞，云南、四川的拐卖妇女儿童等。这种犯罪类别其个性特征表现出一定的规律性，对这种犯罪应以警组为单位，运用盘查、缉捕战术，有针对性的重点专项查缉堵截。

(二)条件控制查堵

是指铁路公安机关在接到友邻公安司法机关通缉通报犯罪嫌疑人的人数、体貌特征、车次、到站等，请求协助查缉而部署的一种查堵措施。此类查堵以辨认为主，观察、比对为辅。立足阵地控制，重点查寻甄别，主动出击确认，然后堵截捕获。实施条件控制查堵必须具备两个条件，一是要明确被查堵的目标，包括犯罪嫌疑人的人数、体貌特征、携带的物品特征等；二是要弄清被查堵目标可能逃跑的方向，确定是重点车站、列车部署查堵，还是全路部署站车查堵。

条件控制查堵战术方法。

1. 区域寻踪查堵。接到通缉、协查通报或特定情报的铁路值勤警察，要熟记通缉、通报、情报内容,在责任区巡视中对重点车、站乘(候)车的旅客进行特征辨认、观察。发现与通缉、通报、情报中的犯罪嫌疑人的体貌特征相似或相近的人,进行盘查,从而确定是否缉捕。

2. 卡点控制查堵。根据情报,在重点车站、区段、编组场的出入口设立公开或秘密卡点。运用盘查、堵截战术,对进站或出站的人及携带的物品同通缉、通报、情报中的犯罪嫌疑人的体貌特征或物品特征进行比较鉴别,发现相似的进行截停盘查。

3. 追踪突袭查堵。通过获得的准确情报,顺着犯罪嫌疑人乘火车逃跑的方向和路线追堵,必要时通知前方公安处(所)派出警力上车支援,进行有效的堵截,秘密寻踪捕获。

4. 搜索截获查堵。获得准确情报后,部署重点车、站加派专门机动力量,在控制的区域内组成二道防线搜索查寻,必要时带上能辨认罪犯的受害人,内保人员进行必要的化装后配合堵截。

5. 公秘结合,接力查堵。在情报不具体,犯罪嫌疑人不确认但有暴力拒捕可能性的情况下,查堵行动要求集合查堵力量,合理分工,以便装警察接近盘查为主,着装警察迅速跟进,合理站位,及时控制盘查现场,防止意外情况的发生。警力无优势时及时呼叫增援。

6. 迂回接近,近身查堵。在着装值勤情况下,发现与通缉、通报、协查嫌疑对象体貌特征相似的嫌疑人,应尽量避免使其过早发觉警察的接近,防其狗急跳墙、拒捕或劫持人质,可充分利用现场的环境采用迂回接近的方法,趁其不备,突然近身,盘查或进而缉捕。警力无优势时及时呼叫增援。

7. 盲点接近,近身查堵。在着装值勤情况下,发现与通缉、通报、协查嫌疑对象体貌特征相似的嫌疑对象时,应尽量避免使其过早发觉警察的接近,在现场环境不能迂回的情况下,从查缉对象的背后,视野的盲点接近查缉对象,突然近身,合理站位,盘查或进而缉捕。警力无优势时及时呼叫增援。

(三)特定专项打击查堵

专项部署主动打击的查堵行动,是公安机关为达到发现和捕获犯罪嫌疑人的目的,以清查、盘查和缉捕战术为手段,在一定时间、空间内展开的主动打击犯罪的活动。专项部署查堵行动可以分成两种:一是专门针对特定的通缉、通报、协查对象,如暴力犯罪嫌疑分子、逃犯等;二是对重点车次,复杂区域进行清查,以发现不特定的犯罪嫌疑人。专项查堵行动要做好准备,注意战术方法。对严重暴力犯罪嫌疑人以区域控制为主,然后进行缉捕;对逃犯以比对发现为主,然后进行缉捕。

1. 做好专项查堵的准备工作。

(1)熟知情报。掌握犯罪嫌疑人和犯罪分子的情报资料,如体貌特征,前科劣迹、作案特征、技能特点、心理特征、行为习惯、防卫意识、防卫手段、防卫武器种类及性能、家庭情况、社会关系情况等;对重点列车和复杂区域的治安状况及不同时期刑事犯罪活动的规律特点等,尽一切可能获取查缉对象的情报资料。

(2)熟悉环境。熟知查堵特定对象所处的地理位置和周围环境、列车到达时间、股道、周围停留车和客流情况等。

(3)明确任务。指挥员及参战警察熟知和掌握查堵的要求、目的、重点和方法等具体任务。

(4)制定方案。在明确任务、现场勘察、了解敌情、地形,综合分析判断的基础上,应立即构思方案,确定行动方法,必要时可以制定两套或几个行动方案,以应对可能变化的敌情。

(5)物质保障。准备好所需的通信设备、交通装备、防护装备、照明工具、武器和其他物资器材。

2. 专项打击查堵战术方法。

(1)针对严重暴力犯罪嫌疑人、在逃人员。

①阵地封锁,防敌逃窜。针对严重暴力犯罪案件,按照防暴预案,迅速设立复式武装卡点,在责任区设立武装巡逻小组,与指挥中心保持及时的联系,不断地获知犯罪情报。封锁车站所有出入口,这种方式有三个目的:一是犯罪嫌疑人如要到站逃跑被发现,警方具备装备的优势,能及时有效处置;二是强大的阵式促使犯罪嫌疑人眼神惊慌,行为反常便于警方发现;三是震慑作用,使嫌疑人不敢轻易从车站逃跑,将犯罪分子控制在一定的区域内。堵截犯罪嫌疑人尤其是严重暴力犯罪嫌疑人,必要时应根据犯罪嫌疑人逃跑的方向和线路,及时将犯罪嫌疑人的体貌特征通知前方车站进行设卡查堵,需要时还可利用最快的交通工具,赶赴犯罪嫌疑人途经的车站进行拦截。

②充分准备,张网以待。针对获知犯罪情报,但尚未进入辖区的特定的查堵对象(尤其是严重暴力犯罪嫌疑人),要提前进入预定地点设伏,张网以待。如在车上有隐蔽接敌的条件,可在有支援警力的前提下,在车上缉捕。如犯罪嫌疑人在客车上持有爆炸装置,绝不可在车上缉捕。在车上无法缉捕的,由查控组负责在客、货车停靠股道两侧布置警力外,还要在进站信号机附近及列车有可能慢行的区段布置警力,防止犯罪嫌疑人跳车逃窜;列车到达后要控制列车两侧的门窗,与列车乘警或乘务人员联系,迅速登车逐节秘密检查,确认犯罪嫌疑人的位置,等犯罪嫌疑人下车后隐蔽接敌,迅速缉捕。卡点组负责在各出站口设复式卡点,进行重点查控。机动组携带必要的装备待命,随时进行增援。如果犯罪嫌疑人持电打火的爆炸装置,可跟踪犯罪嫌疑人,在人员稀少,犯罪嫌疑人不备的情况下再考虑缉捕。

③秘密封锁,伪装袭击。针对已获知犯罪情报但已进入车、站内、候车室、售票处等地的严重暴力犯罪对象,要先采取措施,围控组秘密封锁住车、站出入口,缉捕组伪装身份靠近嫌疑人,突袭抓捕。

④联劳协作,比对卡堵。针对在逃人员的专项斗争,全国铁路公安机关要协同作战,分工明确,有截停、有警戒、有比对。发现在逃人员,缉捕押解。

(2)针对重点车次,复杂区域的清查(见第二节专项清查)。围绕铁路站车犯罪的类别、违法犯罪嫌疑人的个性特征及表现具有一定的规律性,我们在长期的站车查堵实战中,要善于总结查堵正反两方面的经验教训,从战术角度,积极采取有针对性的作战对策,不断提高查堵效率。

【本章小结】

铁路盘查、清查、查堵是铁路公安机关发挥扼守交通线优势,加强阵地控制和站车治安管理的重要措施,也是提高铁路警察查缉能力、追求警务效能最大化的必然选择。铁路盘查、清查、查堵战术的实施必须依法查缉,整合、共享与公共安全相关的资源,在警务实战中达到有效查缉犯罪嫌疑人的目的。

【思考题】

1. 如何在铁路站车环境下进行盘查?

2. 铁路站车清查的基本形式有哪些?

3. 铁路站车查堵战术主要方法有哪些?

第七章　铁路警务战术的信息化应用

【教学重点与难点】

重点：各种信息化资源的综合应用

难点：网络查缉

信息化是当今时代最显著的时代特征。当信息成为战略性资源，信息也逐渐成为各种决策的依据、各项行动的指南以及综合竞争实力的象征。信息的闭塞与偏差，会直接导致决策失误与行动失败。在此种社会环境下，公安工作中的各种信息化平台应需而生，公安信息化建设逐渐成为科技强警的核心和弥补警力不足矛盾的有效措施，深入推进信息化应用亦成为公安基层基础工作水平的重要载体和推进警务机制改革的重要措施。正是认识到信息化是当今世界发展的大趋势，对社会变革起着重要的推动作用，铁路公安机关才把充分利用信息化手段进行铁路警务作战作为有效驾驭铁路沿线动态社会治安局势的客观要求和重要方法。铁路公安机关只有不断增强网络应用水平、提高网上作战能力，才能提升铁路警务战术实施的总体效果。

第一节　信息化发展对铁路警务作战的影响

一、信息化对公安工作的影响

信息化时代，互联网以前所未有的力量推动着经济社会飞速发展的同时，也给公安机关维护国家安全和社会稳定带来了前所未有的挑战。

首先，网络信息化导致公安管理新领域的出现。伴随着网络新技术、新应用的层出不穷，催生了大量带有社会属性的网络群体和网上社区，形成了独特而又与现实相映的虚拟社会。虚拟社会与现实社会互为反映、互相影响，现已逐渐成为公安机关社会管理的重要领域。这个新的管理领域给公安管理带来了诸多管理上的困难：由于网络的隐蔽性，虚拟社会中犯罪嫌疑人的发现更加困难；由于国家有关网络的法律法规尚未健全，造成许多犯罪分子可能仍逍遥法外；由于网络社会具有自组织性且缺少监督性，存在网络管理的不信任；虚拟社会与现实社会的天生差别，造成虚拟社会管理的经验缺乏，形成公共安全管理新挑战。

其次，网络信息化对社会的公共安全管理存在消极影响。作为为继报刊、广播、电视之后的第四媒体,互联网具有高度开放性、共享性、交互性的特点,互联网通过为公众提供发表言论、表达诉求、参与评论的场所,变革性地影响着人们的生活、经济、政治、文化、社会。这种影响有值得肯定和继续传承的积极方面,但也存在需要规避和警惕的消极影响,且对社会稳定产生的作用越来越大。根据2013年7月,中国互联网络信息中心(CNNIC)发布的《中国互联网络发展状况统计报告》,截至2017年6月,我国网民规模达到7.51亿人,互联网普及率为54.3%。截至2017年6月,我国手机网民数量为7.24亿人,占网民的96.3%。通过博客网站、网上即时工具、"点对点"搜索引擎技术,网民具有了更为直接、便捷的表达空间,一些负面言论在网上被聚集、放大、炒作,或被别有用心的人煽动利用,这些极易对社会稳定形成现实危害。另外,境内外敌对势力把互联网作为一种争夺人心和国际社会支持的舆论阵地,不断利用互联网对我国实施分化战略、推行"颜色革命"。现实表明,网络信息化对现实社会造成的冲击和影响是巨大的,公安机关需要切实强化网上与网下两个战场相结合的理念,有效封堵网上有害信息,努力提升对虚拟社会和现实社会的综合管控能,维护我国社会稳定和国家安全。

二、信息化背景下铁路警务作战发展趋势

在信息化背景下,铁路沿线的各种犯罪活动也逐渐呈现出智能化、网络化、跨地区化等特点。作为维护社会治安、保障社会安全的铁路公安机关只有采用更高级的技术和手段,才能有效打击、预防犯罪。信息化给铁路警务作战提出了新要求,信息化背景下铁路警务作战发展出现了新趋势。

(一)交流、协作性更强

省、市、县三级刑侦、技侦、网安、刑事技术、情报五个部门之间要实现同步追逃,必须建立联络机制,不断强化日常信息交流,保证日常追逃工作实现无缝链接,确保各项追逃工作措施能在第一时间落实到位,真正发挥五部门查缉的整体合力。

(二)专业性将更强

对重大恶性案件逃犯以及疑难案件逃犯等一些需要继续开展专门的网上查缉工作,需要更加充分地利用信息、网络等专门技术,借助于互联网、铁路信息系统平台以及公安信息系统平台等信息化手段完成,必要时还须成立专门的网上查缉组。

(三)技术性将更强

技术导侦、精准追逃是科技引领警务在查缉工作中的体现。以网技、警令情报信息中心和入口与出入境管理人像比对等为主要技术支撑,采取公秘结合方式,分析案情、研判比对,积极创造条件,核实符合技术追逃条件的逃犯,开展有目的的网络查缉,结合网监部门的技术,以期达到最大限度地发挥技术查缉追逃功效。

(四)网络查缉须走群众路线

虚拟社会管理工作必然深化的同时,网络查缉必然对群众的依赖性将更强。将群众路线贯彻到网络上,查缉工作中密切联系网站、网站论坛版主、室主、IDC、各联网单位,充分借助其虚拟社会管理能力,调动、发挥其作用。

第二节　铁路警务作战信息化资源的构成

在经济全球化、社会信息化、治安动态化的发展趋势下,仅仅依靠公安传统手段已经不

能适应现实斗争的需求。利用现代科技手段特别是信息科技手段，最大限度地利用各种信息化资源，推进打防控一体化建设，成为铁路公安机关驾驭铁路沿线动态社会治安局势的客观要求和加强、创新铁路沿线社会管理的重要内容，也成为提高核心战斗力、追求警务效能最大化的必然选择。目前，铁路警务作战信息化资源的构成主要包含以下几个方面：

一、金盾工程

为适应我国在现代经济和社会条件下实现动态管理和打击犯罪的需要，实现“科技强警”，增强公安系统统一指挥、快速反应、协调作战、打击犯罪的能力，提高公安工作效率和侦察破案水平，公安部于1998年提出建设“金盾工程”。

公安部在《金盾工程总体设计方案》中明确指出，金盾工程的目的是：“落实‘科技强警’战略决策，在现有的公安工作信息化基础设施和装备的基础上，充分利用先进的技术手段，建成和不断完善全国公安通信网络和全国公安信息系统，推动公安各业务系统的应用，与全国信息化发展水平相适应，实现以全国犯罪信息中心为核心，以各项公安业务为基础，以‘数字化警察’为目标的信息共享和综合利用。为公安机关打击犯罪、维护社会治安、提高办公效率和执法能力，以及为社会提供信息服务提供强有力的支持，建成面向21世纪的全国公安工作信息化基本体系结构。”金盾工程的总体目标是建立信息共享、统一指挥、快速反应、协同作战的机制，实现不同警种、部门、地区的信息高度整合与系统高度集成与协同。基于这一目标，“金盾”工程包含了公安基础通信设施和网络平台建设、公安计算机应用系统建设、公安工作信息化标准和规范体系建设、公安网络和信息安全保障系统建设、公安工作信息化运行管理体系建设、全国公共信息网络安全监控中心建设等。目前，“金盾”工程基本完成，除了完成包括有线通信、移动/无线通信、卫星通信；网络平台建设主要包括电话专网、计算机专网、电视会议系统在内的基础通信设施和网络平台建设，还建成了以下主要应用系统。

（一）公安快速查询综合信息系统（CCIC）和城市公安综合信息系统

CCIC主要包括在逃人员信息系统、失踪及不明身份人员（尸体）信息系统、通缉通报信息系统、被盗抢、丢失机动车（船）信息系统等。城市公安综合信息系统建设是以城市公安信息中心为核心，以城市三级综合通信网为基础，建立与公安业务紧密结合的网络化综合信息系统和相互关联的业务信息数据库，实现信息的综合采集、管理和利用，实现对实战部门全面、快速、准确的信息支持，提高公安机关的工作效率、管理水平和科学决策能力。

（二）公安业务系统

公安业务系统包括以下几方面：治安管理信息系统，主要包括常住人口和流动人口管理信息系统；刑事案件信息系统，主要包括违法犯罪人员信息系统、涉案物品管理系统、指纹自动识别系统；出入境管理信息系统，主要包括证件签发管理信息、出入境人员管理信息系统；监管人员信息系统，主要包括看守所在押人员信息系统、拘役所服刑人员信息系统、行政（治安）拘留人员信息系统、收容教育人员信息系统、强制戒毒人员信息系统；交通管理信息系统，主要包括进口机动车辆信息系统、机动车辆管理信息系统、驾驶员管理信息系统、道路交通违章信息系统、道路交通事故信息系统；禁毒信息系统；办公管理信息系统。

（三）全国公安电视会议系统

建立全国公安电视会议系统，提高完善现有的移动通信指挥系统；逐步普及移动终端。此外，信息的技术标准与规范体系建设、安全保障体系建设（包括计算机网络安全设计和公安综合信息系统安全设计等)、运行管理体系建设(包括运行机制、管理模式、技术系统、设备组成、人才培养和规章制度等,以确保发挥公安信息系统的效益)等都基本完成。金盾工程各个应用系统分为四种开放级别,面向社会、面向公安系统、面向本业务系统、面向特定对象。用户访问方法主要有:计算机联网实时访问、计算机联网非实时查询、无线移动终端查询、人工查询。

二、公安信息系统综合应用平台

公安信息是指公安机关在维护社会治安稳定、打击违法犯罪、服务群众等公安工作中,收集、整理、加工、传递和利用的一切信息的总合。公安信息数据量大,种类非常多,按照信息要素可以分为人员、物品、组织、地址、案事件五大类,按照警务工作的业务性质又可以分为户政管理类、治安管理类、刑侦管理类、交通管理类、涉外管理类和监管类。

针对不同的公安信息管理与应用需求,产生了"全国人口信息库""全国在逃人员信息库""全国违法犯罪犯罪人员信息库"等公安信息资源库应用系统以及各地具备自身特色的一些地方性公安信息系统,形成了公安信息系统应用平台。

在警务实战中,综合应用各类公安信息系统进行查缉,能够不受时间、空间限制,辐射范围非常广。无论犯罪嫌疑人或犯罪分子在哪里,只要有任何与其个人电子信息有关的东西出现,都可以通过进行网上查缉。这些有效的公安信息资源共享让公安机关掌握犯罪分子活动的动态和静态,随时实现网上网下联合查缉,达到查缉效果的最优化。

通过公安信息平台,各警种、各地区能最大限度地进行信息共享和交换,实现科技强警战略,是当前铁路警务作战有效的重要方法。

三、互联网及铁路特色信息系统应用平台

(一)铁路信息系统

铁路警务作战的信息化,作为公安信息化的重要部分,必须以技术和理念为核心,整合、共享与公共安全相关的所有数据,在公安工作中有效加以利用,真正做到科技强警,达到增强公安各个部门的实战能力的目标。铁路信息系统是铁路公安机关需要整合数据的重要组成部分。

铁路信息系统是覆盖全国铁路的信息系统,是铁路信息化的核心系统。其包含三大应用领域:运输组织、客货营销、经营管理。其中,运输组织领域的信息系统主要服务于铁路运输的调度指挥、生产作业部门和人员,以提高运输生产效率和保障运输安全为目标,涵盖运输生产的各个主要环节;客货营销领域的信息系统主要服务于铁路市场营销人员和旅客、货主,以提高铁路运输市场竞争能力、增运增收为目标,向旅客和货主提供优质服务;经营管理领域的信息系统主要服务于运力资源、经营资源管理与运营决策支持的部门和人员,以保障铁路运输的运力资源的优化配置和降低运输成本为目标,提高铁路运输收益。

铁路信息化公共基础平台,则为上述业务应用层的各系统提供公用的基础环境,是能够适应铁路各类信息系统公用基础数据需求的一个通用平台,提供国际、国家和行业信息化标准与规范,提供统一的公用基础编码、铁路空间信息、业务基础字典和标准的时钟源等公用共享信息,实行统一的管理、维护与更新服务,以保持各系统基础信息的一致性,减少管理、维护、更新的工作量,是信息资源共享的必要条件。这些铁路信息系统中包含着公安工作需要的一些必要信息,可以从两个方面加以利用,一是要对铁路信息系统中的各种信息、线索

进行整理后,作为基础数据充实、更新公安信息数据库;二是要对有违法犯罪嫌疑的人、物、事及时落地查实。将铁路行业相关的信息转化为公共安全所需要的标准化、动态化的电子信息,加强与铁路部门的合作,借助其对铁路行业的管理权,全面采集旅客、购票、相关重点人员以及经营活动中的人、事、物等信息,积极为铁路警务作战的信息研判、控赃、侦查破案及追逃服务。

当前,铁路公安机关利用信息系统进行铁路警务作战初见成效,自 2012 年 1 月 1 日火车票实名制系统应用后,利用实行实名制售票的有利条件,发挥扼守铁路交通线的优势,以站车为主战场,通过严密站车查缉措施,重点加大实名制购票、验票、退票等环节的监督检查力度,对发现的线索做到比对、传递、抓捕三个环节快速反应,无缝链接,建立了"稳、准、快"的查缉追逃机制,编织了一张犯罪分子难以逾越的站车缉逃网络,及时查堵了一批在逃人员,其中包括了一些杀人、抢劫等恶性暴力犯罪案件在逃人员。

(二)互联网平台

目前,我国电子商务保持快速发展,市场竞争的进一步加大,使得越来越多的企业投身电子商务。近十年来由于网络技术的发展与电子商务平台的不断完善,越来越多的企业上线网络商城系统,根据调查显示,目前超过 80% 的人有网上购物的经历,超过 50% 的人会经常在网上商城购物。这些都导致互联网上的相关的信息量剧增。这种情况下,互联网平台也成为铁路警务作战可利用的网络资源和信息化手段之一。

在网络社会中,虚拟与现实交互存在。用户的网络身份或名称可能是虚拟的,但其网络言论以及在网络上的行动痕迹是真实的,因此,只要根据具体情况查明网络信息的真实性和虚拟性身份的现实对照,某些情况下通过互联网手段也可对铁路警务作战起到重要的作用。

利用互联网协助查缉主要有两条途径。一是使用互联搜索引擎的搜索功能协助调查;二是利用 QQ 等即时通信软件、网络社交平台、论坛、微博、微信等互联网公用平台,来协助查缉工作。另外,查缉人员也可以利用各种互联网平台在实时查询的过程中进行分析、交流。

第三节　铁路信息化条件下警务作战方法

面对社会发展的必然趋势,我们必须要熟悉铁路信息、社会信息、公安基础信息等各类信息系统,尽可能利用这些资源形成有价值的情报,为决策提供依据,为铁路警务作战提供线索。在实际工作中主要有十种基本战法。

一、敏感信息关联法

敏感信息关联就是通过对与被查缉堵截人员有关人员进行综合信息查询定位,实现"顺藤摸瓜"的效果。可以通过身份证号、手机号、固定电话、QQ 号、微信等敏感、私密信息查找与被查缉堵截人员同一户口的家庭成员信息;居住同一地址人员信息;同在一个旅店(房间)住宿人员信息;同步购买车、机、船票,旅行方向相同人员信息;同一车厢(机、船)相邻人员信息;被查缉堵截人员同案犯信息等重要关系人员信息,通过敏感信息关联,找到查缉堵截人员的准确信息和行动轨迹。

二、人员物品关联法

人员物品关联就是通过被查缉堵截人所持有、使用的物品进行有效关联，从而达到"以物找人"。例如，通过查找被查缉堵截人手机、固定电话、车辆品牌、号牌、驾驶证等信息查找被查缉堵截人员；也可通过车辆、号牌、手机、固话查找人员，进而研判物品所有人的信息。

三、人员地点关联法

人员地点关联就是通过被查缉堵截人及关系人居住、工作、经商、就医、就学以及社会信息登记等相关信息进行有效关联。例如，通过物业、门牌号查找全楼、全小区住户及人员信息；通过单位、公司查找员工信息；通过民政、医院查找婚姻登记、就医人员信息；通过学校、幼儿园查找家长信息等。

四、模糊筛查法

模糊筛查就是对模糊、残缺不全的信息进行清晰化、完整化处理，再经过个案研判和综合分析，逐步缩小查缉范围，实现精确抓捕。例如，只知道被查缉堵截人员的姓名及居住的省、市，先进行批量模糊查询，确立被查缉堵截人员所在市所有同名（同音）人员，通过年龄、性别、社会身份等信息进行甄别，然后通过网吧、实名售票、住宿等信息进行核实，再通过购车、违章、银行开户等信息查找手机号，最后进行确认。

五、人案关联法

人案关联就是将被查缉堵截人员涉案情况输入案件信息系统进行比对，找出同类案件涉案人员作为重点，将其导入警务综合系统和情报信息系统，对其乘车、住宿、网吧等信息进行批量比对，再与站、车发案信息碰撞，这样可以缩小侦查范围，快速锁定被查缉堵截人员。

六、电子轨迹研判法

电子轨迹研判就是对被查缉堵截人员使用电子产品所留的轨迹。例如，到银行办理业务，会留下刷卡时间、地点、交易种类等银行日志，对其日志进行监控，就可以研判其动向和所处的大致位置。

七、车辆轨迹跟踪法

车辆轨迹跟踪是指通过高速公路、一般道路卡口、城市"天网工程"、企事业单位及个人监控设备对嫌疑车辆进行跟踪监控，如果被查缉堵截对象驾车逃窜，可通过调取监控录像或高速公路收费口地磅对涉案车型、车牌、载重及运动轨迹进行监控，从而实现"以车找人"。

八、路内拓展法

路内拓展就是利用铁路公安机关情报信息系统、违法犯罪人员信息系统、站车刑嫌系统、案件信息系统、路外伤勘查系统等收集全路案件线索、违法人员等关联信息。比如，通过铁路路外伤亡人员的身份调查，判断其是否为犯罪后自杀行为。如被查缉堵截人员有违法犯罪前科，可通过调阅卷宗、访问办案人、当事人分析被查缉堵截人员作案规律、作案手段、活动区域、生活习惯、联系方式及密切接触人员情况，从而有针对性地制定抓捕方案。

九、路地结合法

路地结合就是将铁路行车系统(DIMS 系统)、实名售票系统、客货盗研判(监控)系统、违法犯罪人员管理系统等铁路公安机关掌握和使用的网上作战平台与地方公安机关的警务综合系统和情报信息系统有机结合,无缝对接,开展综合性、立体式查询。比如,通过货盗监控系统及时发现扒乘外逃人员;通过实名售票系统和住宿平台、网吧系统可以掌握被查缉堵截人员乘车和住宿、停留情况,能够减少盲目出击,节省人力物力,快速锁定目标。

十、网上缉逃法

网上缉逃就是通过公安网、互联网及其他社会信息网对上网逃犯开展综合查缉的过程和方法。被查缉堵截人员系上网逃犯的,可能根据全国在逃人员信息系统确定其身份信息,然后通过互联网上的人人网、校内网、朋友网、实名验证的婚恋网站及 QQ、微信、陌陌等交友平台,开展海量搜索,确定逃犯的信息与互联网上的身份信息同一后,通过逃犯在互联网留下的 QQ 号、手机号等联系方式建立网友关系,然后通过网络聊天掌握其行踪,择机抓捕。

总而言之,就是充分利用各类网络信息资源,实现从案到人或从人到案的全过程。

第四节　充分利用信息化技术提高铁路警务作战能力

一、信息技术发展对铁路警务作战的负面作用

信息化技术的发展不断变革警务模式的同时,对铁路警务工作的主体、客体、警务技能以及警务文化都产生了深刻的影响,这种影响同样遵循科学技术社会化的一般规律,具有"双刃剑"的性质,一方面提高了警务效能,另一方面又具有相当的负面效应。

信息技术的发展对铁路警务作战的负面影响主要体现在三个方面。其一,对信息技术过度依赖会使警察现场查缉能力蜕化、弱化;其二,各类信息资料数据库可能激发违法犯罪分子智能对抗的兴趣,激起他们攻击破坏的欲望,信息安全受到严重威胁;其三,虚假身份、虚假信息和冒用他人身份实施违法犯罪活动有可能增多。例如,犯罪分子只需突破信息技术或者网络技术的任何一个节点就有可能导致整个铁路信息系统失灵,给铁路运营或者铁路周边安全带来意想不到的危害。

二、深入推进信息化应用,提高铁路铁路警务作战能力

经济社会的快速发展过程中,社会的人、财、物出现了更频繁的大流动,犯罪的动态化、智能化特征随之日趋明显,职业犯罪、高科技犯罪不断增多,从而导致当前社会风险加大,打击、遏制和预防犯罪的任务空前加重,警力不足的矛盾日益突出。面对这种新形势,铁路公安基层基础工作的内容、形式、方法、手段、机制必须进行改变。

面对动态环境下铁路沿线社会治安,利用信息资源、信息网络,将全国公安系统连成信息共享、快速反应、先发制人、有的放矢的一个行动整体,形成"打、防、控"为一体的铁路警务作战整体方案成为必须。为了进一步提高铁路公安基层基础工作水平,有效加强对社会治安的控制,必须采取信息化的手段,紧紧围绕人地物事、吃住行消等人的基本活动轨迹,掌握人的基本情况信息,做到底数清、情况明,掌握得了、控制得住。

充分利用信息化技术提高铁路警务作战能力是信息化时代对铁路警察的要求,达到这一要求需要从“技术、理念、增效”几个方面充分把握网络信息化,培养铁路警察的信息化意识和技能,使其在警务作战中具备一定的网络作战思路,能够及时、全面、综合运用所掌握的信息技能分析各种网络资源,全面获得案件、事件相关线索,为铁路警务作战提供服务,最终预防信息技术发展给公安工作带来的负面效应,真正做到“魔高一尺,道高一丈”。

【本章小结】

当今网络社会中,信息化应用促成了警务作战新模式——信息化警务。信息化查缉手段也成为铁路警务作战重要方式之一,对提高战斗力、追求警务效能最大化起到了重要的作用。铁路警务作战信息化的实施必须以技术和理念为核心,充分整合、共享与公共安全相关的所有数据,在铁路警务作战实战中加以有效利用,从而在推进警务工作信息化应用的同时,实现科技强警、提高实战能力的目标。

【思考题】

1. 铁路警务作战信息化的目的是什么?
2. 信息化背景下铁路警务作战的发展趋势怎样?
3. 铁路警务作战可利用的信息化资源有哪些?

第八章　铁路常规缉捕战术

【教学重点与难点】

重点：铁路缉捕战术的组织与实施

难点：铁路暗夜缉捕战术的实施策略和方法

铁路缉捕工作是铁路公安机关控制抓捕犯罪嫌疑人的一项重要活动，是对峙双方武力和智慧的较量，认真研究缉捕战术的形势和缉捕谋略、方法，明确缉捕的任务和特点，认真对待每一次具体缉捕行动，运用缉捕战术有效缉捕犯罪分子或犯罪嫌疑人，预防和减少铁路警察在缉捕实战中的伤亡，对于提高铁路警察处置铁路突发事件的能力和缉捕作战水平具有重要的现实意义。

第一节　铁路缉捕战术概述

一、缉捕的概念

缉捕是指捉拿、捕获，泛指铁路警察对各种犯罪分子或犯罪嫌疑人的武装捕获的行为。要正确处理缉捕战术及缉捕谋略之间的关系，学会古今中外的用兵之道，计源于势，谋出于情，一切谋略都产生于知己知彼，做到心中有数，数中有术，阴阳变换，机在其中，作为一名优秀的铁路警察，应具备这样的素质，才能在缉捕战术的运用上达到既定目标，争取使每次的缉捕犯罪分子或犯罪嫌疑人的行动都能成功。

二、铁路缉捕战术的特点

（一）谋略性较高

战术都具有谋略性，如没有做到谋略的周密，或是谋略在一定程度上存在欠缺，对于缉捕行动所要完成的任务就很难保证其顺利进行，甚至有可能导致整个缉捕行动的失败。面对犯罪分子作案方法与形式的变化，谋略也要因时而变，做到灵活运用、严格周密，缉捕行动的顺利完成才有可靠的保证。

（二）危险性较大

缉捕行动是一项危险性很大的工作，必须要与缉捕对象经过正面的斗争才能完成，缉捕对象为了自己的生存，会采取本能的顽抗和拒捕。作为参加缉捕行动的警察,为了抓捕犯罪嫌疑人,在激烈的缉捕行动中经常会出现各种危险,尤其是铁路警察在铁路站车内抓捕犯罪嫌疑人时,周围有大量旅客,为了保障旅客的生命和财产安全,警察要挺身而上,也常常不可避免地有所伤亡,可见缉捕行动的危险性是相当大的。

(三)站车内环境人员众多、流动性大

铁路站车相通,人员流动性大,犯罪嫌疑人可随时上下车逃逸,给警察的缉捕行动带来了很大困难,增加了缉捕行动的复杂性。由于列车在行驶途中,缉捕行动的敌我形势处于不断变化之中,这就要求铁路警察在诸多缉捕战术中优中选优、随机应变,提高缉捕的效率。

(四)缉捕空间相对狭小

空间是犯罪行为发生和存在的必要条件。铁路站车是铁路运输生产的不同空间环境,也是不同的铁路功能区,尤其是对旅客列车开展缉捕行动,由于列车车厢空间狭小,人员密度较大而且容易伤及无辜,警察在实施缉捕战术时应充分考虑到狭小空间里的警力部署,缉捕的方式,确保缉捕行动的成功。

(五)缉捕行动的严格保密性

对于铁路站车的缉捕行动,要成功地完成缉捕任务,行动一定要保密,在缉捕行动中,侦察情报、行动计划、行动时间及方案等均属保密的范畴,如缉捕行动的消息被泄露,会增大缉捕难度,导致缉捕行动失败或人员伤亡。

三、铁路缉捕战术的原则

(一)周密组织、统一指挥

严密组织是整个铁路缉捕行动中组织分工与警力部署的基本原则,要建立缉捕临战指挥系统,周密部署警力,明确警察的职责与分工,要根据不同的案件性质、规模、缉捕对象的情况及处置任务确定警力的部署,整个行动应统一,服从指挥员的命令。

(二)快速反应、决策果断

铁路缉捕处置的案件大部分具有突发性、流动性、变化快等特点,需要提高缉捕战机的快速反应能力,尤其是在重大暴力犯罪案件、涉枪涉爆案件以及在武力对抗的情况下,提高参战铁路警察快速反应能力,就能以较小的代价缉捕犯罪嫌疑人,获得缉捕战术的胜利。作为指挥员和参战警察要做到果断决策,不能优柔寡断,时机稍纵即逝,只有拥有果敢决策作风,才能抓住有利战机,达到以最少代价取得胜利的目的。

(三)因案施策、活用战法

大量的铁路缉捕战例表明,任何一次缉捕战术的成功,都充满着指挥员在缉捕战术运用上的灵活性和创造性;任何一次的缉捕战术失败,也都会留下指挥员在缉捕战法运用上呆板性印迹,可见因案施策,活用战法是高超指挥艺术的集中表现。战术运用时,要针对不同的缉捕目标,应根据其情况和特点,采用针对性的缉捕战术方法。对不同性质或状态下的缉捕目标,应根据其犯罪性质或所处状态有区别的采用相应的缉捕战术。

(四)量敌用兵、协同作战

根据案件的实际情况,适度的调集和使用警力,知己知彼,因案施策,留有余地,做好保障,掌握了量敌用兵原则,就能掌握缉捕行动的主动权,能够在缉捕活动中发挥积极性与创造性,从而取得缉捕的胜利。对于重大犯罪案件,单靠一个地区、一个部门的人力、财力、物力是难以完成的,各警种、各部门团结协作、相互配合、共同作战,实现整体缉捕作战的最大效益。

(五)集中优势、确保安全

在铁路缉捕行动中,要发挥参战警察的特长,善于调动优势警力,采用先进的武器装备等资源,巧妙部署和实施缉捕作战方案。确保安全是指首先要考虑到旅客群众的安全和利益和保护缉捕警察的自身安全,不能硬拼蛮干。

四、铁路缉捕战术的任务

铁路缉捕行动的任务就是指及时抓捕、捕获犯罪分子或犯罪嫌疑人,有效打击各种危害铁路站车安全的犯罪行为。缉捕行动的对象是千变万化的,所以缉捕行动必须要随所要缉捕对象的变化而变化。如果缉捕行动的对象变了,缉捕行动方案也要随之而变,缉捕是斗智斗勇的执法活动,具有强烈的对抗性,参加缉捕行动的警察处在现实的实战中,其危险性可想而知,如果没有高度的谋略意识和训练有素的缉捕战术是难以完成任务的。

(一)要有可靠的情报

获取有价值的情报信息,进行分析研判,警察的缉捕行动才能得以实施,如没有准确、及时、可靠的情报,对于警方实施缉捕行动将是极其不利的,轻者会增加缉捕难度,重者会打草惊蛇,使缉捕行动失败。当今社会交通便利,信息发达,要想成功缉捕犯罪分子,要广泛发动群众,掌握犯罪分子的活动的动向。

(二)要有准确的人物画像

缉捕犯罪分子或犯罪嫌疑人,先要搞清犯罪分子的长相,有一个较为准确的人物画像,才能确定一个较准确的缉捕行动方案。

第二节　铁路常规缉捕战术

一、铁路缉捕战术组织

缉捕犯罪嫌疑人是公安机关的一项重要的任务,在当前形式下,犯罪嫌疑人在逃跑后,衣食住行等条件较为方便,赖以生存的空间也随之扩大了许多,面对犯罪活动形式的不断灵活,缉捕打击犯罪嫌疑人的方法也要不断的更新,不断地总结经验与不足,从而提高缉捕能力。

(一)进行秘密侦察

通过调查,要在犯罪嫌疑人经常出入、活动或者易于藏身的地方建立特情、线人及工作关系,进行多点布控。掌握犯罪嫌疑人的生活规律、活动场所、藏身及犯罪窝点等具体情况后,要精心布控、组织优势警力进行缉捕。

(二)动员亲友群众

对于犯罪嫌疑人的亲友,要根据具体情况从多方面做工作。同时,要积极的动员广大群众,从而广泛的获取犯罪嫌疑人的作案线索,有利于尽快缉捕犯罪嫌疑人。因为犯罪嫌疑人外逃后,其亲友往往知道或者了解犯罪嫌疑人的去向和下落,对其亲友要耐心地从法律角度、思想工作等方面做工作,目的是使其配合公安机关的工作,以利于掌握犯罪嫌疑人的作案线索或者劝犯罪嫌疑人投案自首。

(三)巡逻清查

对于铁路警察执法范围内发现的违法刑事案件,要做好各部门的配合联防行动,各铁路治安检查点要密切配合,在各个路口进行设卡围追。特别是在巡逻清查的时候,要认真核对犯罪嫌疑人的协查通报、通缉令及在逃人员名单进行比对;同时注意收集各种有用的线索,必要时要扩大搜索范围;要充分运用和发挥通缉令和协查通报的作用,在犯罪嫌疑人外逃时,可利用传播媒体和广泛张贴公布等手段进行公开通缉。

(四)主动出击

面对犯罪活动形式的不断变化,对于有利的缉捕机会,一定要果断判断、主动出击,否则一旦失去机会,对接下来的缉捕行动将有可能带来更大的难度。对于已发现和确实掌握的犯罪嫌疑人的线索,要及时组织优势警力进行缉捕行动。

二、铁路缉捕战术形式

铁路的缉捕行动是一种情况复杂、危险、多变的行动。要在战略上藐视犯罪分子,在战术上高度重视犯罪分子。将什么样的战术方法和战术形式运用到缉捕行动中,要根据案件情况、现场环境及缉捕对象的情况去决策,做到认真分析,研究案情,做好周密的缉捕方案。缉捕战术形式主要有以下几种:

(一)袭击战术

袭击战术是在对缉捕对象无防备意识的情况下突然对其实施抓捕的缉捕战术形式,是铁路警察缉捕的主要战法之一。袭击战术具有主动、灵活、快速、突然等特点,既可用于对固定缉捕目标的抓捕,也可用于活动缉捕目标的抓捕。

1. 袭击方法的主动性。缉捕行动开始前,已从多方面对犯罪嫌疑人的情况有所掌握和了解,从而具有一定的先知优势。这些优势不但可以使铁路警察根据缉捕作战意图进行隐蔽和周密的准备,而且能够根据缉捕对象所处的环境、条件等因素,选择不同的缉捕作战方法,从而具有一定的主动性和灵活性。

2. 缉捕对象的情报与位置的确定性。缉捕对象情况清楚、方位确定是铁路警察实施缉捕的基础条件。所以铁路警察在掌握缉捕目标的人数、违法犯罪事实等情况的基础上,了解和确定缉捕对象体貌特征和具体位置是至关重要的。

3. 缉捕的突然性和隐蔽性。铁路警察到达最佳的抓捕位置,应抓住机会,在缉捕对象毫无准备之时突然发起攻击,快速将其制伏。不动声色、隐蔽接近缉捕对象是实现缉捕成功的关键环节。

(二)诱捕战术

诱捕行动就是在不方便抓捕或不能直接进行抓捕的情况下,设计种种圈套让犯罪嫌疑人中计上当而达到警方目的的行动。特别是在缉捕凶恶的亡命之徒时,为了避免惊动缉捕对象,在侦察的时候,要巧妙设计,诱敌深入,根据犯罪嫌疑人外逃后的生活来源情况投其所好,引诱犯罪嫌疑人进入警察控制范围。在采取诱捕战术时,警察一定要对犯罪嫌疑人施加心理影响,使其心神不定,减弱对警察行为的敏感,从而提高诱捕成功率。不过,在具体实施诱捕行动时,铁路警察应该清楚地认识到诱捕是一个谋略性、灵活性、现场应变很强的缉捕行动,行动的成功与否,关键在于设置的诱捕方式是否合理,抓捕行动是否得当。

(三)搜捕战术

搜捕战术是缉捕战术形式中所采用的一种常见的缉捕方法,是在搜捕行动中缉捕犯罪嫌疑人。搜捕战术行动在整个战术行动中也是强度和要求最高的,尤其是在无精准目标的范围搜索情况下,在搜捕时要求细致、认真,不放过每个疑点。

采用多种搜捕形式,要因地制宜、因时而变,做到灵活搜捕。同时,因为犯罪嫌疑人在暗处,警察行动在明处,所以搜捕行动中一定要时刻保持高度警惕性,预防人员伤亡。

(四)围追堵截战术

围追堵截是铁路警察对在逃的犯罪嫌疑人行动范围进行制约和控制,采取设卡拦截的一种战术行动。围追与堵截二者在实战中经常用到,是缉捕犯罪嫌疑人所采用的经常性措施。所以要运用好缉捕战术形式,真正做好围追堵截并非易事,要求警察要有灵活过硬的作战本领,还要求有很强的分析综合能力,在具体的围追堵截战术的实施步骤中,首先要制定好周密的预案,建立快速反应的机制;其次要做好组织的分工、警力的分工,做到分工明确,只有这样围捕行动才会有保证,但在围追堵截战术实施的同时,要及时掌握各种情况,做到心中有数,强化自我防卫意识,借助各种有利地形进行成功缉捕。

三、铁路缉捕战术实施

缉捕战术的实施就是铁路警察抓捕犯罪嫌疑人的过程,缉捕战术实施的成功与否,取决于缉捕战术实施步骤的严密性。

(一)缉捕战术的实施步骤

1. 要掌握各种情况。警察在抓捕犯罪嫌疑人时,首先,要摸清所要缉捕的犯罪嫌疑人的人数,具体的身体特征,以及犯罪嫌疑人的心理活动情况及随身携带的具体物品等,不打无准备之仗。其次,要进一步摸清所要缉捕犯罪嫌疑人具体藏匿地点及周边的具体情况。根据这些具体情况认真分析和研究,从而选定周密详备的缉捕行动方案。

2. 要做好警力组织和合理分工。选择缉捕警力规模的大小要根据所要缉捕犯罪嫌疑人规模的大小,犯罪嫌疑人所处地形、环境及实时因素等情况做到灵活决定,做到心中有数,合理优化警力,展开缉捕行动。

(二)铁路缉捕战术应用

铁路缉捕行动是铁路警察在铁路范围进行勤务活动中,控制和抓捕犯罪嫌疑人的作战方法。熟练掌握铁路环境下的缉捕战术,对于有效打击铁路上的各种犯罪活动,维护铁路站车治安秩序,保护铁路运输生产和旅客生命财产安全,具有非常重要的作用。铁路站车属公共场所,环境复杂,人员流动性大,车辆往来频繁,如没有经过精心策划和严密组织,极易导致人群围观失控或缉捕对象混入人群逃匿。公共场所缉捕行动在很多方面受到制约,如铁路警察在缉捕行动中,对武器的使用会受到客观因素的影响,从而直接影响缉捕行动的成败。为了有效缉捕犯罪嫌疑人,缉捕人员应先了解缉捕现场包括铁路站车、站台、列车、站前广场、车站票房等区域可能作案和逃逸的方向,根据情况分析、判断,制定缉捕战术方案。

当缉捕对象处于火车站广场、候车大厅、站台、车站商场、饭店或其他公共场所时可采用化装贴靠的方法,隐蔽的形成合围态势。在铁路站车缉捕实施过程中,行动距中心现场的包围圈是越近越好,通常采用夹击抓捕的方法,缉捕人员以伪装的身份分别处于缉捕对象的前后位置,由前方缉捕人员转身作为缉捕行动的信号,近距离实施前后夹击的战术,并安排警力对现场实施警戒,将缉捕对象抓获后应立即带离现场,防止人群围观或者出现意外。

1. 对火车站区域的缉捕战术。在实施缉捕行动前,铁路警察应首先选定现场指挥组的位置,通常应选择在可通关火车站、站前广场及附近建筑物较高的位置,以便于指挥和合理部署警力,在缉捕犯罪嫌疑人隐藏地点不明确的情况下,由火车站、站前广场外四周,向火车站等建筑物区域内形成布控(见图 8－1)。在实施包围的基础上,应重点把守通道、门口,控制窗口、各火车站站台或火车站台的两端,进入楼房、候车区内交替掩护,逐间逐层搜索随时做好缉捕犯罪嫌疑人的准备,尤其应注意对洗手间、楼梯、天桥等死角部位的搜索,如已经查明犯罪嫌疑人在候车室内或售票房内,应迅速兵分两路,一路迅速控制楼顶,由楼顶向下搜索;另一路封住出入口,同时组成战斗警组,进入楼内,由楼下向上搜索。形成上下夹击之势,或一路从里向外,一路从外向里搜索,在火车站台上搜索,应同时控制住站台两端的出入口,从一端向另一端,或两端同时向里搜索,并严防犯罪嫌疑人横穿铁轨逃匿。火车站候车室、售票房属公共场所,人员流动大,实施缉捕必须分工协同作战。

图 8－1

2. 对火车站内的缉捕方法。当缉捕对象处于火车站内的候车大厅、站台时可采用化装贴靠的方法,隐蔽的形成合围态势,在铁路车内缉捕实施过程中,行动距中心现场的包围圈是越近越好,通常采用夹击抓捕的方法,缉捕人员以伪装的身份分别处于缉捕对象的前后位置,由前方缉捕人员转身作为缉捕行动的信号,近距离实施前后夹击的战术,并安排警力对现场实施警戒,将缉捕对象抓获后应立即带离现场,防止旅客和群众围观或者出现意外。

3. 对旅客列车上的缉捕战术。警察缉捕旅客列车的犯罪嫌疑人时,应分组包抄、接近缉捕对象的所处位置,在车厢两端通道布置警力严加控制,然后相机缉捕,参与抓捕的铁路警察要分工明确相互配合。可以列车乘务人员检查车票或车厢售货员推销书刊、报、商品等名义接近缉捕对象实施抓捕。如犯罪分子已发现警察的缉捕行动或拒捕时,对缉捕乘坐在车厢的犯罪分子可采用交替掩护推进式缉捕方法,即一名警察迅速移动至车厢内左侧位置,另一名警察迅速移动至车厢内右侧位置,相互掩护,交替向前搜寻缉捕,边搜索边推进。在缉捕乘坐卧铺车厢的犯罪分子时可采取一名警察先斜冲进卧厢组第一组隔内,另一名警察采取交替掩护,递次波浪推进式的缉捕战术方式,一旦发现缉捕目标,隐蔽前进包抄缉捕。由于旅客列车通道狭窄、空间小、人员较多,采取缉捕行动时,对一般犯罪分子可采取以擒拿法为主,利用座位靠背、茶几、扶手等环境条件控制身体重心,成功抓捕犯罪分子(如图 8－2)。

(三)对峙情况下的缉捕战术

对峙是指被缉捕的犯罪嫌疑人已处在警察的包围和控制之中,并已发现警察的意图,凭借铁路站车的地形地物或手中持有的武器、凶器及人质条件,从而迫使铁路警察无法实施抓捕的相持局面,在双方对峙的情况下,常采用的方法有:攻心战术、欲擒故纵战术、强攻战术。

1. 攻心战术。攻心战术是铁路警察运用劝说、谈判等语言对话的方式或辅以其他方法,了解和掌握缉捕对象的动态和意图,缓解缉捕对象的紧张心理,利用法律和政策给其分析目前的形势和状态,消磨和瓦解其意志使缉捕对象放弃对抗主动投降的一种战术。在双方对

图 8 – 2

峙的情况下,参与缉捕的铁路警察首先应采取攻心战术,在实施攻心战术时与缉捕对象对话的铁路警察,首先明确自己代表公安机关与其对话,使用的语言、语气应晓之以理,讲明利害,让缉捕对象感到警察规劝是为自己着想。同时通过对话使缉捕对象感到震慑,即使攻心战术没有达到效果,铁路警察也可利用这段时间了解情况,部署力量,为等待警力的支援和围控赢得时间。对于缉捕对象所提出的要求,要认真对待并加以分析,对话的警察不要急于求成,对话时间越长,成功的希望越大。当缉捕对象答应投降时,应先将其持有的武器、凶器及爆炸物缴出,放在指定地点,警察要按照实施行动的要求谨慎地接近,对其上铐进行搜身之后将其带离,实践证明攻心战术可避免伤亡和事态的扩大,维护铁路运输生产安全和旅客生命财产安全,是对峙性缉捕战术的上策。

2. 欲擒故纵战术。欲擒故纵战术是指铁路警察将缉捕对象控制包围之后,为避免伤及群众和警察的生命安全,在采用攻心战术达不到目的的时候,网开一面,虚放其生路,诱使缉捕对象离开现场后,伺机将其制服并抓获的战术方法。处于在铁路站车进行缉捕的谋略考虑,应尽量拖延缉捕的时间,用温和的语言、语气使其安静下来,以防伤害旅客或群众,在有把握控制犯罪分子的情况下,尽可能了解缉捕对象的意图和趋向,答应其提出的相应条件,同时尽快安排部署伏击,在缉捕对象前往的地点设伏。如缉捕对象要求提供交通工具供其逃窜,缉捕人员应在有把握控制他的前提下答复他,并充分利用该条件,在车内或前往道路上设置有关故障或障碍使车不能跑远,给缉捕行动创造有利条件,有效缉捕犯罪分子。

3. 强攻战术。铁路警察采用攻心战术无法使缉捕对象就范,而现场局势的发展由于受客观条件的影响越来越对缉捕行动不利时,如出现缉捕对象伤害旅客等后果时,铁路警察应考虑强攻方法来战斗,强攻战术主要是采用隐蔽的方式突然迅速的抓捕行动,使用武力手段强行将缉捕对象制服的战术方法。在强攻行动开始前,警察应通过对话等方式分散其注意力并确定其具体的位置,占据有利地形控制住制高点,封锁站车门、窗、入口处,执行抓捕的铁路警察应携带好枪支,在夜间应带上强光手电,达到强捕行动的突然性,如发现缉捕对象持有武器时,在不误伤旅客或群众的前提下,铁路警察应选择好位置进行掩护,同时实施抓捕(见图 8 – 3)。

图 8-3

四、铁路站车缉捕战术应注意的事项

铁路站车缉捕战术是一种对犯罪嫌疑人加以控制打击的战术行动，面对在缉捕犯罪嫌疑人时出现的各种危险情况，要采取各种有效措施，预防和减少人员伤亡和财产损失。

（一）加强指挥

缉捕行动的运动性较强变化情况较大，容易出现指挥上的混乱，指挥员要尽量强化接近意识，及时调整缉捕方案，争取使缉捕方案达到最优化配置，缉捕人员要听从指挥、严格执行缉捕命令，不能有丝毫的含糊，杜绝在缉捕行动时出现行动混乱现象。对于在具体的缉捕行动过程中，要分清当前的具体情况，有一种预测的思维模式，要抓住缉捕行动中出现的各种有利战机。

（二）抓住优势、快速反应

对突发情况的处置，要果断慎重，在处理各种突发情况时，缉捕人员要充分发挥我们的警力优势和武器装备上的火力优势，争取在最短的时间内采取合理的处置措施，以达到速战速决，成功缉捕犯罪分子的效果。

（三）运用灵活的缉捕作战方式

缉捕作战方式有多种多样，但面对具体情况该选择哪种作战方法没有什么套路可走，缉捕人员要根据缉捕现场的具体情况，采用灵活的缉捕作战方式，强化自我安全的保护意识。特别是在制定具体的缉捕方案时，缉捕人员要考虑到可能出现的各种危险情况，并采用合理的战术，确保缉捕人员的人身安全，保卫铁路大动脉的畅通。

第三节　铁路暗夜条件下的缉捕战术

一、铁路暗夜缉捕概述

暗夜缉捕战术是警察经常使用的缉捕战术，指铁路警察在光线黑暗和夜间条件下的缉捕战术行动。据统计，警察在查缉犯罪分子或犯罪嫌疑人时发生激烈对抗有相当一部分发生在黑暗和夜间条件下，暗夜缉捕具有不确定性、隐蔽性、复杂性和危险性，这就要求参战警察在暗夜缉捕行动中要正确运用战术战法，以谋略制胜，以战术优势取胜；警察暗夜缉捕战术是警察战术体系中值得深入研究和探讨的重要课题，因此要按照暗夜进行缉捕战术的基本要求和应注意的问题提高警察的暗夜缉捕能力尤为关键。

暗夜缉捕是一种特殊的缉捕战术。因此,掌握在现代条件下的暗夜缉捕战术是非常重要的。暗夜里能见度低,便于警察隐蔽和伪装,易发现光源和潜听各种声音;便于警察利用地形和夜暗,易达到缉捕战斗的突发性,出奇制胜,近战缉捕犯罪分子或犯罪嫌疑人的目的。暗夜能改变物体的轮廓、形状和色调,能使距离和物体在视觉上产生判断的错觉,容易迷失方向,犯罪嫌疑人更容易产生与警察激烈对抗的心理。因而,缺乏暗夜缉捕能力的警察在执行暗夜任务时常常处于极度危险之中,使警察在执行查缉任务中会遇到许多有别于白天情况下的困难。进行暗夜执法战斗行动,不仅受天候、地形、植被、战术方式和战术谋略的影响,而且与夜视器材和照明器材的使用有十分密切的关系,应视暗夜的具体情况,趋利避害,避免警察在缉捕行动中的伤亡。

二、铁路暗夜缉捕的困难与有利因素

进行暗夜执法战斗是警察的传统战法,也是克敌制胜的重要手段。现代条件下进行暗夜执法战斗行动,不仅受天候、地形、植被、战术方式和战术谋略的影响,而且与夜视器材和照明器材的使用有十分密切的关系。因此,作战指挥员应视暗夜的具体情况,努力发挥主观能动性,趋利避害,指挥所属警力夺取战斗的胜利。

(一)暗夜缉捕的不利因素

在黑暗笼罩下,战斗小组各成员之间的统一行动、协同作战受到了限制,不利于进行搜索和追捕,不利于准确辨别目标和进行简易联络,更不利于进行准确射击,也很容易产生疲劳嗜睡现象。暗夜在野外行动容易迷失方向,观察、指挥和协同动作均不方便。暗夜不利于作战分队或小组灵活调整警力部署,不利于进行搜索和追捕,不利于准确辨别目标和进行简易联络,更不利于进行准确射击。在暗夜中对运动暗影很难快速予以认定,容易发生误会,对前进道路上的一些障碍也不易看清。车辆机动时声响传得远,光线刺眼,对周围人员惊动大,容易暴露目标。从而大大影响整体作战能力的发挥。战斗成员对周围环境适应困难,行动时畏手畏脚,既容易发生危险,又容易被对手所利用。在枪战中,武器攻击和防卫能力明显减弱,对参战铁警容易造成伤害。

(二)暗夜缉捕的有利因素

暗夜行动有利于警察实施抵近侦察,有利于隐蔽行动意图和战术动作,便于进行伪装和秘密接敌;外界干扰减少,由于战斗具有突发性容易达到攻其不备、出其不意的战术效果。警察使用夜视器材或照明器材,对缉捕犯罪嫌疑人容易成功。暗夜条件对于警方和犯罪嫌疑人各有利弊,关键还在于如何利用暗夜条件,克服或避免不利条件对我行动的影响,如何趋利避害,从战术应用的角度来讲,缉捕行动的很多战术都能在暗夜应用,如偷袭、潜伏、诱捕、包围等,应利用暗夜巧妙近敌,不能生搬硬套。

三、铁路暗夜缉捕行动的侦察

(一)暗夜观察与潜听的特点方法

1. 暗夜观察的特点

(1)由高处向低处观察不易发现目标,由低处向高处透空观察容易发现目标。位于灯火附近面向光亮观察距离近,背向光亮观察距离远;光亮前面的目标看得清,光亮后面的目标看不清。

(2)位于暗处观察亮处看得远、看得清,反之看得近;警察位于亮处易被缉捕目标发现,而不易发现缉捕目标。昏暗房间内浅色、白色物体易被发现,深色、黑色的物体不易被发现,灰色、白色的物体较难分辨。

(3)移动的物体易被发现,静止的物体不易被发现。大物体、明亮的物体易被发现,小物体、模糊的物体不易被发现。

(4)无伪装的人员和物体易被发现,经过伪装的人员和物体不易被发现。暗夜中,强光突然刺激眼睛,容易出现暂时失明现象,由亮处到暗处,观察适应时间较长。

2. 暗夜潜听的特点

(1)晴夜、深夜、拂晓,四周寂静听得远,有嘈杂声音听得近;对响声听得清,雨声、风声听不清;对上风声音听得远,对下风声音听得近。

(2)对在冰雪、坚硬地上行动的声音听得远,对在薄雪、松软地上行动的声音听得近;对高处的声音听得远,对低洼处声音听得近。

(3)下雨天位于树下、房屋近旁听得清,在激流近旁听不清;空旷、无遮蔽物地形的声音听得远,有遮蔽物地形的声音听得近。

(4)车辆行驶的声音听得清、听得远,脚步声音听不清;冬季草木枯凋时听得远,夏(春)季节草木茂盛时,虫声、嘈杂声听得近。

(二)暗夜观察与潜听位置的选择

暗夜选择观察与潜听位置,应根据缉捕的任务、目标、地形、地物、气候、时间、现场环境等情况而定,其位置应选择在低、暗、静处,便于透空观察和隐蔽身体,做必要的伪装,应尽量避开独立、明显的物体,避开声音嘈杂的地点。

1. 暗夜观察时,应由右至左、由左至右、由近至远、由远至近,反复、周密、细致地观察,采取适当观察姿势,把观、听、判紧密结合起来。不被缉捕目标所迷惑,注意对阴暗处和缉捕目标容易接近地点的观察。

2. 暗夜潜听时,选择有可以传导声音的坚硬地面、铁轨,墙壁等物体,可将耳朵贴在传导声音的物体上,在潜听位置上挖一个小土坑,或将罐头盒埋在地下,将耳朵附于近旁,提高潜听效果。

3. 用手遮于耳后或贴于地面,可以帮助听清声响,在声音微弱或遇到下雨、刮风,有嘈杂声时效果更好,应尽量避免雨点打在帽檐、耳朵、肩膀上,以免干扰听觉和视觉。

4. 遇到强光闪电、汽车大灯时,应注意隐蔽,并利用闪电、强光照射的有利时机进行观察。

5. 观察可疑点时,可采用周边视观察方法。周边视分为注视点和注意点,注视点是眼球向某一方向注视之点;注意点是目标所在之点,即向目标周围注视,从而用视网膜的周边发现目标。当观察可疑区域时,应由近至远地移动注视点,从明显地点开始逐次注视,并根据暗夜明暗情况,确定注视点和注意点的间隔,天越黑,注视点离注意点越远,反之可近些。

6. 暗夜对光亮的判断。暗夜易发现光源,根据光源不同强度、目标,观察到光源的距离也不同。

7. 暗夜对声音的判断。暗夜声音扩散力比昼间强,传播的距离比昼间远,由于缉捕的地形环境和气候条件的不同,对声音的潜听的距离也不同。

(三)利用夜视器材观察

夜视技术是应用光电探测和成像器材,把人眼看不到的缉捕目标转换或增强成可视影像,以达到"化夜为昼"的技术。夜视器材主要是利用微光和红外线这两个条件,把来自目标的人眼看不见光信号先转换成电信号,再把电信号放大,并转换成人眼可见的光信号。用于观察的夜视器材,作用距离一般为 400 ~ 2500 米,用于射击瞄准具(镜)作用距离一般为 250 ~ 1000 米。夜视技术使警察在暗夜缉捕行动中长了"眼睛",为缉捕行动获得成功,起到重要的作用。

夜视器材的使用特点:

1. 黑夜比月夜看得清,暗夜比明夜看得清,天气越暗,看得越清。透空和无伪装人员易发现,低凹或拐角处、有伪装者不易发现。

2. 反光物、浅色物易发现,深色物不易发现。

3. 物体颜色与背景不一致易发现,颜色没有反差不易发现。

4. 物体温度差别越大,越易发现,物体处于移动状态易发现。

四、铁路站车暗夜缉捕中灯光控制和使用

警察暗夜执行缉捕任务,应当学会识别借助灯光观察人体体貌特征、行走姿势、携带物品等外形特征及暗夜缉捕中的敌我识别,有目的地训练警察在夜战中使用和控制灯光搜捕缉捕目标的能力。暗夜进行缉捕活动,非常需要夜视器材和照明器材,警察使用这类器材可以大幅度地提高暗夜缉捕行动的准确性和成功率。指挥员在战术设计时应充分考虑到夜视器材和照明器材的战术效应,最大限度地发挥它们的作用。不同种类照明器材(包括车辆灯光、强光手电筒、普通手电筒、照明弹、警用移动式探照灯、直升机探照机等)如何进行战术协同,这些问题都应考虑周到,认真组织,并应避免和影响使用夜视器材,应最大限度地发挥暗夜装备的优势,使之为暗夜的战术行动服务。应掌握其观察特征,学会进行色彩辨别,使警察在暗夜能够具有更大的观察范围和更多的行动自由。暗夜缉捕行动能借助夜视器材和照明器材,将具有更大的威慑力和可靠性。所以,作为暗夜战斗行动的指挥员和领导,对此应予以足够的重视,应该在总结以往经验和教训的基础上,努力提高警察的暗夜缉捕作战能力,加强夜战的装备研究和使用效率。

(一)暗夜车辆灯光控制

1. 车灯控制。在黑暗中发现查缉捕目标,距约 5 米处将车辆灯光直接照射,在车内的警察能清楚看到对方及周围地段,用灯光控制住目标的同时,迅速下车移动,必要时快速出枪控制,由于车灯照射致盲的效果,对方看不到警察的确切位置,这时也很难通过声音判断警察的具体位置。警察可隐蔽在黑暗中,沿着灯光移动,绕到查缉目标的侧后方控制,如查缉目标反抗,就会置于警方的交叉火力控制之中。

2. 堵截车灯控制。暗夜堵截灯光控制,在查缉作战中是非常重要的环节。可利用公路收费站,城市街道交叉路口,多点设卡堵截。在没有路灯的查缉现场,就应充分利用车灯灯光控制。在设卡堵截中,在停车检查区前 50 ~ 80 米,设置路障缩减路宽,使查缉的车辆减速进站。1、2 号警车是负责提供灯光控制的车辆,也是用于追击冲卡的车辆,两车车头朝向前方,车辆向左打,不熄火,若出现冲卡车辆,可以立即追击。停车检查位前约 30 米处设路障组,准备路钉等路障。停车位置 3 米左右停放 3 号警车,车前醒目位置放置停车标志,使 1、2、3 号警车对查缉车辆形成合围之势,在 2 号车灯光后,配置警察予以控制,因为有灯光的照射,从停车检查位置上,观察到的只是明亮的"光幕",可以保护警察的安全,控制现场。在车灯明亮的位置设置约 5 米长的停车检查区域,使被查缉车辆停在灯光的中间,令对方关闭发

动机并打开车内灯光，在警方精密控制下，才可以上前查缉。利用车辆灯光控制时，应注意车灯照射相对集中，以避免使现场警力过分暴露。

（二）强光手电灯光控制

铁路警察在暗夜查缉目标时，要善于巧妙地控制好灯光，尤其利用强光手电的灯光，对控制查缉目标具有很强的实战意义。

1. 腕部交叉照射法。左手持强光手电屈腕，控制手电筒开关，右手持手枪置于左手腕关节上方（如图 8－4）。优点：出手快，稳定性强，适用于单手据枪射击的警察。缺点：强光手电较长时，尾部会碰到警察的脸部。

图 8－4

2. 腕部平行照射法。左手持强光手电，控制强光手电开关，右手持枪，两手大拇指根部相贴，左手手背朝上，当查缉目标出现时，能快速出枪予以控制。优点：强光手电光线直射查缉目标时，手枪也同时直接控制目标，很快进入临战状态。缺点：强光手电直射，容易暴露警察自身的位置。

3. 双手包握照射法。左手拇指和食指握住手强光手电前部，中指、无名指和小指包握右手腕部，右手持枪，形成双手据枪射击姿势。优点：稳定性好，射击准确，可以利用强光手电发现目标时，随时射击。缺点：出枪速度较慢。持枪状态下弱手持手电筒，情形危机时必须拔出手枪作戒备，持电筒弱手与持枪手互贴靠、相交叠锁紧。手腕靠拢式（如图 8－5），手腕交叠式（如图 8－6）。

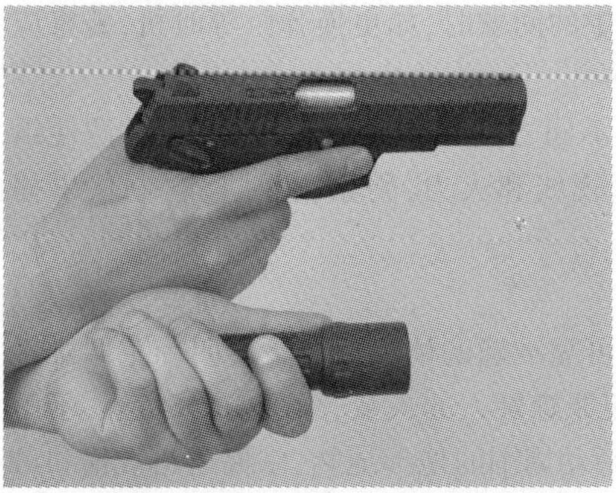

图 8－5

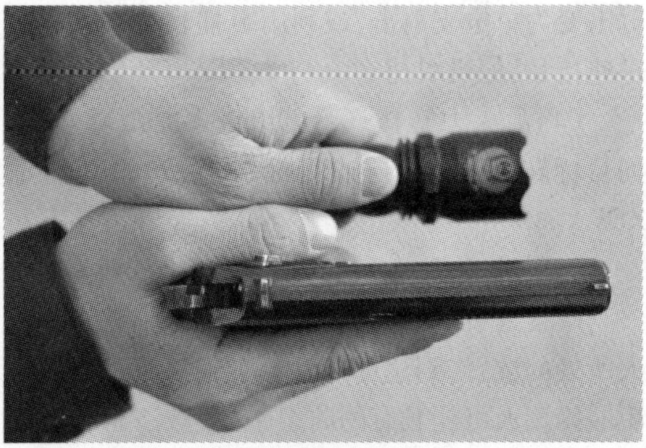

图 8－6

（三）强光手电灯光实战应用

1. 滚动照射法。两名警察控制门的两侧，一侧警察隐蔽，将强光手电朝室内照射，然后松开手将强光手电向门的另一侧滚过去；另一侧的警察持枪观察，将强光手电捡起，再滚回对侧警察处，两名警察重复观察室内情况，随时进入射击状态。

2. 闪动照射法。警察进入室内，暂时无法隐蔽时，两腿弯曲，一只手持枪，另一只手握强光手电，伸直胳膊，举得略高于头顶，向前伸展与肩膀约成45度角，使强光手电筒处于身体上方略向前一点，使身体的致命部位避开电筒的散射光线，强光手电闪亮一下，迅速移动到隐蔽位置，随时进入射击状态。

五、铁路暗夜缉捕行动实施策略和方法

暗夜缉捕战术，是警察在暗夜缉捕行动中所使用的战术手段与谋略，必须做到快速反应，隐蔽接敌，力争主动，力求不给缉捕对象以喘息时间和连续作案的机会，力争将犯罪分子或犯罪嫌疑人缉捕于发案区域。警察在暗夜缉捕行动时，应力争伪装奇袭，立足强攻。在周密组织、充分准备的基础上，要善于利用情报，善于利用地形和阴、雨、雾、雪等不良气象之夜，善于利用各种光源，发挥夜视器材和照明器材的作用，灵活机智，出其不意地捕获犯罪分子或犯罪嫌疑人。

（一）暗夜缉捕战术形式

1. 公密结合，以密为主。在暗夜缉捕行动中，警察可着便衣或化装，以秘密缉捕为主，利用一切可利用的地形、地物，秘密隐蔽近敌，迅速控制现场，尤其在缉捕行动准备充分，敌弱我强，已形成合围之势时，可采用突入擒敌，预伏突袭等缉捕方法，做到因时、因地、公密结合，灵活应用，避免和减少伤亡。

2. 隐蔽接敌，伺机缉捕。警察暗夜缉捕行动，从预定位置向缉捕目标运动，伺机缉捕中，应选择有利的时机。

（1）敌尚未察觉。缉捕目标尚未察觉警方的缉捕行动，警察应隐蔽行动，慎防暴露目标、意图，迅速突入擒敌。

（2）地形、地物有利。警察占领的预定位置至缉捕目标地段上的地形、地物有利于警察的隐蔽、运动。

（3）敌火力减弱、中断。当缉捕目标火力密度减小时，如连发射击变为单发射击，多枪支射击变为单枪支射击，或利用缉捕目标在武器使用中的间歇时，如更换弹匣等时机，警察应迅速接敌，伺机缉捕。

（4）敌火力转移。警方组成多个战斗小组，从不同方向和角度进行火力佯攻，诱使缉捕目标转向其他方向或目标射击，转移其注意力、视线和火力，警察突袭进攻，制伏缉捕对象。

（二）充分了解敌情，做好缉捕地点侦察工作

暗夜进行缉捕行动，首先要充分了解敌情掌握可靠准确的情报信息。要明确犯罪嫌疑人所处的位置，到达现场后要实施抵近侦查，明确犯罪嫌疑人的人数、相貌、衣着特征，了解犯罪嫌疑人可能具有的防卫手段，查清犯罪嫌疑人活动周围的地形地物，掌握道路数量和可供犯罪嫌疑人藏匿逃窜的复杂地点，了解照明情况，犯罪嫌疑人所处位置周围有无狗、鹅等可报警的动物等。凡能得到的情报，都应尽可能搜集利用。有了准确可靠的情报，就为战术设计、定下决心、实施暗夜行动打下了坚实的基础。指挥员在暗夜组织现地勘察或实施抵近侦察时，应将进攻出发阵地的设置适当靠前，最大限度地利用夜视器材或自然光源进行观察，充分利用夜暗的有利条件隐藏力量，实施伪装，采用看、听、判断相结合的方法全面观察和核实敌情和地形。

（三）占领预定区域

暗夜缉捕行动预定区域，是指预先拟定的警力配置、搜捕的地点。占领预设区域，是按照现场指挥组的要求和部署，向目标区域开进、接近和占领各自配置位置的行动。

1. 预定位置的选择。按照现场指挥组统一部署，根据缉捕现场的地形、地物和缉捕目标持有的武器性能、犯罪工具种类等情况而定，应选择在离缉捕目标距离较近，地形隐蔽，便于观察与潜听，便于突然发起攻击，力求避免缉捕目标直射火力范围及可视范围之内。

2. 占领预定位置的方法

（1）直接占领。按照现场指挥组的部署，直接进入预定位置的占领方法。利用暗夜和浓雾等视线不良的气候条件和有利的地形、地物为掩护，隐蔽占领预定位置。

（2）强制占领。警察在隐蔽占领时，被缉捕目标发现察觉，或不具备隐蔽占领条件的情况下，应采取在火力掩护下强行占领的方法。

（3）以警组为单位占领。暗夜缉捕行动时，应以3～5人的警组为战斗单位，明确各自的任务、区域、意图、通信联络方法，在警长的带领下，协同作战，最大限度地发挥警组整体作战效应和优势，占领预定位置。

（4）利用现代化交通工具占领。利用直升机、跳伞、快艇等现代化交通运输工具快速、突然占领预定位置。

（四）暗夜缉捕行动实施策略和方法

警察应充分利用地形，认真分析、判断、确定缉捕目标的方位、区域，利用暗夜及遮蔽物等有利条件，采用不同的运动姿势和方法，袭击缉捕目标，占领预定位置或形成合围时，应密切协同，突袭缉捕。

1. 暗夜缉捕时间。暗夜缉捕时间一般应选择在凌晨，此时，夜深人静，缉捕目标即使外出也大多返回休息，放松警惕，容易疲劳、嗜睡，缉捕的成功率较高。在月光或灯光下袭击的警察应分组从月光或灯光的暗影处迂回接近缉捕目标，不发出声音，避免引起狗等动物的叫声，尽可能不被发现。若无遮蔽物，应从不同方向接近目标。袭击行动开始时，由前方的警察控制住现场，由后方的警察担任主攻，迅速突入，将缉捕目标制伏。

2. 暗夜缉捕的行动要求。在集镇、巷区实施袭击行动，一般情况下市区巷道有路灯，集镇的村镇暗夜无路灯，铁路警察在实施袭击时，机动车辆到现场时，不得使用警灯和警报器，接近村镇、巷区时，尽量闭灯行驶，将车辆停在村边、路边或巷口外的隐蔽处，分组徒步行进，按照预定方案缉捕犯罪分子或犯罪嫌疑人。警察在暗夜行动中，保持肃静，轻步悄声，姿势要低，透空观察，耳目并用，一旦发现异常情况或声响，应做好射击准备。在运动中，战斗队形宜纵不宜横，间距宜小不宜大，变速跃进时，跃进的距离宜短不宜长，相互联络时，可用对讲机，也可吹口哨、打手势，或用手电筒、打火机等光源发出信号。

3. 暗夜缉捕的时机。暗夜缉捕行动，对行动的时机要求较高，既不能过早，也不能迟缓，要视案情灵活确定。过早行动犯罪嫌疑人可能还未归巢或还未休息，容易在无形中造成局部的紧张气氛，从而可能惊动犯罪嫌疑人；行动迟缓，则犯罪嫌疑人可能转移，容易贻误战机。一般在拂晓前行动较好，捕获犯罪嫌疑人的成功率较高，而且对周围惊动不大。为了防止贻误战机，要依据情报适时出动适当的警力，使用适当的战术，在适当的时间和地点展开缉捕行动。把握这几个要素，就把握了战斗行动的主动权。在警力部署时，指挥员应特别重视最初部署，重点加强攻击点上的警力。对犯罪嫌疑人所处位置的门、窗、墙院、楼梯上下及邻近的窗口、阳台、树木、电杆等犯罪嫌疑人可能利用逃窜的处所，都应派人予以封锁和控制,形成小圈型立体式包围。要强调联络信号和协同动作的要点,力争奇袭取胜。必要时也应准备强攻,可使用特种装备对犯罪嫌疑人实施突袭。还可使用照明器材,开启所有灯光,照射犯罪嫌疑人所处位置的所有道路,使其无路可逃。如若暗夜在野外行动,要利用夜暗隐蔽自己的行动,同时要充分利用夜视器材和照明器材,并防止照明器材影响夜视器材的应用,及早发现目标,组织好照明协同。要根据地形情况,合理确定照明器材的位置、照明的面积和照明器材的开启、移动方式,确定好夜视器材的关闭与照明器材开启的时间和衔接顺序,周密部署各种力量,力求获得全胜。暗夜行动,临时调整部署很易造成混乱,指挥员最初部署一旦确定并开始实施,一般不应轻易改变。若感到部署有明显缺陷,需要立即调整,应尽量限制在较小的范围内进行,或者使用预备警力予以补充。

4. 快速高效缉捕。警察在暗夜开展缉捕行动时,车辆应低速闭灯行驶或只开小灯,不得开启警报器和警灯,进攻出发地应设在距离犯罪嫌疑人所处位置稍近的偏僻之处,从犯罪嫌疑人可能观察的盲区向目标悄声运动。接敌时应尽可能借助夜暗的掩护,从黑暗处向前运动,注意避开一些明亮光源的照射。若发现行人,应注意改变行动方式进行伪装,从而不引起他人注意。在黑暗处向前运动时应注意进行观察。由于对道路情况往往不熟悉,应注意被黑暗处障碍绊倒发出较大声响,有必要使用光源器材时,应低姿短暂使用,可用手遮盖部分光线,使自己可以安全运动即可。但无论何时使用手电筒,都不应将手电筒放在胸前或脸部,防止犯罪嫌疑人向光源射击而出现伤亡。要尽可能秘密接近犯罪嫌疑人,在近距离内突然打开光源,照射犯罪嫌疑人双眼,发起突然袭击,使犯罪嫌疑人在不知所措中被快速擒获。在暗夜,距离犯罪嫌疑人越近,越易辨认清楚,犯罪嫌疑人逃跑率越低。如果在稍远处惊动犯罪嫌疑人,缉捕对象先于警方采取行动,行踪消失很快,搜索难度很大,而且易遭反袭击,所以必须强调秘密接敌,近战擒获。

5. 提高指挥能力,合理运用警力。暗夜进行缉捕战斗,为了便于指挥,指挥员的位置应适当靠前,尽量设在可以观察到大部分行动的隐蔽点上。各小组或分队行动时因视线所限,难以看清,要强调把握行动要点,控制行动节奏,对要害地点和各关键时节的行动应随时给予指示和必要的援助,随时对可能发生的意外情况进行应变处理。在出现异常情况时,指挥员要大胆沉着、机智冷静,严格约束部属行动,严格限制使用火力,不到万不得已时,不能贸然开枪。在出现混乱情况时,铁路指挥员应迅速制止,立即弄清情况,转换战斗样式,调整力量部署,重新组织对犯罪嫌疑人的缉捕。参战警察在执行暗夜缉捕任务时,也应随时将发现的新情况通过无线电或简易联络向指挥员汇报,得到指示后再采取下一步行动。如果遇到紧急情况,则可在符合战术方案或总意图的情况下,独立行事,机断处置,然后再向指挥员汇报。指挥员在暗夜掌握好警力,加强指挥不是轻松之事,要做到指挥适当、有效、周密,难度是相当大的。这需要不断地学习,不断地积累经验和进行必要的训练,不断地在实战中提高暗夜指挥各种执法战斗的水平。

(五)警察暗夜缉捕应注意的问题

1. 提高警察暗夜缉捕战术意识。警察暗夜缉捕战术意识主要包括两方面内容:暗夜缉捕战斗中自我保护战斗意识和用智用谋灵活缉捕的战术意识。暗夜缉捕战斗中小组成员间的协同意识,要求每个参战警察重视夜战中隐蔽物与掩护物的选择与利用,了解夜战的特点和夜战的基本原则,掌握暗夜缉捕方法和进人查缉现场的站位与分工,明确暗夜缉捕中战术方案设计与选择的基本思路。另外,要求指挥员与参战小组的警察要明确各自的任务与分工,掌握暗夜通信联络,队员间相互掩护配合,有效识别敌我双方的基本方法和技能,熟练运用各种手段处置各种突发情况。

2. 加强警察暗夜捕获犯罪嫌疑人能力

（1）提高培养暗夜缉捕行动中的掩护意识。在暗夜执行缉捕任务时，指挥员和各小组参战警察应了解缉捕现场的结构、建筑物的分布、周围的居民及环境等情况，摸清并确认理想的掩护物，对哪些是掩护物哪些是隐蔽物做到心中有数。应记住，黑暗可以用来隐蔽自己，但绝不能用来掩护或保护自己。小组参战警察在注意培养自身掩护意识的同时，还应注意培养相互之间的掩护意识，应特别注意隐蔽在暗处的对手的同伙。

（2）控制光线的技术。选择正确的控制光线的方法，可以帮助警察发现犯罪嫌疑人，控制局面，使警察处于主动地位。有目的地训练利用建筑物的灯光、手电筒的灯光和汽车的灯光，在暗夜的查缉行动中至关重要。不借助任何光线进行观察就贸然进入一个漆黑的建筑物是十分不可取的。

（3）暗夜缉捕应注意的问题。在暗夜缉捕训练中一旦发现对手，小组成员不应一拥而上，最好先行隐蔽，再对其喊话，使其真切地感到完全被包围，没有逃脱的可能，从而迫使其放弃反抗的企图。在喊话的同时，应使用灯光照射，使其处于强光的控制之下，难以脱身，同时也便于小组成员对其仔细搜身、上铐和控制。在控制、制伏缉捕对象的同时，还应部署一定的警戒掩护力防止其同伙的偷袭。在整个缉捕训练过程中，小组成员应尽可能地处于掩护物之后。此外，还应注意，在不熟悉地形又没有明亮灯光辅助的情况下，一般不要单警追击趁黑暗逃跑的犯罪嫌疑人以免陷入困境。

3. 暗夜枪战时应注意的问题

（1）"坑道视觉效应"。在暗夜枪战中，由于能见度极低，使用枪支会受到很大限制。射击时枪口焰火会导致射手视觉间断性丧失，并引发"坑道视觉效应"。"坑道视觉效应"，是指暗夜由于能见度低，在突然的强光反应后，人的视觉只能在眼前一个很狭窄的范围内辨认物体，如人在坑道中一样。

（2）射击前后无法确定对手的确定方位，容易暴露自己的藏身地点。据资料统计，凡是那些进行过夜战训练的警察，在实战中都能较好地排除枪口焰火的影响。值得注意的是，枪口焰火对警察也有有利的一面，特别是一个训练有素的特警，他可以利用自己的枪口焰火对对手进行观察，然后根据对方枪口焰火的方位进行交叉射击。据统计资料表明，有85%～90%的人习惯于右手持枪。因此，在交叉射击时，应首先射击对方枪口焰火的右侧（自身的右侧），这样就可以击中对方身体中部。如果射击无效后，应立即向左侧射击。在暗夜枪战中，"坑道视觉效应"往往使射手的观察力降低，移动受限，容易暴露自己所处的位置。因此，在日常的训练中，应当要求在每射完一发子弹后，立即快速改变位置，防止因自己的枪口焰火而暴露自己的位置。在夜战中，当需要更换弹匣或装填子弹时，注意力应依然高度集中在对手身上。无论如何也不要把注意力转移到手中的武器上，否则就会有生命危险。更换弹匣或装填子弹，应用左手的习惯性动作完成，而不是用眼睛来参与。对于装填或更换弹匣的训练，从心理训练要求着眼，可以坐在办公室一边与同事交谈，一边进行装填、更换弹匣训练。这样，更换弹匣或装填子弹的动作完全靠下意识支配。此外，国外流行的电筒手枪握持技术也是一种很有效的暗夜作战技术。这项技术的主要作用在于在暗夜射击之前，利用手电筒确定案犯的方位。其操作方法是，用非握枪的手握持电筒，伸向右前方，手心向下，用食指或中指控制开关，将握枪的手放在握电筒的手之上，电筒筒身与握枪手臂保持接触和平行。以这种方式握枪和握持电筒能保证无论电筒向哪个方向照射都能同时向目标射击。在被电筒照射显露形迹的对手做出反应之前可以首先开枪。实质上,此时电筒和枪已构成一个复合瞄准系统。用极短的时间按亮电筒搜寻目标,既可在发现目标的同时向目标射击,增加射击精度,缩短射击反应时间,又能在电筒光熄灭后通过迅速移动位置(右手持枪,一般左移)保护自己。

六、铁路警察暗夜缉捕能力的训练

警察必须加强暗夜缉捕能力的训练,深入研究暗夜执法战斗的规律和特点,注重身体素质和战术技巧的训练,加强对暗夜缉捕实战演练,掌握暗夜行动的主动权,充分运用好暗夜缉捕战术,对提高缉捕效率,增强警察综合战斗力,预防发生不必要的伤亡具有十分重要的现实意义。

(一)学习、掌握暗夜缉捕战术和知识

1. 铁路警察应学习和掌握相关的学科知识,丰富生活阅历,经受各种挫折的磨炼,能使知识面更宽,思维更广,从而达到增强反应能力和心理承受能力的目的。并且要进行战术训练,通过单警、分组练习、发现问题、纠正错误,使参训警察对暗夜缉捕战术的具体运用和技术的熟练掌握,提高反应能力,增强自信心,使心理素质勇稳定,从而提高缉捕能力。

2. 提高暗夜战术配合训练。这一阶段主要由单人综合训练合格的单兵组成小组或分队对练,要使每个参训人员把所掌握的各种战术提高到整体配合的意识上来,因为很多缉捕行动都是多人配合,协同作战,这就要求每个警察除了具有良好的单人作战能力之外,还要具有良好的协同作战能力,要通过多次战术配合演练来培养。

(二)暗夜缉捕实战演习

1. 理论上的对抗。将参训警察分为红蓝双方,通过各种案例,假定暗夜复杂情境,规定相应条件,由参训警察进行理论上的对抗训练。通过这种方法,可以使参训警察发现自己的优点,找出各自的差距,根据案情的变化选择适当的战术,从而提高战术意识,强化协同意识,使整体作战能力增强。

2. 暗夜模拟实战缉捕。将参训警察分成红蓝双方,在设计的暗夜模拟现场中进行实战演习,这样的训练可以使铁警把所学到的理论应用到实践中去,从实践中检验所学的知识是否好用,可以发现问题,找出差距,熟练掌握各种战术,并且在多次实战中积累经验,增强应变能力和战术意识。

(三)在暗夜缉捕实战中完善提高

参训的警察可以通过自己的暗夜缉捕经历,总结经验,吸取教训,通过与现场犯罪嫌疑人的直接接触,了解犯罪嫌疑人的心理活动特点和犯罪活动特点,通过案例分析,分析其成功或失败的原因,总结经验,吸取教训,形成一个预案库,在视野开阔的同时,形成一个暗夜缉捕战术体系,在遇到突发案件时,能够寻找出适当的方法和措施,使缉捕能力得到提高,从而立于不败之地。

【本章小结】

本章对铁路缉捕任务的原则特点,常规缉捕战术的组织、实施进行了阐述,重点对在铁路站车环境下进行暗夜缉捕行动的侦查、灯光控制及在暗夜缉捕行动实施策略和方法等前沿知识进行了探索性的提炼,能显著提高铁路警察的暗夜缉捕能力。

【思考题】

1. 铁路站车缉捕有哪些战术形式？
2. 铁路暗夜缉捕有哪些困难和有利因素？
3. 铁路警察暗夜缉捕中如何使用和控制灯光？
4. 如何加强铁路警察暗夜缉捕能力的训练？

第九章　对铁路持枪犯罪嫌疑人的缉捕战术

【教学重点与难点】

重点：对铁路持枪犯罪嫌疑人的快速出枪、射击战斗动作训练

难点：警组缉捕持枪犯罪嫌疑人的战斗动作配合

近年来，非法持枪、非法制贩枪支弹药，及持枪杀人、抢劫、伤害、持枪绑架等涉枪犯罪案件急剧增加，严重威胁铁路大动脉的畅通和旅客生命财产安全，影响社会治安稳定，是铁路公安机关所面临的严峻问题。本章从铁路警察执法的行业特点，重点研究对铁路站车持枪犯罪嫌疑人的缉捕战术，对于提高铁路警察突发事件处置能力有着十分重要的现实意义。

第一节　对持枪犯罪嫌疑人的缉捕战术的概述

一、对持枪犯罪嫌疑人的缉捕战术的概念

对持枪犯罪嫌疑人的缉捕战术是指持枪的铁路警察在车站、列车、线路等警务辖区内依法对持枪犯罪嫌疑人进行缉捕战斗的方法和原则。

铁路警察是缉捕持枪犯罪嫌疑人的主体，铁路公安机关把按规定配备枪支作为缉捕持枪犯罪嫌疑人的必要条件，要求依据《人民警察法》《人民警察使用警械和武器条例》和《铁路公安机关防范暴力袭警工作办法》等法规配备和使用武器。要按照《公安机关人民警察训练条令》进行精度射击、快速出枪、快速反应射击、变换姿势射击、快速利用掩体、警组配合等战斗技能、方法的训练。

二、对持枪犯罪嫌疑人的缉捕战术的特点

（一）隐蔽性大

铁路被誉为“流动的社会”，点多、线长、面广，旅客集中，人员密度大，使持枪犯罪嫌疑人很容易混杂在旅客当中，查缉难度大，特别是面对持枪犯罪嫌疑人体貌特征、逃跑方向、车次等不清楚的情况下，难以识别、查缉。

（二）突发性强

铁路涉枪案件突发性强，主要表现在犯罪嫌疑人以铁路警察为袭击目标的枪案，犯罪嫌疑人被盘查或被发现时而突然攻击，这种突如其来的情

况往往事前难以预防,在铁路上发生的涉枪案件有很大一部分是在这种突发情况下发生的。

(三)处置难

由于铁路站车人员拥挤、客流密集,犯罪嫌疑人混杂其中,因此一旦发生涉枪案件,旅客出现惊慌,处置难度增大。为了避免伤及群众,应设计用谋,妥善处置。

(四)逃窜快

由于铁路客、货列车交错运行,旅客列车昼夜高速运行,持枪犯罪嫌疑人容易流窜作案,由于场所复杂,犯罪分子作案后极易于隐藏在人群之中迅速逃匿,应做好预案提前布控。

(五)危害大

由于犯罪嫌疑人是在铁路站车上持枪作案,一旦铁路站车上发生枪案,往往影响大,涉及面广,容易造成人员伤亡和财物损失,危及铁路运输生产安全。

三、对铁路站车特殊枪战环境的分析

随着我国工业化、城镇化建设的快速发展,交通基础设施迅速配套,我国铁路建设的发展,车站、列车、线路等日益现代化,车站从土木结构发展为混凝土、钢架结构,列车为封闭式车厢,线路高架化,对铁路站车特殊枪战环境下缉捕持枪犯罪嫌疑人提出了挑战。

(一)车站钢架结构上会形成跳弹,构成二次杀伤

铁路车站的候车室面积宽敞、空间高大,大多采用混凝土、钢架结构,如果发生枪战,犯罪嫌疑人可以无忌惮地开枪射击,而警察在射击时则要考虑到枪弹打到混凝土、钢架结构上会形成跳弹,构成二次杀伤,危及旅客生命安全。

(二)列车内子弹击中车窗形成玻璃"分解区"

快速、高铁列车采用密封车厢,以确保高速运行时车厢内旅客的安全。如在封闭车厢内发生枪战,子弹击中车窗玻璃的"分解区",则会造成玻璃粉碎,高速气流进入车厢就会对旅客的生命安全构成威胁。

(三)警察枪战火力受到限制

铁路车站、列车人群密度高,空间相对狭小,尤其是在列车封闭的特殊环境下,警察在战中使用火力会受到极大的限制。

第二节 对铁路持枪犯罪嫌疑人缉捕的战斗动作

一、单警在枪战中接近犯罪嫌疑人的战斗动作

枪战的突发性强,有时交火射击几分钟甚至十几秒就结束战斗。由于在铁路车站枪战的射击距离较近,建筑物内的射击距离大都在 10 米以内。因此,要求警察在枪战中接近嫌疑人时,要迅速做到出枪、装子弹、利用掩体、快速反应射击等战斗动作,熟练掌握射击动作要领。

(一)装子弹的人为故障——卡弹

警察在出枪、装子弹时出现错误动作,造成"人为装子弹故障",在枪战中失利导致伤亡情况很多。卡弹即在上膛装子弹时两次拉送套筒,形成两发子弹卡在弹膛和弹匣之间,造成套筒不能复位、射击的人为故障。

1. 形成原因。警察在装子弹拉套筒时，将套筒向后拉到位后，错误地回送套筒，即向后拉套筒到位后又向前送套筒，当套筒快要闭锁、装弹到位时，又二次向后拉套筒，推第二发子弹前进，卡在未进枪膛的第一发子弹下边，形成套筒不到位、不能射击的故障。

2. 排除方法

(1) 单警排除54式、92式等有挂机卡笋的手枪卡弹故障的方法。54式、92式等有挂机卡笋的手枪卡弹时，先拉套筒向后到位，用挂机卡笋将套筒挂住，在拇指按压弹匣卡笋向下退弹匣后，马上用拇指按压挂机卡笋，解脱套筒复位，同时将第一发被卡子弹推进枪膛。后取出弹匣将第二发被卡子弹倒出，再迅速装回弹匣，即可重新射击（如图9－1、图9－2、图9－3）。

图9－1

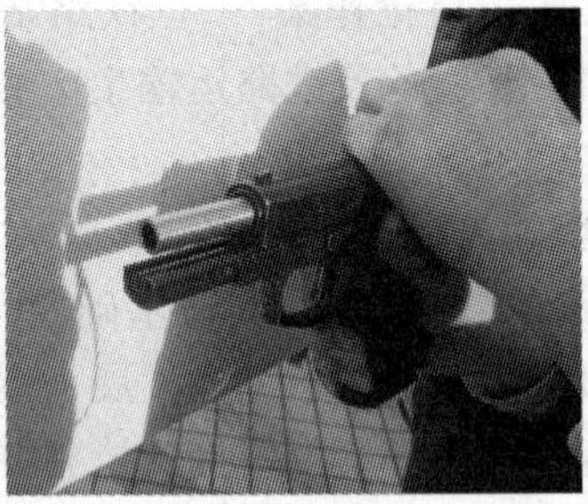

图9－2

图9－3

(2) 二人排除64式、77式手枪的卡弹故障的方法。64式（没有挂机卡笋）手枪卡弹时，由一人用手先拉套筒向后到位，并用力拉住套筒不动，握枪手拇指按压弹匣卡笋。另一人用手抠住弹匣底端，向下抠出弹匣。将两发被卡子弹倒出，再次迅速装回弹匣，重新拉套筒装子弹、射击（如图9－4、图9－5、图9－6）。此排障动作被称为“三只手动作”。

图9－4

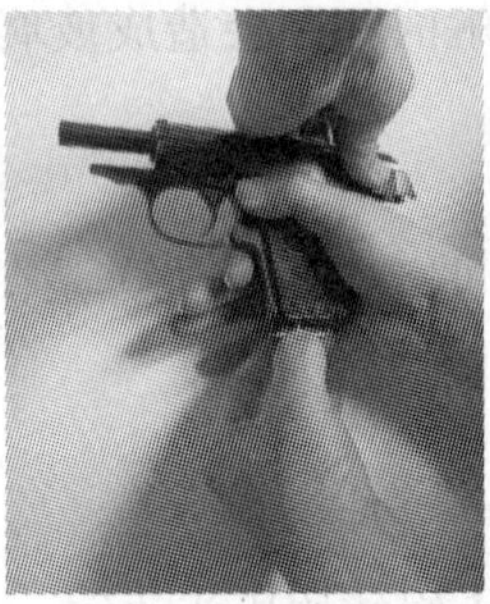

图9－5

图9－6

77式（没有挂机卡笋）手枪卡弹时，可由一人用手先拉套筒向后到位，用力拉住套筒不动。用握枪手的拇指压弹匣卡笋，因77式弹匣底端平面向前突出较长，可用小指向下压弹匣底端平面突出部即可退出弹匣。将两发被卡子弹倒出，再迅速装回弹匣，重新拉套筒装子弹、射击（如图9－7、图9－8、图9－9）。此方法应由排障动作熟练的警察实施，没有经过训练的警察应按排除64式手枪卡弹的要求，由两人协作排除故障。

3. 预防卡弹故障的方法。即正确装子弹的方法，要求警察将弹匣装入枪内、打开保险后，右手握枪，左手拇指、食指用力捏住套筒后部刻有防滑纹的部位，向后拉套筒到位。到位后立即松开手指，利用手枪复进簧的力量推套筒向前闭锁，即装弹入膛。在训练中发现许多警察左手拉套筒位置不对，用五指抓套筒，将套筒向后拉到位时，由于心理作用又再次复拉套筒,形成卡弹故障。若在激烈的枪战中两次复拉套筒,造成卡弹故障,很难在短时间内排除故障,使警察处于危险之中。

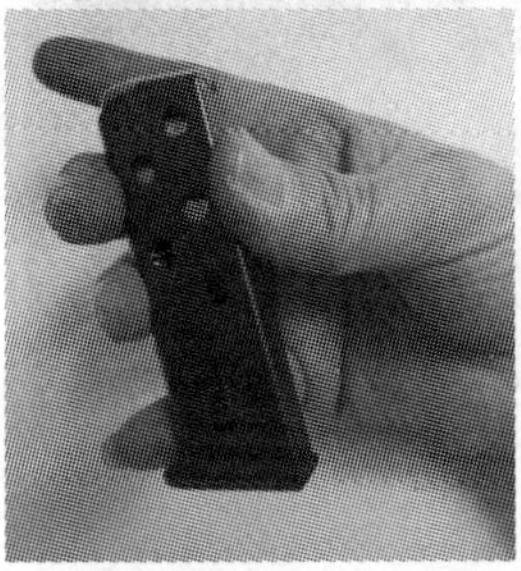

图9-7

图9-8

图9-9

(二)换弹匣的人为故障——装弹匣不到位

警察在装弹匣时,因手指捏、装弹匣的部位、动作错误,导致弹匣装不到位,使套筒推弹平面下沿推不到子弹底缘上沿,套筒闭锁子弹却没有上膛的人为故障。

1. 形成原因。新版的中国人民解放军《手枪射击教材》中,"立姿装退子弹"的动作表述只有"左手取出空弹匣交给右手握于枪的左侧,然后从弹匣套内取出实弹匣装入枪内"的概括性要领,没有手指、手掌倒手装弹匣动作的可操作性表述,容易误认为是一次性"取出实弹匣装入枪内"的动作,使警察射击训练中出现装弹匣不到位的故障。一次性"弹匣装入枪内"的错误动作是,警察从弹匣套取弹匣时,拇指、食指必须捏住弹匣底端才能取出(如图9-10),向枪内装弹匣时因手指捏弹匣部分被手枪握把下沿顶住,形成约5mm的间隙,造成弹匣不能装到位(如图9-11)。而这个间隙又不易被人发现,拉套筒装子弹时,套筒推弹平面下沿接触不到子弹底缘上沿,套筒向前闭锁却不能推子弹上膛,形成人为空膛故障。

图9-10

图9-11

2. 排除方法。即正确装子弹的动作应当是,右手握枪,左手拇指、食指捏住弹匣底端,从弹匣套内取出弹匣,将弹匣装入手枪握把后,松开手指(如图9-12),顺势用拇指上推弹匣到位(如图9-13),或顺势用手掌上推弹匣到位(如图9-14)。当拇指、手掌上推弹匣不动时即到位时,套筒推子弹入膛。

图 9－12

图 9－13

图 9－14

二、在铁路发生枪战的情况下掩护现场群众的方法

（一）避免枪弹误伤旅客

在铁路站车发生枪战后，旅客易被枪弹误伤，应呼唤旅客卧倒，降低身体重心，或迅速卧倒及时规避射弹，避免误伤。

（二）及时疏散现场旅客

车站发生枪战时，由于旅客密集，警察应打开疏散通道及时疏散旅客。对于在枪战现场围观的旅客，使用手提扩音器等广播器材，疏导围观旅客离开现场。

（三）封闭列车车门

列车车厢内发生枪战时，警察要及时关闭发案车厢的两侧车门，防止其他车厢的旅客进入现场，造成误伤。对列车车厢的车体进行检查，车厢车体材料为金属复合材料，普通枪弹难以击穿。

第三节　对铁路持枪犯罪嫌疑人缉捕的射击方法

近年来，在射击训练中引入国际警察手枪应用射击简称 PPC。police（警察）、pistol（手枪）、combat（战斗）的英文缩写。直译为警察战斗射击，也可译为警察应用射击。有的还引入了国际警用手枪 IPSC（Interactive Practical Shooting Competition）译为互动战术射击。PPC 射击规则要求用立姿、坐姿、卧姿和弱手在不同距离上对几个目标进行射击。IPSC 射击规则要求射手在行进间对有战术背景的房屋内外几十个不同目标进行射击。这些国外先进的训练方法和理念，为我国警察缉捕持枪犯罪嫌疑人的实战射击训练提供了借鉴。

一、单警在枪战中的对犯罪嫌疑人的射击方法

（一）远距离（25 米）瞄准射击

射击训练实践证明，远距离（25 米）瞄准射击是快速反应射击、变换姿势射击、行进间射击等实战射击的基础。基础训练的目的在于获得正确的大脑支配的动力定型，即瞄准眼“视力回收”和食指单独扣扳机复合动作的动力定型。没有经过训练的警察会按自己想象，本能地进行先瞄准、后击发的错误射击程序，其配合程序为先瞄好再“扣”，即大脑先支配视觉最后支配手。当大脑支配手“扣”时，便产生对握扣扳机动作。其对“瞄好”的通俗理解是将平正关系“稳定”在瞄区中心点上，一旦产生“稳定”假象，大脑便支配手去作对握扣扳机动作。故手对握扣扳机是现象，大脑的错误支配手才是本质。响枪时大脑支配力为 85% 在支配视

觉,15%在支配食指,即仅有食指向后扣扳机的肌肉触觉。按正确操枪、击发的动作程序进行训练,以一段时间空枪预习即能进入实弹射击训练,取得优良成绩。

1. 警察正确操枪、击发的动作程序

(1)右臂自然伸直,肩关节自然放松。

(2)绷肘、挺腕,其中挺腕尤为重要。

(3)握枪手自然握把。

(4)食指单独扣扳机。

(5)不间断地扣扳机。

2. 瞄准的大脑支配过程

(1)将平正关系送入瞄区。

(2)将视力焦点从靶标上回收到准星、缺口上。

(3)将视力焦点固定在准星、缺口上。

(4)边瞄边扣(不间断地扣扳机),即以瞄为主,以扣为辅,瞄、扣不能分开。

(5)尽最大努力盯住准星、缺口平正关系上,响枪时大脑在支配视觉努力盯平正,意识滞后于响枪,即俗称"走火"的感觉。

(二)近距离快速反应射击

1. 美国警察持枪搜索的"三眼"原则。近距离快速反应射击是指在10米以内的近距离,使用双眼快速概略瞄准射击的方法。"三眼"原则是美国警察在长期实战中,对警察握持武器的指向与视线保持一致的动作要求,把要求说成"原则"就成了行为所依据的法则,要必须遵守。"三眼"原则是警察使用各种武器(手枪、冲锋枪、霰弹枪)时握持方法的基础。

所谓"三眼",是指警察的两只眼睛下面再加上一个枪口(眼)。"三眼"原则是指在城市居民地环境下进行搜索、作战的有效方法,无论是在戒备状态下或是在战斗过程中,这三只眼都必须"看"向同一方向。如果将"三眼"作为一种射击姿势理解,射手的两眼移动视线与所持手枪的枪管轴线的方向、角度必须保持在同一方向上。以此保证枪管轴线的方向、角度与射手两眼视线在方向、角度上的一致。在"三眼"持枪搜索、观察状态下加上击发动作,就可以构成快速反应射击。

2. 快速反应射击的动作原理。在持枪搜索"三眼"原则的基础上,近年来,将"三眼"原则从手枪的握持方法升级为快速反应射击方法。在探索铁路车站、列车近距离射击方法训练中,创造出能适应不同战术背景的快速反应射击方法,基本解决了近距离快速反应射击的开枪速度和命中精度问题。以立姿搜索时的快速反应射击为例,对8~10米距离的胸环靶(用胸环靶的目的是检验射击精度)进行快速反应射击,多个胸环靶为隐显目标,当射手对正面自然指向的靶标进行快速反应射击时,反应时间为0.2~0.3秒。对斜方向靶标移动自然指向射击时,反应时间为0.4~0.6秒。近距离固定或行进射击时,由于距离缩短,手枪的瞄准具误差造成弹头飞行目标的误差量相对降低。同一瞄准具的误差量,距离靶标越近,弹头命中靶标的误差量越小。

"手枪射击距离与瞄具误差对应表"以国产92式、64式、77式手枪的瞄准误差和为例,说明8米距离的射击误差仅为25米射击误差的1/3(92式手枪)和1/4(64式、77式手枪),(见表9-1)。

表 9-1 手枪射击距离与瞄具误差对应表

92 式手枪瞄具误差 1 毫米时	64 式手枪瞄具误差 1 毫米时	77 式手枪瞄具误差 1 毫米时
弹头飞至 25 米距离误差 160 毫米	弹头飞至 25 米距离误差 210 毫米	弹头飞至 25 米距离误差 200 毫米
弹头飞至 12.5 米距离误差 80 毫米	弹头飞至 12.5 米距离误差 105 毫米	弹头飞至 12.5 米距离误差 100 毫米
弹头飞至 8 米距离误差 51.2 毫米	弹头飞至 8 米距离误差 67.2 毫米	弹头飞至 8 米距离误差 64 毫米

在射击训练中,要弄清快速反应射击与瞄准射击的区别。瞄准射击时射手须用一只眼通过瞄准具对准目标;快速反应射击时不允许用常规的单眼去瞄准,而是用射手的双眼盯住目标,以双眼的余光兼顾枪身(枪管)的方向、角度射击,是不用瞄准具的射击方法。换言之,快速反应射击就是平正准星、缺口的双眼观察射击。射手应知道,瞄准射击最关键的是在响枪时将大脑支配力的 70% ~80% 都用于支配视觉平正准星、缺口。射手必须保证瞄准具的误差量达到最小,这样弹头飞行至目标才能获得最佳精度。专业射击教练将形容上述动作的术语缩略为"盯平正"。而"盯平正"的视觉支配又称为"视力焦点回收",即射手瞄准的眼睛看到向靶标后,须迅速把视力焦点回收到"平正"关系上,即准星、缺口的平正上来。如此,视力焦点回收的快慢就影响了射击速度。瞄准射击、概略瞄准射击,不瞄准的快速反应射击的视力焦点回收时间、射击反应时间的经比较分析就能说明此原理(见表 9-2)。

表 9-2 手枪三种射击反应时间比较

射击方法	瞄准视力焦点回收时间	射击反应时间 (含击发时间)
瞄准射击 20 米以上	约 10 秒 持续盯平正	约 15 秒
概略瞄准射击 10 ~20 米	约 2 秒 快速盯平正	约 3 秒
不瞄准射击 10 米以内	0 秒 不需盯平正	0.25 ~0.5 秒

表中瞄准射击、概略瞄准射击都是在用一只眼瞄准,即用"单眼"瞄准。快速反应射击不需用单眼"盯平正",而是靠射手的大脑、支配双眼视觉、手臂指向和食指单独扣扳机的运动动力定型,控制枪管轴线快速指向目标射击的。因此,快速反应射击时必须用大脑支配双眼去瞄准,即靠双眼、身体、持枪臂、手的熟练动力定型进行瞄准、射击。对于随机性很强的手枪快速反应射击,其命中率取决于平时的基础训练。手枪射击的基础训练不能走捷径,25 米精度射击 5 发子弹打不到 40 环以上成绩的射手,在对隐显目标、集团目标、运动目标射击过渡训练中就会时有脱靶,强行训练不瞄准的快速反应射击,脱靶概率就会增大。

射手最初进行 25 米精度射击训练时手臂要自然伸直,运臂(枪)进入瞄区训练时要强调,无论单、双臂据枪,初学射手要养成伸臂就能盯住准星、缺口"平正"关系的习惯,而且在运臂(枪)进入瞄区过程中要养成视觉盯住"平正"的习惯(如图 9-15)。这样手臂无论在水平或下俯哪个角度都能伸直就有"平正",并在训练中形成动力定型。这样,对隐显目标,集团目标的射击反应就快,对运动目标的射击追随就稳,进行不瞄准的快

图 9-15

速反应射击时，瞄准具在无视觉控制时误差也小。这种训练方法被称为“无形源于有形”。

进行快速反应动态射击训练时，要强调大脑对视觉“盯目标”和枪管前部的支配力，即大脑支配力的70% ~80%支配视觉，同时靠动力定型加强对握枪手臂的控制。因此，我们在训练中要强调“训战一致”，双手据枪的快速反应动态射击训练。一定要注意绷肘、挺腕的力量固定，尤其要把手腕向前推，又称为“推腕”，平时训练要把“推腕”的力量推到位，战时动作就不会变形。

3. 快速反应射击的动作要领。快速反应射击是警察在勤务中遭到持枪犯罪嫌疑人突击袭击时最适用的反击方法，它分为快速出枪射击、搜索中行进射击。快速反应射击能够充分发挥手枪体积小、重量轻、活动半径大，反应速度快的特点。解决了警察在法律限制范围内自卫、制止犯罪射击时，特有的识别性、被动性、应急性、滞后性的客观缺陷。能在后发制人的状态下，凭借熟练、快速的射击技能，达到自卫、制止犯罪的目的。在总结国外警方快速反应射击的外在形式的基础上，从简易近距离射击学理入手，引导射手在基本射击动作的基础上，结合快速出枪训练、行进间射击训练动作要领，充分发挥手枪在近距离内瞄准误差相对减小的优势。在短时间内强化视觉前视死盯目标瞄区，手臂随视线用力前推，食指击发在手臂纵向用力的带动下，自然扣响等三大动作要领，使射手能在较短时间内熟练掌握快速反应射击技能。

快速出枪动作初级训练时，先以慢出枪、运枪动作养成“枪瞄具和眼视线一致”习惯的示意图（如图9－16）。

（1）快速反应射击的瞄准原理。快速反应射击的瞄准原理要求警察在搜索、运动中必须始终保持“枪眼”和双眼视线的一致。这样在遭到犯罪嫌疑人突然袭击的情况下，才能做到快速反应射击，先敌开火，近距离首发命中。精度射击用一只眼瞄准，而快速反应射击用两只眼瞄准。精度射击的一只眼瞄准要求视力回收，而快速反应射击的两只眼瞄准要求视力焦点前推到目标上，射手用双眼和“枪眼”在平面上形成快速反应射击瞄准（如图9－17）。

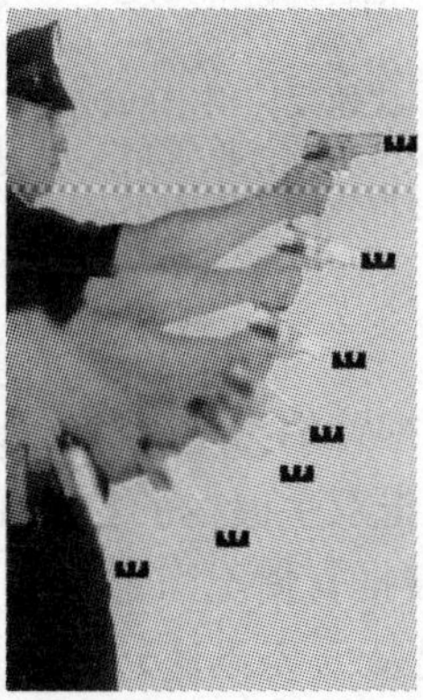

图9－16

图9－17

（2）快速反应射击的“快速扣扳机”动作。快速反应射击的“快速扣扳机”动作是在精度射击慢扣扳机动作的基础上，加快食指单独扣扳机的动作速度，形成相对快扣扳机动作。食指单独快速扣扳机动作和“猛扣”动作是有本质区别的。食指单独快速扣扳机动作时手掌和余指不加力，仅靠食指扣响枪。而“猛扣”动作是在大脑“扣”的指令支配下，手掌、余指与食指用力对握扣响枪的。在训练中，要养成扣扳机与瞄准“视力回收”速度同步的习惯，即扣扳机的速度与“手枪三种射击反应时间比较表”中“射击反应时间”相同。

(3)手枪的"双击"射击。"双击"是用手枪射击时,对准目标连续、快速打出两发子弹的射击。快速打两发子弹是为了增强手枪的杀伤效果和命中率,是为打出类似于冲锋枪、自动步枪点射效果的射击方法。经美国警察多年实战证明,"双击"可以以两发子弹的火力密度弥补手枪的杀伤力不足,提高命中率。国外将"双击"分为精确双击(也称受控双击)、专注双击(也称快双击)、瞬间双击。

近距离射击时使用的是瞬间双击。瞬间双击通常用于射击 10 米以内的目标,距离目标越近,射击速度越快。其瞄准、击发的方法与近距离快速反应射击的瞄准和快速扣扳机动作相同,只要将两次快速扣扳机动作连续做,就能打出瞬间双击的效果。两次击发时间应在 0.5 秒以内。

(4)快速反应射击的基本姿势。快速反应射击的最佳姿势是现代手枪射击中普遍采用的"对等三角形据枪姿势",即双臂前推的立姿持枪射击姿势。"对等三角形据枪姿势"具有出枪快、指向好、便于转体、随机性强、不受动作定势限制等较多优点,是各国警察常用的立姿射击姿势。这种姿势的快速反应射击时要求视力焦点要前移到目标上,持枪手臂随视线用力前推。图 9－19 是快速反应射击的基本姿势的侧面示意。快速反应射击时的视力焦点前移到目标上,持枪手臂随视线用力前推。快速反应射击的基本姿势的俯视示意如图 9－18、图 9－19 所示。

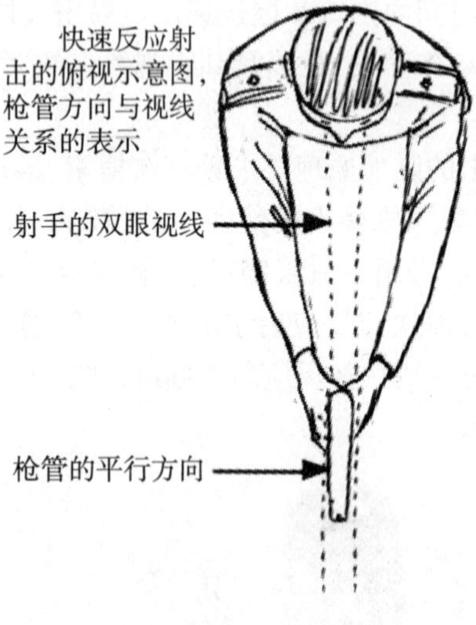

图 9－18

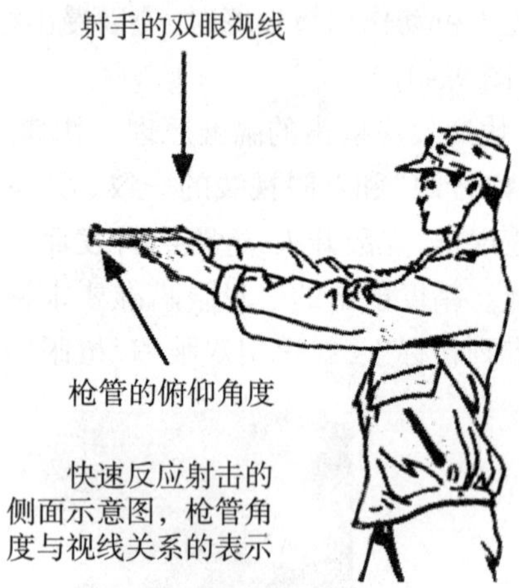

图 9－19

快速反应射击是动态射击方法,特别强调射手以推臂的力量保持枪的指向,射手只有用力向前推臂,才能弱化手扣扳机的力量。快速反应射击双手握枪的位置不限,只要射手能将两臂推直,左手握右手或握右手下部均可,视射手双臂推直情况而定。

(5)低姿快速反应射击。低姿的快速反应射击是从立姿迅速转变形成的。当警察在枪战中无掩体可利用,立姿射击暴露面较大时,可迅速原地下蹲、下坐、下躺,转变为低姿射击,从而降低、减小暴露面。

A. 下坐的快速反应射击姿势。在立姿射击的基础上迅速下蹲,臀部着地坐实,上体持枪姿势不变,可将身体暴露高度降低一半。

B. 下躺的快速反应射击姿势。在下坐射击姿势的基础上,身体后仰即可变为躺姿,上体持枪姿势不变,可将身体暴露高度再降低一半。而且下躺射击时有低姿掩护,可用滚进转移射击位置。

(6)眼睛强调一个"盯"字,盯住目标瞄区;双臂强调一个"推"字,用力向前推手腕,一般射手双眼能盯住目标，只要用力将手臂推直，机械地快扣扳机就能命中目标。所以，动作中要始终强调一个“推”字，即用力将双臂和手腕推出去。概括总结快速反应射击的动作要领为以下三点：

A. 以双眼直视目标带双臂前推。

B. 以双臂用力前推使“枪眼”与双眼视线一致。

C. 用双臂用力前推的力量弱化快速、机械扣扳机的力量。

二、警组在枪战中对犯罪嫌疑人的射击方法

（一）集中火力射击对警组威胁最大的目标

指挥员要明确犯罪嫌疑人的数量、武器性能等情况后组织快速反击，警察在与多个犯罪嫌疑人互射时，应集中火力射击对警察威胁最大的犯罪嫌疑人。

（二）指挥命令的下达和警组通信联络方法

1. 现场口令指挥，近距离时可以以口令形式实施指挥。

2. 手势信号指挥，当口令遇到噪音干扰或距离较远时，可用手势信号实施指挥。

3. 手持电台、手机指挥、联络，当警察隐蔽在掩体后或距离较远看不到手势信号时，应用手持电台、手机实施指挥。

（三）保护旅客和重要目标

1. 保护旅客。保护旅客的最好方法是制止持枪犯罪嫌疑人射击，使其失去射击能力。

2. 保护危险设施、容器，避免射弹引爆杀伤。由于枪弹的穿透力较强，命中钢板等硬物时会产生火星。在射击时应避开铁路的油罐车、天然气管道、燃气罐等危险设施，以避免射弹命中后引起的火灾和爆炸。

（四）武器弹药、装备保障

在处置突发事件时，要根据现场战斗情况，及时保障枪支、弹药需求。当发生枪战时，要及时领取枪支、弹药，现场的警察要配置防弹衣等装备。

三、避免枪战中子弹跳飞形成的二次杀伤

跳弹是指弹头以较小角度击中混凝土、沥青、金属等坚硬物体表面而形成的跳飞。

二次杀伤是指弹头在跳飞过程中再次击中人体造成的伤害。有的跳飞弹头在击中坚硬物体表面后因撞击改变了原来的形状，从而获得了更强的杀伤力。

跳弹的形成不仅仅由弹头的飞行角度与被击中物体的硬度、密度所决定，与发射弹头的动能、弹头自身结构也有较大关系（见表 9－3）。

表 9－3　当前我国警察装备的主要手枪各型射击动能

枪　种	弹头的枪口动能	弹头的 25 米动能	弹头结构
92 式手枪	49 公斤·米	40.2 公斤·米	铜被甲，铅、钢芯
54 式手枪	49 公斤·米	40 公斤·米	钢被甲，铅芯
64 式手枪	22 公斤·米	19 公斤·米	钢被甲，铅芯
77 式手枪	22 公斤·米	19 公斤·米	钢被甲，铅芯

从表 9－3 的分析可以看出，92 式、54 式手枪弹头飞行到 25 米时仍有较高动能，打到硬

质物体时易产生跳弹。从弹头结构上来看,铅芯弹头打中硬目标后,弹头易破碎,而92式手枪的钢芯弹头即使命中厚钢板,被甲和铅套破碎钢芯仍能跳飞。

四、近距离利用手枪构造特点夺枪与反夺枪动作

(一)枪战中近距离利用手枪构造特点夺枪动作

1. 推卡套筒夺枪。当自动手枪的套筒在套筒座上向后移动2毫米以上后,即能形成"套筒不到位保险"。警察利用这一原理在近距离受到犯罪嫌疑人持枪威胁时,果断地在抓握对方枪的同时,选准套筒部位,实施推套筒动作,即使犯罪嫌疑人的枪口对着警察的身体,也不能开枪射击。警察利用手枪"套筒不到位保险"的机构特点,使其枪打不响,可近距离夺取犯罪嫌疑人的手枪。

警察侧身上步躲开对方枪口的同时,上步以手掌抵住对方枪口帽的平面,以冲撞力将对方手枪的套筒向后推,用另一只手抓住犯罪嫌疑人握枪的手,而后迅速将枪口直向上方或对方身体,顺势以反关节动作夺下其手枪。警察推套筒是瞬间动作,如单手推开套筒,即将身体闪到其枪口一侧或卡住手枪击锤。推套筒动作较适合54式、92式这两种枪口帽部分面积较大的手枪。在距离稍远,卡不住击锤的时候,下蹲伸手推或侧身伸手推,推动套筒向后时,立即上另一只手卡死套筒或卡住击锤。在警察用一只手推大套筒时,另一只手要抓住其握枪的手,以前后的合力完成推套筒动作,防止犯罪嫌疑人在警察推套筒时向后抽枪。

2. 手指卡击锤夺枪。当犯罪嫌疑人使用击锤外露的手枪时,警察以手指卡住其手枪的击锤,手枪的击锤就不能前进撞响子弹底火,或前进的撞击力受到阻碍也不能撞响子弹底火,使犯罪嫌疑人的枪口对着警察也不能射击。当警察近距离遇到持击锤外露手枪的犯罪嫌疑人的威胁时,在侧身躲开其枪口的同时,顺势上步,前手沿枪面向后用手指卡在犯罪嫌疑人枪击锤前边(如图9-20、图9-21、图9-22、图9-23)是顺枪面卡54式手枪击锤动作的过程。(如图9-24、图9-25、图9-26、图9-27)是顺枪面卡64式手枪击锤动作的过程。手指卡击锤的过程中,动作要快而准,手顺着枪面向击锤前填入一根手指,要使手指卡在击锤前部,使之不能向前运动,此动作卡击锤成功率高,一旦单手卡住就能将犯罪嫌疑人的枪卡死,对54式、64式、92式和警用转轮手枪有效。

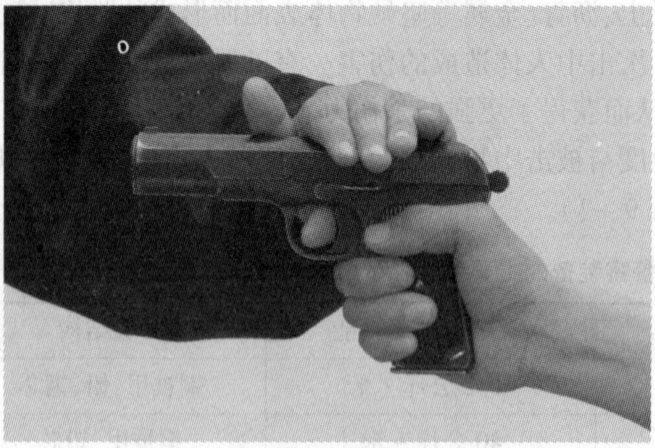

图9-20

图9-21

图 9－22

图 9－23

图 9－24

图 9－25

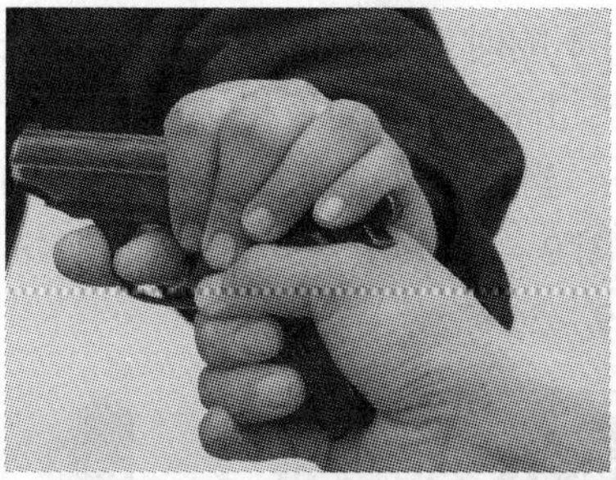

图 9－26

图 9－27

3. 卡活动扳机护圈夺枪。77 式手枪采用推动式平移击针构造的击发机，没有外露击锤，可利用该枪活动扳机护圈后移的同时带动套筒后退的机构特点，形成“套筒不到位保险”状态。即使对方的枪口对着警察身体，也不能射击，使警察处于安全状态。对于近距离威胁警察的 77 式手枪，可在推开枪口的同时，用拇指和虎口向后推该枪的活动扳机护圈，这样可带动其套筒后退，同样起到“套筒不到位保险”的作用。（如图 9－28、图 9－29、图 9－30、图 9－31，是警察用虎口向后推 77 式手枪活动扳机护圈的动作过程。）警察要使用双手完成这个动作，即一只手以虎口向后推 77 式手枪的活动扳机护圈，另一只手抓住犯罪嫌疑人握枪的手，以合力完成卡死活动扳机护圈的动作，不然其在其扳机护圈被后退时，向后抽枪，警察单手卡活动扳机护圈的动作就会失效，犯罪嫌疑人可能趁机扣扳机射击，使警察处于危险之中。

图 9－28

图 9－29

图 9－30

图 9－31

当警察以上述动作使犯罪嫌疑人的枪暂时打不响时，应立即将枪口指向上方，防止其枪口在搏斗中重新指向警察射击。警察在推套筒、卡击锤、卡活动扳机护圈的动作完成后不能脱手，否则容易使犯罪嫌疑人有机会扣扳机射击。当警察将犯罪嫌疑人枪口指向上方或其身体时，应以后手作砍颈（如图 9－32）、戳眼（如图 9－33、图 9－34）击打犯罪嫌疑人要害部位，或以反关节动作夺下其手枪（如图 9－35、图 9－36）。

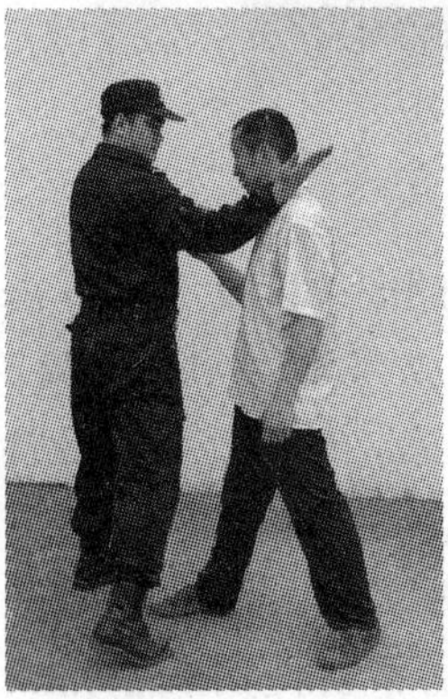

图 9－32

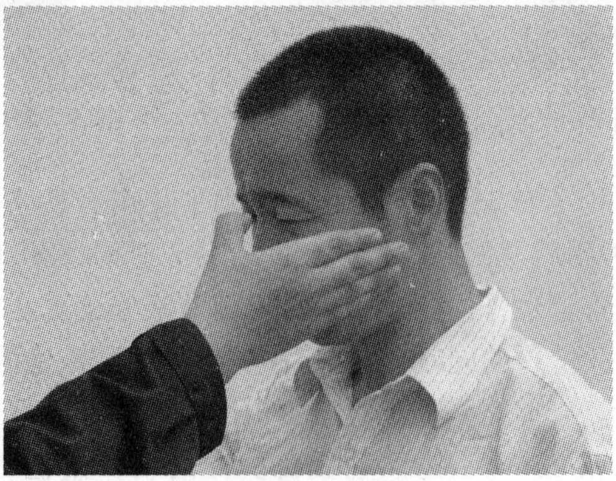

图 9－33

图 9－34

图 9－35

图 9－36

(二)警察利用手枪构造特点的反夺枪动作

1. 套筒后坐挫击法。当犯罪嫌疑人握住警察手枪套筒欲夺枪时,警察应立即击发,靠套筒后坐的冲击力,以套筒与套筒座的力量,挫犯罪嫌疑人握警察手枪套筒的手,要做到出其不意,动作敏捷,这样可迫使犯罪嫌疑人放手(如图 9－37)。使用这一动作时,击发要快速、突然,如犯罪嫌疑人已抓紧手枪的套筒时,再行击发,套筒与套筒座的交锉力量则无法对其手形成挫伤。

图 9－37

2. 套筒后坐撞击法。当犯罪嫌疑人抓住警察持枪手腕推枪口避险或将枪向其怀里带时,警察将枪顺势"送"至贴其头颈部,用手枪套筒射击后坐的长度,撞击犯罪嫌疑人颈动脉、太阳穴、耳后穴、脑干等要害部位并快速击发,靠子弹火药气体推动套筒向后的冲击力,用套筒后端的锐角猛击嫌疑人的要害部位。(如图 9－38、图 9－39、图 9－40)。反夺枪后,因外力作用套筒后坐速度变慢,容易出现退不出弹壳的现象,应快速拉套筒将膛内弹壳退出,方可继续射击。

图 9－38

图 9－39

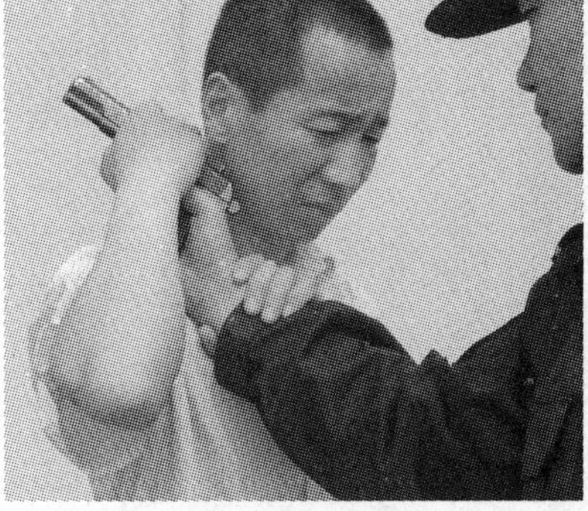

图 9－40

(三)反袭警的单手出枪、上膛射击动作

警察在遇到犯罪嫌疑人袭警或受外力打击后,应一只手作防护动作,另一只手迅速出枪射击。如被犯罪嫌疑人抱住或骑压在身上,出枪方法应为单手出枪,即以食、中指摸索扣开枪套盖的按扣,顺势插入握把下部,同时以拇指压倒击锤、打开保险,然后将枪面贴于裤带之上,将枪的缺口正面卡在裤带上,前推约3厘米即可装弹上膛。将缺口卡在腰带上单手推弹上膛,枪口稍向外扬,使缺口正面与枪面的90°夹角刚好卡在裤带的立面上,保证顺利上膛。如没系裤带或搏斗中不便将缺口正面卡在裤带上,可将缺口正面卡在裤子的上沿和口袋边缘处,卡实后,纵向猛推握把装弹上膛,将枪口抵在犯罪嫌疑人的身体非要害部位,视情况击发。

【本章小结】

缉捕持枪犯罪嫌疑人是风险大、可操作性很强的战斗方法,警察必须通过严格的训练、考核,达到标准后才能执行缉捕任务。本章结合铁路警察行业特点,就如何实施对铁路站车持枪犯罪嫌疑人的缉捕战术进行讲授,以达到缉捕持枪犯罪嫌疑人的战术目的。

【思考题】

1. 避免枪战中子弹跳飞形成二次杀伤有哪些方法?
2. 对铁路站车发生枪战的情况下掩护现场群众有哪些方法?
3. 铁路警察在近战中如何利用手枪构造特点进行反夺枪?

第十章　对铁路持爆炸物犯罪嫌疑人的缉捕战术

【教学重点与难点】

重点:对铁路站车内发现持爆炸物犯罪嫌疑人的先期处置

难点:对列车内持爆炸物犯罪嫌疑人的缉捕战术

爆炸是物质产生变化的速度不断急剧增加,在极短的时间内放出大量热能的现象。爆炸一般分为物理爆炸和化学爆炸二大类,物理爆炸只是物质的物理形态发生了急剧变化,如锅炉爆炸;化学爆炸是物质的化学结构发生了根本性改变,如炸药爆炸。当炸药受到一定的冲击、摩擦和热等外界作用时,能在瞬间产生高温、高压气体生成物,对周围物体和有生物产生巨大的破坏和杀伤作用。持爆炸物实施犯罪或以爆炸物相威胁实施的犯罪行为,是最为严重的暴力性犯罪行为。

铁路站车是人、财、物高度集中的公共复杂场所,犯罪嫌疑人在铁路上实施爆炸,多选择人员密集的车站候车室、客车车厢,以及线路等重要的设施设备。铁路爆炸案件往往会造成现场铁路设施设备的严重损坏,伤亡人员多,财产损失巨大的后果。由于铁路整个路网是一部联动性非常大的交通运输大机器,铁路站、车、线发生爆炸,会造成铁路线路运输中断,影响列车的正常运营,打乱相关路网运行图的生产秩序,对国家和个人的生命及财产的损失难以估量,造成的社会公共安全不稳定的影响难以挽回。因此铁路警察掌握对铁路站车爆炸物的处置及持爆炸物犯罪嫌疑人的缉捕战术非常必要。

第一节　爆炸案件的概念、类型和检查

一、爆炸案件的概念

爆炸案件是指采用炸药,易燃易爆物(气)体引发爆炸的爆炸事件或案件。铁路爆炸案件是指发生在铁路线路、列车和车站场所的爆炸案件。

二、爆炸案件的类型

爆炸案件的类型较多,从铁路公安机关已破获的爆炸案件来看,主要有三种类型:扬言爆炸案件(编造散布恐怖信息案件)、放置爆炸物敲诈勒索案件、已发生的爆炸案件或爆炸未遂案件,这三种类型案件有其共性之

处,大部分案件具有一定的因果关系。

(一)扬言爆炸案件(编造散布恐怖信息案件)

犯罪嫌疑人往往利用电话、传真、信件、E-mail 等手段威胁某一单位、场所或个人,为达到其个人目的,扬言制造爆炸。此类案件犯罪嫌疑人具有一定的隐蔽性,犯罪现场模糊不清具有一定的不确定性,对整个案件的侦破增加了一定的难度。为此,一旦发生此类案件,应迅速组织警力封锁现场,以合理借口疏散群众,对现场及监控设施进行检查,对发现的可疑人和可疑物进行排查,争取在被侦控的可疑人员或在被发现的可疑物中获取线索破获此案。

(二)放置爆炸物敲诈勒索案件

放置爆炸物敲诈勒索案件的犯罪嫌疑人往往就在现场附近。案件发生后,首先应调集警力,赶赴现场、疏导交通、封锁现场、疏散群众、控制局势、采取侦查措施,开展谈判,力争和平处置。

(三)已发生的爆炸案件或爆炸未遂案件

已发生的爆炸案件或爆炸未遂案件均有犯罪现场,犯罪嫌疑人有的可能已逃离现场,也有的被当场炸死、炸伤于现场,还有的躲藏在现场周边观察其造成的后果。一旦发生此类案件,必须立即组织警力赶赴现场、疏散群众、抢救伤员、封锁现场,以防二次爆炸。

爆炸未遂案件发生后要迅速将爆炸装置转移至安全地带拆除起爆器后,由刑事技术人员勘查检验。

三、对站车爆炸物的检查

爆炸物的检查是一项难度极大,非常细致的工作,应尽可能地利用专用设备,以确保安全。

(一)人工检查

1. 看:看物品名称与实际是否相符,物品放置的位置与场所是否合理。

2. 摸:用手轻轻摸一下被检物品的形状有无异样。

3. 嗅:闻被检物品是否有与炸药及易燃易爆物(气)体相似的异常气味。

4. 听:听被检物品有无机械表走动的异常声音。

5. 称:被检物品名称与重量是否相符。

(二)技术检查

对站车爆炸物的检查使用的设备器材品种繁多,涉及物理、化学、机械、电子、生物等技术领域,目前常用的有:

1. 搜爆犬是用生物方法搜查爆炸物的得力助手。犬嗅觉灵敏,反应快捷,能到达不可能到达的狭小区域和危险区域。

2. 化学喷显法是检测炸药传统的、行之有效的方法,在一些发达国家仍把化学喷显法作为重要技术手段在使用。近年发展起来的用分子印迹—荧光共轭聚合物作传感材料的痕量炸药探测器具有灵敏度高、检测速度快、预热时间短、体积重量小的特征。

3. 声音探测电子听音器。电子听音器可以很清晰地听到机械定时引爆装置指针走动的声音,对电子表作定时的引爆装置,在安静的环境下,也可探测出石英震荡的声音,可以用电子听音器的接触式探头,也可以用非接触式探头探测爆炸物。

4. 磁力探测。磁力探测只能探测金属物品,灵敏度很高,能把少量的金属找出来,大多数爆炸装置里有金属部件,用它做成的不同类别的仪器可探测地下埋藏的爆炸装置,可探测邮件内的金属物品,可探测人身上携带的金属物品。

5. 炸药的直接探测。近年来使用的离子迁移式炸药探测器,结构有便携式、台式和门式三种。

6. 非线性节点探测器。可检查电子起爆装置中的半导体元件和金属,同时接收二次、三次谐波信号,可发现几十公分混凝土中藏有电子起爆装置。

7. X 射线探测仪器。应用范围广,使用效果好,目前已从初期的透射式 X 射线发展到透射式 X 射线,背散射 X 射线、CTX 射线、衍射 X 射线多种仪器的混合使用技术,可以检查物体的形状,有的仪器还可以检查被查物的成分。除 X 射线以外,γ 射线也在安检中使用,中子射线用来检查炸药效果较好,近年又出现了用 T 射线(太赫兹)和毫米波来进行安检,用激光拉曼光谱检查液体危险品效果较好,用核四极矩共振技术制作的安检设备已开始使用。

第二节　常见的炸药、点火、起爆器材及爆炸装置的认定与处置

对常见的炸药、点火、起爆器材及爆炸装置的内部结构、特点、起爆系列的构成认定是处置的先决条件。对爆炸物的搜排必须由有资格的排爆手进行,只有掌握了爆炸装置的识别认定,才能根据不同的爆炸装置采取不同的处置方法和缉捕战术。

一、常见的炸药

炸药是一种能迅速起化学变化的物质。凡是受到冲击、摩擦和热等外力作用时,能在瞬间发生急剧的化学变化,并随之放出大量的热和产生大量气体的物质都叫炸药。这一变化过程叫做炸药爆炸。

(一)梯恩梯(TNT)

又名三硝基甲苯,是一种淡黄色粉状结晶体。阳光照晒后颜色变暗,外表呈褐色。但不影响爆炸性能。味苦有毒。吸湿性弱,难溶于水。熔点为 80. 2℃。对冲击摩擦作用钝感,枪弹贯穿既不爆炸也不燃烧,在空气中点燃时,燃烧炽烈,冒黑烟,但不爆炸。如数量很大或在密闭的容器中燃烧时则可能由燃烧转为爆炸。

TNT 炸药威力较大,主要用来配制混合炸药,也可以用来装填地雷、手榴弹和炮弹、炸弹,并适用于外部装药爆破各种目标。TNT 炸药属于军用炸药,保管使用非常严格,在我国已发生的爆炸案件中,使用 TNT 炸药的案件极为少见。

(二)硝铵炸药

是以硝酸铵(一种化肥)为主要成分的粉状混合炸药。它的颜色因所含成分不同而有所差别。通常为浅黄色和灰白色。对冲击、摩擦和热的作用钝感,枪弹贯穿也不爆炸也不燃烧,用火柴也不易点燃。吸湿性强,吸湿后将降低它对雷管起爆的感度,当含水量超过 3%时,则不能爆炸,有效保存期一般为 6 个月,长期存放,易结成硬块。结块的炸药对雷管起爆的感度减弱。硝铵炸药是工程爆破常用的炸药,有数十个品种,按用途可以分为如下三类:

1. 煤矿硝铵炸药,简称安全炸药。这种炸药添加了消焰剂(食盐)适用于有瓦斯或煤尘爆炸危险的矿井。

2. 岩石硝铵炸药,简称岩石炸药。这种炸药添加了油脂适用于无瓦斯或煤尘爆炸危险的爆破工程。

3. 自制硝铵炸药。这种炸药是用硝铵化肥加温脱水后制成的,有很强的地域特点,南方地区一般添加稻壳,北方地区一般添加锯末或麸皮,通常威力较低,爆炸后产生有毒气体较多。

该炸药取材制作简便,民间使用广泛,在我国已发生的爆炸案件中,大多使用硝铵类炸药。

(三)黑火药

黑火药是硝酸钾、硫磺、木炭等成分的混合炸药,外观为黑色的粉末或颗粒。易溶于水,吸湿性强,当含水量超过20%时即失去燃烧和爆炸的性能。对冲击、摩擦和热的作用敏感,易点燃,燃烧猛烈,火星四溅。黑火药置于密封容器内引燃可以爆炸,有一定破坏作用。

由于黑火药在烟花爆竹行业仍在使用,易于获取,在我国发生的爆炸案件中,仍有极少数人使用黑火药作案。

二、常见的点火、起爆器材

(一)拉火管

拉火管主要用于点燃导索。它由管体(纸或塑料)、火帽、倒刺、拉火丝、拉柄等组成。

(二)导火索

导火索又名导火线。主要用于引爆雷管。导火索有缓燃和速燃两种。缓燃导火索的燃速为每秒1厘米左右,在水中燃速稍快。芯药是黑火药。表皮的颜色有白色和黑色等数种。速燃导火索的燃速为每秒50~100米。芯药是褐色火药。表皮的颜色有土黄色和橙色等数种,可以用火柴点燃,燃烧时有爆裂声。国产缓燃导火索表皮为白色,外径5.2~5.8毫米,它由芯线、芯药及数层棉线和纸包缠而制成。我们可以利用它的燃速特性来处置一些具体情况。

(三)雷管

通常使用的是8号雷管,外壳是铜、铝、铁或纸制成,内装有起爆药(如雷汞)和传爆药(如黑索金),在起爆药的上部装有一个带小孔的金属加强帽和防止药末漏出的绢片。

雷汞遇到撞击、摩擦、加热或火花时很容易爆炸。当用导火索或引线,将火花引到金属加强帽的小孔中时,雷汞就会燃烧,并迅速地引燃黑索金,使管体在炸药中爆炸,从而将火种传给炸药。雷管受潮后不易爆炸。凡有严重受潮、生锈、裂口、变形后药末散出等现象,一般不能使用,我们可以利用它怕受潮的特性来处置一些具体情况。

(四)电雷管

电雷管用电流点火,它由雷管、电桥、引火药、脚线等组成。电流通过电桥时,电桥丝发热而引发火药燃烧,引起雷管爆炸。电雷管按发火时间分瞬发和延期两种,延期电雷管的延期时间分别为4秒、6秒、8秒、10秒、12秒、14秒。

(五)导爆索

导爆索主要用于同时起爆数个装药。导爆索需用雷管起爆,爆速为6500米/秒。芯药是黑索金、太恩、特屈儿等高级炸药,为白色或淡黄色。表皮有棉线、塑料和软金属等数种,颜色都比较鲜明。导爆索受到摩擦和燃烧时,都易引起爆炸,防湿性能好。国产导爆索的表皮为红色,用于区别导火索。

三、爆炸装置的认定与处置

爆炸装置的处置是一门综合技术,特别是对一些结构复杂的爆炸装置的处置,要具备一定的爆炸、机械、电工知识。对于不同结构的爆炸装置,其处置方法是不一样的,因每种爆炸装置的结构都各有特点。对爆炸物的搜排必须由有资格的排爆手进行,具体处置方法要根据实际情况而定。

(一)普通点火爆炸装置的认定与处置

1.结构组成及特点

(1)结构组成:导火索、火雷管、炸药、外包装(伪装物)、引燃物(火源)。

(2)特点:靠外部火源才能引爆。

2.伪装物品

皮包、箱子、各种食品盒、铁皮桶等。

3.辨认方法

通过观察装置的结构组成认定。

4.处置的方法

导火索已点燃:一是用剪刀从导火索的根部剪断;二是用手将导火索拉出;三是移至一个安全地带;四是人员紧急避开爆炸物(来不及排除时)。导火索没有点燃,炸药不会爆炸,但要避开火源。打开包装,将炸药和导火索、雷管分离,再把导火索和雷管分离。

(二)普通电发火爆炸装置的认定与处置

1.结构组成及特点

(1)结构组成:炸药、电雷管、导线、电池、外包装(伪装物)。

(2)特点:不定时,在外力作用下接电后即爆炸。

2.伪装物品

皮包、书包及随身携带物均可用作伪装物。

3.辨认方法

通过观察装置的结构组认定。

4.处置方法

将炸药、电池、雷管分离即可。

(三)带伪装的电发火爆炸装置的认定与处置

1.结构组成及特点

(1)结构组成:伪装物、炸药、电雷管、电池、导线、炸药内包装。

(2)特点:伤害他人,或借他人之手达到破坏或杀人的目的。

2.伪装物品

收音机、电动玩具、电视机等物品都能用作伪装物。

3.辨认方法

观察发现有炸药、雷管、导线、电池及电源瓶和开关组成电路时即可认定。

4.处置方法

对于伪装成收音机式的爆炸装置,在严禁打开收音机电源开关的情况下,打开其后盖,切断电路或取出电池,取出炸药和雷管并使两者分离。对于伪装成电动玩具型的爆炸装置,在严禁打开接电开关的情况下,打开电池盒,取出电池,按顺序把玩具拆开,取出炸药和雷管,并使两者分离。对于其他由电开关控制的伪装式爆炸装景。其处置方法也基本相同。

(四)机械定时爆炸装置的认定与处置

1.结构组成及特点

(1)机械定时爆炸装置有两种组成结构:一种是电发火结构,由机械定时器、炸药、电雷管、导线、极片、伪装物、辅助物组成。辅助物为电开关、拨棍等物。另一种是机械发火结构，由机械定时器、炸药、底火、击锤、击针、钮簧、伪装物等组成。

(2)特点：两种爆炸装置的是定时起爆。

2. 伪装物品

提包、各种手提箱、行李等，凡能容下该种爆炸装置体积的物体，均可被作为包装物或伪装物。

3. 辨认方法

发现某个物体中有炸药、雷管、电源及经过改装的钟表，有两极接点并连接导线或电源开关能构成回路时，就可认为是机械定时爆炸装置。

4. 处置方法

首先剪断导线，其次取出闹钟和电池，最后取出雷管和炸药，并使其分离。

(五)拉发结构的爆炸装置的认定与处置

1. 结构组成及特点

(1)结构组成：拉火管、导火索、火雷管、炸药、伪装物。

(2)特点：不拉不爆炸。

2. 伪装物品

各种有开和关机械运动的物体均可被利用来作为伪装物，如饼干筒、箱子、各式带拉链的皮包以及汽车和住房的门、窗等。

3. 辨认方法

检查那些易移动的物体上是否有临时固定的拉线或拉线另一端和别的物体相连；检查有开合结构的物体(如皮箱、饼干筒等)的盖上有无被临时固定的拉线，另一端是否在某物体的本体中。检查中发现和拉线相连的物体中，有组装好的炸药、雷管、拉火管等物，则可认定该物体是爆炸装置。

4. 处置方法

拉线在明处的爆炸装置，如发现作开合运动的某物体上有可疑连线时，严禁使物体做开的运动，以免拉响爆炸装置；剪断拉线，打开包装，使炸药、雷管、拉火管分离。拉线在暗处的爆炸装置，在开盖时要做到轻开轻起，并随时观察，如发现有可疑的拉线时要剪断拉线；打开上盖，检查是否还有别的起爆装置；把炸药、雷管、拉火管分离。

(六)压发结构爆炸装置的认定与处置

1. 结构组成及特点

(1)结构组成：由压力弹簧、炸药、电雷管、电池、导线、极片、伪装物等组成。

(2)特点：该种爆炸装置只有在一定的外力作用下才会发生爆炸。

2. 伪装物品

邮包、行李、沙发椅、沙发床等。

3. 辨认方法

箱型结构的爆炸装置：箱子在易受外力作用的部位上有缝隙，且平面上的活动部位在一定的外力作用下可向下移动；经有关仪器检查，如发现活动行程的终点或某部位有电极接触点，能沟通回路，说明箱中具备该种爆炸装置的零部件。

4. 处置方法

由于这种爆炸装置具有不施加一定的外力不会引起爆炸的特点，从表面上来看，与其他几种爆炸装置相比较为安全,但实际上恰恰相反。特别是排除分离式结构的爆炸装置时,当导线剪断以后,往往忽视了两断线相连接的可能。此时如果处理不当,两线同时碰上某一导体时则有发生爆炸的危险。所以,剪断的线一定要处理妥当,最好先使其绝缘,然后再拆除爆炸物。处置一体式爆炸装置的方法是,在保证不对爆炸装置施加外力的情况下,如有条件,利用X光机进行透视检查(医院用的也可以),以判明内部结构;如果是有上下行程电极接触的机构,则先从侧边打开或钻开一个洞(靠电极一侧),剪断导线,取出电池,拆开包装取出炸药和雷管并使其分离。如遇到软包装结构时,其处置方法为:在不对该爆炸装置施加一定外力的情况下,按包装顺序逐次打开后,切断电源线,使炸药和雷管分离。

应注意在站车发现爆炸装置后,应根据爆炸装置的种类采用不同的处置方法,尽可能不在现场进行处置。有弱爆器配置的,将人员疏散后,将爆炸装置转移到弱爆器后移到安全地点进行处置。没有弱爆器的,要先疏散人员,其次将爆炸物转移到无人的安全地点进行处置。如在车上发现是爆炸物,必须停车或慢行将其从车上迅速转移到相对安全的地面,再进行处置。无特殊情况和紧急情况时,应尽可能请专业人员排爆。

除此之外,还有遥控、松发和平衡式发火结构的爆炸装置,伪装方式更是多种多样。要根据不同的情况。具体对待,切不可一概而论。

(七)对已经发生爆炸案件现场处置及善后事宜

1. 调查爆炸现场情况、迅速上报

铁路爆炸案件发生以后,先期到达现场或距离现场最近的警察,应该迅速深入现场,了解并核实爆炸发生的时间、地点、爆炸造成的现场人员伤亡、铁路设施的破坏程度、现场救援的条件、犯罪嫌疑人的有关信息等情况,向最近的公安机关和上级主管公安机关的指挥中心报告,请求救援和勘查人员赶赴现场开展工作。

2. 封锁现场、设立警戒

确定封锁范围,设立警戒线,疏散群众,禁止无关车辆和人员进入现场。为了确保安全,应从爆炸中心现场向外延伸50米处设第一道警戒线,重点看护爆炸中心现场或爆炸中心现场的要害部位,没有经过专业人员勘查,任何人员不得进入,以防发生再次爆炸。第二道警戒线,应从爆炸中心现场向外延伸100米处,设立警戒线。主要封锁爆炸散落物的覆盖面,可利用现场周围就地取材进行隔离封锁。第三道警戒线,应从爆炸中心现场向外延伸500米以外,设立警戒。主要疏散无关人员,禁止无关车辆进入现场,确保现场平静,为现场勘查提供各方面的便利。封锁线的确定,可根据现场的具体情况,便于现场作业,视情放大或缩小为宜。

3. 排除险情、抢救伤员

站车爆炸案件发生后,现场可能存在继续发生爆炸或车厢颠覆、房屋建筑坍塌、电线、易燃易爆气体爆炸等险情,现场的警察首先进行排险工作,并尽快报告给上级或排救险的专业部门,避免更大的损害发生。开展对爆炸现场进行清理的工作,抢救伤员,并向受伤较轻的伤员了解爆炸发生前后的重要情况。

4. 制定周密的查缉措施

铁路公安机关要迅速制定周密的搜索、追缉堵截等紧急查缉措施,把爆炸现场、爆炸现场外围、来去现场的道路、交通工具、发生铁路爆炸案件现场有交路的客货列车和车站等纳入重点的查控网络,获取铁路爆炸案件发生时空范围内最有知情条件的人员线索,减少铁路爆炸犯罪嫌疑人蒸发的时空条件。

第三节 缉捕站车持爆炸物犯罪嫌疑人的战斗特点与处置原则

恐怖分子为了实现其政治目的,采取爆炸的手段来进行破坏制造国际影响,国外的恐怖事件有40%是利用爆炸手段。铁路是国民经济大动脉,是人、财、物高度聚集的公共场所,所以容易成为恐怖分子实施爆炸的目标。

一、战斗特点

(一)危险性大

1. 犯罪嫌疑人采用拉发式、松发式和电点火方式起爆时,其犯罪行为的实施比使用枪支更为方便迅速。

2. 枪支是以点杀伤或有限的面积杀伤;爆炸则是以炸点为中心的球形体积性杀伤。

3. 枪弹的致伤因素是单一的,爆炸的致伤因素是复合的。爆炸还可对整个人体造成破碎和撕裂伤。

4. 爆炸能在其有效爆震波范围内对所有生物体造成严重杀伤。

5. 爆炸所形成的爆震波,在其有效距离内,对较为坚固的介质均可造成不同程度的破坏或摧毁。

6. 缉捕持爆炸物的犯罪嫌疑人时,一旦炸响,其犯罪后果甚为严重。

7. 爆炸案件往往会在群众中形成恐怖气氛和强烈的恐怖感,造成严重的社会负面影响。

(二)处置难度大

犯罪嫌疑人具有强烈的对抗性和高度警惕性,犯罪嫌疑人实施犯罪行为的动作简单容易,其动作具有警方难以限制的快速性。而警方追求的处置效果是不使犯罪嫌疑人引爆、安全缴获其爆炸装置并将其捕获。这就势必使警方处置的难度增大。

(三)策略性强

缉捕持枪犯罪嫌疑人时的许多武力处置方法,均不能用于处置持爆炸物的犯罪嫌疑人。而只能结合当时的具体情况,因案施策,运用谋略,出其不意,以智取胜。缉捕持爆炸物的犯罪嫌疑人时可供选择的强攻手段少、行动过程更为复杂、战术要求更高、策略性更强。

二、处置原则

(一)确保安全,力避爆炸

确保安全、力避爆炸是缉捕持爆炸物犯罪嫌疑人时应遵循的首要原则。尤其是在站车这种公共场所的环境下。要求参战警察必须确实遵循这一原则,并以这一原则作为处置行动的依据。

1. 缓和事态,稳定局面

发现案犯持有爆炸物时,不可贸然采取攻击行动。应冷静耐心地与其展开对话,稳定其情绪,缓解其对抗心理,平稳局势。

2. 查清情况,及时上报

现场处置人员应通过观察、与犯罪嫌疑人平稳对话、向现场知情人调查,迅速查清以下情况:

(1)犯罪嫌疑人的犯罪目的及要求。

(2)所持爆炸装置的真伪。

(3)采用火具的种类和点火方法。

(4)所用炸药种类、性质、数量和破坏能量。

(5)是否具备爆炸知识和制作使用爆炸装置的技能。

(6)犯罪嫌疑人家庭状况、职业、生活习惯、最近经历的生活压力、是什么原因使他选择这种极端行为。

(7)犯罪嫌疑人的性格、心理特征。

(8)可对其进行劝导和施加影响的亲属、朋友及关系人。

查清情况后及时向指挥人员汇报,并对处置方案提出策略性建议。

3. 疏散群众,避免伤亡

减轻犯罪嫌疑人的心理压力,促使其恢复理智,有利于警方引导事态向良性发展,避免犯罪嫌疑人采取极端行为引爆爆炸物伤害群众。处置人员应向围观群众讲明真相,说明围观的危险性,将他们疏散到爆炸装置有效杀伤范围之外。疏散时可让人群中的治安积极分子协助,疏散后应画出警戒线,并请人员协助警戒,防止新的围观者进入。

4. 稳妥处置,力避爆炸

处置成功的标准是避免了爆炸。警察在处置过程中一定要保持头脑清醒、冷静耐心、不感情用事。对话时口气平缓,用语谨慎,晓之以理、动之以情。要避免使用刺激性语言,避免在犯罪嫌疑人视野内采取刺激性行动。除非能有效控制其引爆装置或一招制敌,否则决不莽撞行动。以避免爆炸,确保安全。

5. 全力争取,和平解决

从实质上界定,警控谈判是谈判学上的假谈判。它具有谈判的一切形式要素,但任何时候都保留有否认谈判的意图,属于警察谋略。在危机严重的时候,警方可遵守谈判规则,在站车环境下处置持爆炸物的犯罪嫌疑人,可力争遵守谈判规则,以取得对方的信任,要争取通过谈判解决问题。在这种环境下如果发生爆炸其后果难以估计,所以谈判的前期要有一定的诚意,尽量满足犯罪嫌疑人提出的各种“合理”要求。(当然有些承诺在事件处理完后也可不兑现或拖延)。尽快让犯罪嫌疑人恢复理智,唤起其求生的欲望。消除敌对情绪,通过有效的谈判力争和平解决,消除危机。从效果上讲,只要能避免悲剧性结果,以较小代价换取较大安全利益,也是谈判可接受的目标。

(二)和平谈判与武力处置相结合

谈判过程中不能间断武力处置的筹划与准备。谈判不是解决危机的唯一途径,其解决问题的主动性不在警方手中,一味地谈判会使警方的处置变得被动。当谈判不能消除危机,或出现我方能控制危机的有利战机时,无论谈判进展如何,都不能将希望全部寄托于谈判。只要有攻击的良好战机,就不必拘于君子协定,应不失时机地使用武力,以免错失战机,留下后患。

(三)把握战机,出奇制胜

处置持爆炸物的犯罪嫌疑人,应力避公开的、正面的、直观的攻击。应因案、因情施策,尽可能采取隐蔽的、侧面的和迂回的攻击形式。要善于抓住战机,精于谋略。在犯罪嫌疑人意想不到的时间、地点,采用其意想不到的战术手段出奇制胜。

(四)分工明确,策略处置

无论是谈判还是处置,车上的乘警和车站民警要分工明确,车上有人主谈,有人疏散并警戒,有人负责突击或近距离射击。车站分成谈判组、警戒组、狙击组、突击组、机动组、情报组、后勤保障组。有分工、有协同地形成合力,同时策略地使用战术方法,以保证处置成功。

(五)避其锋芒,异地处置

由于犯罪嫌疑人持爆炸物处于站车这种公共复杂场所,尤其是在列车上,就地处置的把握不大,条件不足,有可能出现较大风险时,应当假意答应犯罪嫌疑人的"合理"条件,创造条件让其下车逃离现场,我方隐蔽跟踪,寻机异地处置。

第四节　对站车内隐秘发现持爆炸物的犯罪嫌疑人的缉捕战术

对站车内发现持爆炸物的犯罪嫌疑人应迅速启动应急机制,开展爆炸案件的应急处置工作。通过情报获知有持爆炸物的犯罪嫌疑人在站车内,由于敌明我暗,我方占得主动,有充分的准备时间,根据犯罪嫌疑人的具体情况设计各种缉捕方案,选取最优方案,以保证一招制敌。绝对不能给犯罪嫌疑人任何反抗的可能。缉捕前尽量搞清爆炸物携带位置及点火方式。

一、对携带的拉发式、松发式、电点火爆炸物犯罪嫌疑人的常用缉捕战术

(一)虚张声势,震其下车(离站)

在铁路站车环境中发生的爆炸案件,犯罪分子常把爆炸装置装在提包、行李箱等包装物中,对于随身携带拉发式、松发式、电发火装置爆炸物的,不要在站车的环境内处置。派出着装警察加大巡视数量,将到站时对相隔车厢进行"三品"检查,对车站候车室旅客进行"三品"检查。通过铁路工作人员发布虚假信息。使犯罪嫌疑人不敢在站车的环境下久留,促其尽快下车或离站,而我方派出人员伪装跟踪监控,在非公场所的合适地点,找准合适时机。伪装袭击,将犯罪嫌疑人捕获。

(二)跟踪控制,择地袭击

对于随带携带拉发式、松发式、电发火装置爆炸物的,不在站车环境下处置。只派出伪装跟踪人员进行监控。犯罪嫌疑人离车离站后,在犯罪嫌疑人的必经之路设伏袭击抓捕,或引诱犯罪嫌疑人与爆炸物脱离后袭击,也可在其藏身落脚处设伏袭击。

二、对携带普通爆炸装置或在行李中携带爆炸物的犯罪嫌疑人的缉捕战术

(一)警力增援,伪装袭击

迅速添乘或增加警力,伪装成旅客,隐蔽接近。缉捕人员至少四人以上,现场警戒一人。两警负责控制犯罪嫌疑人的双手。一警根据犯罪嫌疑人的姿势站坐躺,将其摔倒或协助其他两警将其压伏。擒敌动作要迅猛。三人之间要协同,一招制敌,以保证安全。

(二)伪装旅客,到站袭击

缉捕人员至少四人以上,化装成旅客,在犯罪嫌疑人下车的车门口设伏。在车门两边守候,与跟踪的警察确认后,在其下车的一瞬间,迅猛出击,分工明确,互相协同,一招制敌,将犯罪嫌疑人缉捕。

(三)制造借口,设伏袭击

化装成铁路工作人员查票。认定其为假票,或故意与犯罪嫌疑人发生纠纷,要求其去餐车或值班室解决。在餐车或值班室设伏袭击,将犯罪嫌疑人捕获。

(四)时机准确,迅猛袭击

在车上选准犯罪嫌疑人上厕所、去封挡连接处吸烟、去餐车吃饭、已睡觉(在站内也可)等与爆炸物脱离及有较长反应时间的有利时机,伪装迅猛袭击,将犯罪嫌疑人捕获。

(五)转移注意力、突然袭击

通过问事、借火、送书,在相邻的车厢或车站犯罪嫌疑人的附近制造事端。吸引或转移犯罪嫌疑人的注意力。缉捕的同志从犯罪嫌疑人的背后发起突然突击,将犯罪嫌疑人捕获。

第五节 对站车内公开持爆炸物犯罪嫌疑人的处置战术

铁路是一部昼夜连续运营的社会化大机器,因其重要地位和影响,被称为国民经济的大动脉,往往成为犯罪分子实施爆炸的主要场所,铁路站车上发生爆炸,都会对铁路的运输生产产生极大的破坏和影响。

一、对站车内发现持爆炸物犯罪嫌疑人的先期处置

(一)在旅客列车上发现公开持爆炸物犯罪嫌疑人的先期处置

旅客列车是防范铁路爆炸案件的重要环节,列车上的工作做好了,就有可能事前发现犯罪嫌疑人,把案件消除在预谋阶段。在客运列车上发生犯罪嫌疑人公开持爆炸物犯罪后,当值乘警首先应向指挥中心报告,请上级指挥机关向铁路客运调度部门协调,使列车速度迅速降至每小时20公里,以防在高速行驶的列车上发生爆炸后产生更为严重的后果;其次在就近的车站停止前进,与铁路运输生产暂时隔离,防止产生更大的经济损失;同时使列车与运动状态隔离,便于我方的处置战术行动,并请求增派车站就近的警力为给予支援,并要求车长协同,指挥铁路客运服务人员将旅客向案发车厢两头疏散,然后乘警视情况决定伪装或公开进入案发车厢。

(二)在铁路车站发现持爆炸物犯罪嫌疑人的先期处置

站车防爆工作的重点在车下,必须堵死爆炸物进站上车的渠道,真正做到以地保车。在车站发生犯罪嫌疑人公开持爆炸物犯罪后,当值警察迅速向指挥中心报告情况,由指挥机关按处置预案,以最快的速度向案发地派出增援处置的警力,先期到达的警察(最好伪装成铁路客运人员)首先应以最快的速度疏散旅客,使旅客的距离在爆炸物的威胁之外。并维持住这个距离,给使用战术手段创造良好的条件。在车站发现爆炸物后,应以确保人员安全为原则,及时应用前期处置爆炸物的措施,避免产生严重危害后果。

1. 防爆毯覆盖法

(1)结构组成及特点。防爆毯一般包括两个部分:主毯和防爆围栏,由防弹纤维制成,为长方形,作用是包围可疑物并为主毯形成一个支撑,使主毯覆盖(苫盖)在可疑物上,并与可疑物之间保留一定的空间,以降低爆炸发生时的冲击力,使主毯能够更为可靠地吸附弹片。防爆毯大多由30~40层开普勒(凯夫拉)防弹材料制成,外形为正方形毛毯,一般有1.1米×1.1米和1.5米×1.5米两种规格。我国目前使用的多是国产的国峰防爆毯,抗爆威力

为500克TNT当量。

（2）处置方法。使用防爆毯时，选择安全处理点（一般距离爆炸物50～80米或有坚固遮蔽物的地方），由一人接近爆炸物，用防爆围栏围住爆炸物，再由两人分别扯住防爆毯四角，苫盖在爆炸物上。应注意防爆毯的作用是泄压，减弱爆炸冲击波，将防爆毯虚盖在爆炸物上（苫盖），不可用力压实，避免因用力触碰引发意外爆炸，防爆毯一旦被撕裂，已被吸附的弹片就会继续向四周飞散造成伤害。

2. 投入防爆罐法

（1）结构组成及特点。防爆罐形似上开口圆柱形垃圾桶，外层和内层都用厚钢板制成，用以抵抗爆炸发生时的强大压力，中层装填砂子、橡胶等防弹缓冲材料，用以吸收爆炸能量和减弱爆炸声响，防爆罐的内径一般为50～100厘米，能盛装小件行李、包裹、箱包等常见物品。设计抗爆能力为1.5～3.5千克TNT当量，要强于防爆毯数倍。

（2）处置方法。警察穿戴好排爆服后，应谨慎地接近爆炸可疑物，平稳地将爆炸物提起，轻放在防爆罐内，然后盖上盖。在防爆罐上一般都配有拉环和绳索，可以在可疑物被投入罐内后使用绳索将罐拖行到适当的地点，要平稳地搬拿爆炸物。应注意防爆罐的设计抗爆能力，只有当估计爆炸物内的炸药量小于防爆罐的设计抗爆能力时，才能将其投人防爆罐内。如果爆炸的威力远大于防爆罐的设计抗爆能力，则罐体可能被冲击波胀裂甚至撕碎，形成更多的破片，造成更为严重的后果，在放置防爆罐时也应尽量使其上端距离上方建筑物3米以上，保留足够的泄压距离，避免导向上方的冲击波破坏建筑物。

当发现爆炸物时，现场没有任何应急处置器材和工具，无法采取防爆毯覆盖法、投入防爆罐法应急处置措施时，一般不要触动爆炸物。可根据爆炸杀伤的弹片、超压、高热、撞击四种作用原理，采取一定的紧急措施减弱爆炸威力，应首先将爆炸物周围的钢铁硬物、玻璃片等较硬的东西移走，防止一旦发生爆炸，这些硬质物体破碎并随冲击波飞散，形成更多的弹片，对周围人、物的杀伤。例如，在候车室、售票室等室内发现了爆炸物，应将门窗打开，移走爆炸物周围的柜、桌子等阻挡物，以利发生爆炸时爆炸冲击波的泄散，如在行李房内有易燃物品、剧毒物等，应尽快将其移走。如有可能切断现场的电路、燃气管道等，防止发生爆炸，形成大火或泄漏有毒气体等或爆炸二次灾害导致的人员伤亡和财产损失。

二、对站车内持爆炸物犯罪嫌疑人常用的处置战术

（一）谈判攻心战术

谈判战术是进行心理战的主要方法，它是以使用语言为主，采用劝说、商谈、利诱等方式，使犯罪嫌疑人被迫放弃爆炸物，并向警方投降，从而达到和平解决的战术手段。在站车环境下主谈人员一般都由警察担任或指挥。当然能伪装身份，避免刺激犯罪嫌疑人更好。

谈判攻心战术的实施

（1）主谈人员自我介绍，建立合作的基础。负责谈判的主谈乘警或车站民警要以温和的态度自我介绍，充分尊重对方，并对其行为表现出一定的同情心，使其尽快从激愤、恐慌的情绪中冷静下来，恢复理智。建立一定的相互信任，保证谈判能顺利进行下去。

（2）探明条件，减轻压力。注意倾听，不要轻易打断犯罪嫌疑人的谈话，让其把话说完，减轻其思想压力，唤起解决问题的希望。对其提出的问题条件有一定的认可，对于能满足的尽量满足，争取在站车环境下和平解决。

（3）利用犯罪嫌疑人流露出的情感因素，立足劝降。充分利用其求生欲望及各种情感，

促使犯罪嫌疑人放弃犯罪,和平解决。

(4)对犯罪嫌疑人所提要求的应对方法。对在站车环境下犯罪嫌疑人提出的要求应尽量满足。对于无法解决的问题不要一口拒绝,而以请示汇报为由拖延时间。

(5)对已降服的犯罪嫌疑人的处置。通过谈判,如对方已答应警方条件主动交出爆炸物,应当予以肯定,同时应让对方解除爆炸装置,并放到警方指定地点,在进行严格的搜身后予以缉捕,在车上将爆炸物迅速转移至车下,并请专业人员处置。

(二)近距离处置战术

1. 查清火具种类和点火方法。火具是点火和引爆炸药的器材。主要用于点火和起爆炸药。常用的火具有雷管、电雷管、导火索、拉火管、导爆索等。点火方法是指起爆破炸药的方法。常用的点火方法有:导火索点火法、电点火法及导爆索传爆法。如果是触发式点火法,还要进一步弄清是拉发式、压发式、还是松发式。

缉捕持爆炸物的犯罪嫌疑人,核心是制止其爆炸物炸响。制止炸药爆炸的关键是控制其引爆装置。弄清火具种类和点火方法,比弄清爆炸物破坏能量更为重要。因为无论爆炸物破坏能量的大小如何,都应确保其不炸响。

2. 近距离处置方法。处置持爆炸物的犯罪嫌疑人,应依据其采用的火具和点火方法,采取相应的处置行为。近距离处置时,成败在于一瞬间,要求动作要迅速、准确和突然,不给对方以反应和招架的时间和机会。

(1)控制火具,使其不能引爆。谈判人员利用谈判过程建立的基本信任,满足犯罪嫌疑人送水、送饭、送烟、送钱的求,吸引其注意力,趁其不备。武力攻击人员以迅猛的动作突然采取以下措施:犯罪嫌疑人持电点火装置时,当其手脱离点火开关时,将其控制开关手强力控制;如用导线与电池相连后起爆的,将电池夺走或控制;当电池与一端线头由两手分握时,将握线头的手牢靠控制。犯罪嫌疑人使用的是导火索点火法时的措施:应抢走或将火源打掉在地,牢靠控制住握火源的手。犯罪嫌疑人使用拉火管装置时,应将拉火管拉柄连同管体死死握住,或将双手钳住,使其不能接触火具。在控制火具的队员得手的瞬间,突击组的其他成员应迅速上前控制犯罪嫌疑人的双手,上背铐,控制牢靠后,再将爆炸装置解下并搜身。对持电开关装置的犯罪嫌疑人不可将其摔倒,以防撞击点火开关发生爆炸。

(2)隐蔽偷袭,强行抓捕。谈判人员(着装或伪装身份)及其他参战警察伪装旅客身份围观。当搞清对方的点火装置需用外火源,或犯罪嫌疑人的手已离开点火开关时,从犯罪嫌疑人的背后突然袭击。控制其双手并反住颈椎关节,将手和身体牢靠控制后,将爆炸装置解下,在仔细搜身后上铐押解。具有以下情况之一时,均不能轻易采取抓捕行动:

①没有完全弄清楚对方使用火具的种类和点火方法。

②没有良好的贴靠条件,无法达成行动的突然性、准确性和可靠性。

③犯罪嫌疑人手中握着引爆开关。

④没有控制对方双手的绝对把握。

⑤没有有效控制其引爆装置的绝对把握。

(3)近距离枪击致命部位。

①在站车环境下(尤其是在车上),旅客已疏散后,再谈判下去可能导致爆炸的后果时,主谈人员设法转移犯罪嫌疑人的注意力的一瞬间,伪装成旅客的警戒人员迅速准确地向犯罪嫌疑人的胸部、头部连续射击(爆炸物在腰部),将犯罪嫌疑人击毙以保证安全。

②如果列车被迫停车,可以用合适的借口将车窗打开。车下的攻击组隐蔽地前进到车

窗下,趁犯罪嫌疑人注意力转移或是处于犯罪嫌疑人视野的盲区时,突然搭人梯用枪向犯罪嫌疑人头部准确射击,将犯罪嫌疑人击毙。

(三)满足条件、异地处置战术

在站车的环境下,对持爆炸物的犯罪嫌疑人一旦处置不当,后果无法估量,首先通过谈判设法诱离站车环境:也可先满足犯罪嫌疑人"合理"条件,或满足一部分条件。让犯罪嫌疑人逃离站车场所后,通过远程跟踪或在犯罪嫌疑人必经之路设伏,异地捕歼。

(四)远距离精确枪击战术

对持有爆炸物的犯罪嫌疑人实施狙击,是在谈判等其他战术不能奏效、双方继续相持可能会造成犯罪嫌疑人引爆的情况下,为避免爆炸后果,适时实施的狙击。在列车环境下此战术方法受限,在车站环境下有较好的使用条件。

采用远距离精确射击应把握以下几点:

1. 射手技术必须过硬,枪支弹药性能优良,狙击手应请防爆队的专业人员担任,以保证狙击的效果。

2. 选择有利地形,并巧妙伪装,不能让犯罪嫌疑人有所察觉,使犯罪嫌疑人产生绝望情绪,并保证打击的突然性。

3. 把握好射击时机和命中部位,当指挥下达可以射击的命令后。出现犯罪嫌疑人全身暴露在枪口前或头部暴露在枪口前时,应抓住战机,一枪击中犯罪嫌疑人的头部。使犯罪嫌疑人瞬间毙命。

4. 统一口令,齐打齐停,如果有条件可安排两名以上的狙击手。当观察员发现时机后,统一口令,对准要害部位,齐打齐停,以确保狙击成功。

5. 接近已被枪击后的持爆炸物犯罪嫌疑人的战术动作。犯罪嫌疑人被击毙后,不要一拥而上,以防诈死,一名警察持枪从犯罪嫌疑人视觉的盲点边观察边接近,在其两米外停顿一下,如无反应,便突然迅速上前,将犯罪嫌疑人的手控制住。一名警察上前解下爆炸装置并转移后,其他人员再靠前,仔细搜身。

三、缉捕站车环境下持爆炸物犯罪嫌疑人时应注意的问题

1. 爆炸案件现场不要使用电台和无线移动电话,以免频道信号激活爆炸装置而造成引爆,在现场发现爆炸可疑物时严禁触摸,并请求专业人员前来处置。

2. 在站车环境下,慎重采用将犯罪嫌疑人先击伤后抓捕的方法,因为此种方法不足以让犯罪嫌疑人丧失反抗能力,反而会刺激犯罪嫌疑人引爆爆炸物。

3. 在站车环境下,慎用以警犬扑咬为先导的捕获方法,此种方法接敌时间过长使犯罪嫌疑人有引爆爆炸物的时间,所以不宜采用。

4. 在站车环境下,慎用非杀伤性武器为先导的缉捕方法,此种方法也存在犯罪嫌疑人没有丧失反抗能力,反而会导致犯罪嫌疑人因绝望而引爆爆炸物。因发生爆炸引起的建筑物倒塌、煤气泄漏、高压线断裂漏电等险情时,应立即组织警力配合有关部门予以抢险,并派出警戒哨,避免发生不必要的人员伤亡。

【本章小结】

铁路公安机关在站车内发现爆炸物及缉捕持爆炸物犯罪嫌疑人时,应迅速启动应急机制,获取铁路爆炸案件发生时空范围内最有知情条件的人员线索,迅速制定周密的搜索、追

缉堵截等紧急查缉措施,减少持爆炸物犯罪嫌疑人蒸发的时空条件。本章对缉捕持爆炸物犯罪嫌疑人的战斗特点、处置原则和处置方法进行重点阐述。

【思考题】

1. 对常见的炸药、点火、起爆器材及爆炸装置如何认定与处置?
2. 对站车内发现公开持爆炸物犯罪嫌疑人的如何进行先期处置?
3. 对站车环境下持爆炸物犯罪嫌疑人常用的缉捕战术有哪些?

第十一章　铁路解救人质战术

【教学重点与难点】

重点：铁路解救人质的风险评估、处置程序

难点：高铁列车解救人质应急处置

震惊世界的“9·11”事件的发生，刺激和加剧了恐怖分子制造恐怖活动的欲望。近年来，绑架、劫持人质活动愈演愈烈，恐怖活动呈现出专业化、国际化、高技术化、背景复杂化，以及巨大的破坏性、手段的血腥残忍性等特点。

恐怖主义手段对人类社会造成的危害是多方面的，随着绑架、劫持人质活动的升级、发展，恐怖组织的手段日趋多样化，活动范围和袭击的目标也更加广泛复杂，恐怖组织的袭击目标也从点扩大到面，从暗杀、爆炸要人发展到劫持人质，危害不特定多数人的生命、财产安全，甚至劫持航空器、车、船等运载工具。例如，2013 年 9 月 21 日中午，来自与“基地”组织有关联的“索马里青年党”的十余名恐怖分子闯入肯尼亚首都内罗毕韦斯特盖特购物中心，蒙着面纱，对着毫无防备的平民用机枪扫射、投掷手榴弹，恐怖分子拒绝和肯尼亚军方就释放人质进行谈判，该事件造成240 人伤亡，其中61 名平民、6 名军警和 5 名武装分子共 72 人死亡。铁路作为我国最重要的大众化交通工具，具有人财物高度密集、联动大、影响大的特点，一直是暴力恐怖分子袭击的重要目标之一。作为肩负着处置铁路突发事件重要任务的铁路公安机关，为适应新形势下铁路站车治安状况，进一步提升铁路警方在反劫持应急处置工作的反应能力、处置能力和防控能力，在铁路安全保卫和突发事件的应急处置中，营造和谐铁路、确保旅客平安，北京、上海、广州、西安、兰州、昆明等铁路公安机关先后进行了大规模铁路站车解救人质的实战演习，以铁路车站及旅客列车上可能发生的暴力恐怖和劫持人质事件为背景，重点演练启动《铁路公安机关处置突发事件应急预案》铁路特警、刑警、治安警和刑事技术民警等多警种协同作战，完善了警力快速集结、封锁、谈判、突击等各个关键环节，有效提高了应对铁路站车发生劫持人质事件中的应急反应、组织指挥、协调配合等处置能力。

第一节　铁路解救人质战术概述

一、铁路劫持人质案件的概念

铁路劫持人质案件，是指发生在铁路范围内，犯罪嫌疑人以暴力、胁迫等手段限制他人人身自由，并以残害、折磨被控制者为要挟，强迫被控制者本人或他人按照其意愿做或不做某种行为，并以此作为释放被控制者条件的恶性案件。人身自由被犯罪嫌疑人控制的称为人质，劫持犯罪是严重的暴力犯罪行为。犯罪分子或犯罪嫌疑人劫持人质时，通常持有枪支、爆炸装置或刀具等犯罪工具。

二、铁路劫持人质主体

劫持人质主体，即参与劫持行动的行为者。劫持者在实行劫持行动时，既可以是单人，也可以是多人合作。在研究劫持问题时，对劫持主体的构成、身份和地位做深入研究，有助于掌握劫持者的犯罪规律，特别是在平时防范时，注意加强对一些危险人群的监控，在反劫持行动时，有利于取得解救行动成功的效果。

在历史上，外交政府、军事要人曾一度被恐怖分子视为绑架与劫持的首选对象，但随着时间的推移，世界各国加强了对外交、政府目标的安全保护。1976 年 12 月，联合国通过有关反对人质劫持的 311 号决议。1979 年 12 月，联合国再次通过《反对劫持人质国际公约》，各国政府都加大了对恐怖分子的打击力度。在这种国际反恐的趋势下，恐怖组织从以往绑架与劫持政府、军事人员，转向富翁、名人、游客和其他人员。与此同时，经济利益成为主要诱因之一。恐怖分子劫持人质后，往往要求受害方或政府支付巨额金钱作为释放人质的条件。即使第一动机并非经济因素，但恐怖分子在劫持行动的过程中也经常将金钱支付作为附带条件或替代条件。根据社会行为学说，社会的某一行为都与特定的人群、阶层有着必然联系。此外，劫持人质事件还存在触发的土壤与诱因，在一定的条件与氛围下产生作用，表现在劫持人质问题上，一些人参与劫持的概率相对较高，同样与该社会群体的性质相关，应对其社会背景予以关注。一些人走上劫持人质的犯罪之路，除了其自身的内在原因之外，外在的原因也起了一定的作用。

（一）恐怖分子

恐怖分子在铁路上实施劫持人质等恐怖活动，造成旅客生命财产的重要损失。因此，铁路反劫持斗争应以“预防为主”为基本指导思想，全面加强事前安全防范工作，大力加强反劫持情报工作，努力将铁路劫持活动制止在阴谋策划阶段。这是有效开展铁路反劫持的根本要求，因此加强事前铁路安全防范工作就具有特别重大的意义。

当前，境外恐怖组织利用国际铁路通道向我国境内试探性运送违禁品，企图筹划暴力恐怖活动。境内恐怖分子设计将恐怖活动所需的爆发装置、化学试剂等放入普通物品通过铁路运输，试图实施恐怖活动正成为铁路面临的现实危害。

恐怖分子为了达到目的，不惜制造血腥事件，引起轰动效应，造成社会恐慌，屡屡进行暗杀、劫持、爆炸。在对铁路反恐斗争中，要注意对恐怖组织进行渗透，在恐怖组织中建立内线，获取有关的情报，先发制人，将其破获，以减少恐怖分子造成的社会危害，有利于打击恐怖分子的气焰，威慑恐怖分子，打造平安铁路站车。

铁路面临最现实、最直接的恐怖威胁来自以“东突”“藏独”为代表的“三股势力”。其中，“东突”分子的恐怖破坏活动已有加剧之势，他们持续搜集铁路隧道、桥梁、行车指挥系统、信息通信系统和高铁列车等方面的情报，绘制铁路重要目标示意图，多次试图对铁路发动大规模的恐怖袭击。“东突”恐怖势力在我国新疆及其毗邻地区制造了许多骇人听闻的暴力恐怖事件，先后在新疆各地策划组织实施了一系列爆炸、恐怖、暗杀活动，造成了大量的人员伤亡。当前暴力恐怖活动正处于活跃期并已出现向内地蔓延之势。2013 年 1 月到 10 月，新疆共发生 199 起暴恐案件，从发生的巴楚“4・3”、鄯善“6・6”、和田“6・8”重大事件来看，暴恐团伙和“新生代”团伙成员不断滋生。目前“东突”势力正在改变活动策略手法，对武装分子进行训练，训练其驾驶、射击、爆破及恐怖袭击的实施方法等，通过发布视频，教唆“圣战”等方式频频煽动境内实施暴力恐怖活动。

（二）宗教极端分子、邪教教徒或反政府武装人员

“冷战”结束后，世界上爆发的大规模恐怖暴力事件大多数系宗教极端主义分子所为。“基地组织”等国际恐怖组织虽遭受重创，但“僵而不死”，采取化整为零的方式从阿富汗向东南亚、西亚、北非等地转移渗透，与“伊斯兰祈祷团”、索马里青年党以及车臣非法武装等恐怖组织相勾结，不断在世界各地制造恐怖暴力事件。宗教极端分子是对现代国家社会稳定的重要挑战，特别是在一些宗教势力相当活跃的地区，宗教极端势力广泛渗透到社会生活的方方面面。宗教极端思潮往往与现代生活相悖，具有典型的反世俗、反时代、反科学特征，与世界发展潮流相左。当其遭遇到世界主流思想、政府以及民众反对、压制和冲击时，往往产生强烈反弹，实施极端行为。

邪教教徒是指对邪教教义深信不疑的顽固分子，大多具有偏执、变态、极端的精神或心理障碍，但又自视为正义、神圣。在社会生活中这类人员多以小众、非主流生活方式为荣，却容不得他人客观真实的评述。日本的“真理教”、中国的“法轮功”就具有代表性。邪教教徒往往会因他人的反对、压制甚至不同意见而突然采取暴力行动，劫持人质，强迫被劫持者或其他人接受、同意他们的观点和主张。

反政府武装人员虽参与劫持的目的不同，但都是为反对现政府，达成政治目的，引起国际社会关注，这类人员往往劫持涉外人员或国际航班，为筹集活动资金，也有可能劫持名流富豪勒索巨额赎金。东南亚、南亚、中亚、非洲、拉美等国家和地区，由反政府人员引起的劫持人质事件时有发生。

（三）歹徒或少数军警及军警的退役人员

歹徒是平时作恶多端，劫持人质被发现后负隅顽抗，不惜伤害人质生命。人们将平时心存险恶、时刻寻机犯案的一类人称为歹徒。这类人平时难以发现，在没有实施犯罪活动之前，仍不宜将其视为歹徒。歹徒最大的特点是丧心病狂，犯案在逃时随时可能劫持无辜人员。因此，在劫持案中，歹徒是易犯此案的高危分子。在劫持人质事件中，发生过少数军警或军警退役人员参与劫持的事件，作为特定人群，军警人员受过枪械专业训练，有一定的反侦察经验，在铁路发生劫持人质案件对社会的危害更大。

（四）青少年中的不良分子

青少年犯罪在我国受到全社会的关注，青少年之所以犯罪率高，与青少年自身的特点及其受教育程度密切相关。青少年正处于成长阶段，世界观、人生观仍未定型，生理尚未成熟，易产生情绪波动，容易受到外界的不正常干扰，受到不健康的思想影响和不正常的情绪支配，以致做出不法行为。在当今社会中，也出现了青少年参与或制造的劫持事件。因此，实

现铁路的长治久安,要进行法制宣传教育,增强人民群众守法和护路的意识。要通过长期制度化的宣传,充分利用各种新闻媒介和宣传载体,加强与群众的互动性,提高青少年对铁路的认知力,构建和谐警民关系。

(五)精神病患者及其他疾病患者

精神病患者犯病是一种无意识的行为,没有自制能力,容易受制于他人,或因异常事件,在不确定的时间或不确定的情况下制造危害社会的举动。但精神病患者患病的程度各有不同,有的旅客由于长时间乘坐铁路列车,列车内客流拥挤,空气不畅通,从而导致犯病。因此,监护人员必须加强对精神病患者的管理,使之对社会的危害程度尽可能降低。也有另一种疾病患者易于制造恐怖事件。例如,某人患了一种绝症,并由此产生恐怖心理,或因出现某种疾病,导致社会对其歧视,或者长期求医不见好转,以致产生绝望情绪;有的负债累累,无经济能力继续医治,可能导致这些疾病患者在铁路列车上产生情绪失控,最终实施违法犯罪行为。

三、铁路劫持人质行为

铁路劫持行为是劫持者为达到劫持目的,对所要劫持的对象进行预谋、设计、准备、跟踪、劫持的系列过程。其中,最后一个阶段是整个劫持过程的核心,如没有劫持行为,只有劫持动机是无法构成劫持案件的。在铁路站车反劫持行动中,研究劫持行为的规律是解救人质能否成功的关键环节。

(一)劫持手段

了解和掌握犯罪嫌疑人的劫持手段,包括获取武器、凶器、爆炸物等,以及携带武器、凶器、爆炸物等器械进入劫持目的地的情况,对于有效解救人质是非常重要的因素。

1.武力劫持与非武力劫持。根据劫持者劫持手段的性质,可将劫持分为武力劫持与非武力劫持。分析大多数的劫持案件,劫持者大多都使用了武器、爆炸物、刀具、枪械等,而非武力劫持案件则相对较少。在铁路尤其是在旅客列车上发生的劫持案件中,劫持者有可能未携带任何武器、器械,但这种情况只有三种表现形式:一是劫持者人高马大,明显占据优势,或劫持者人数占据优势;二是被劫持者是妇女或儿童,属于力量较弱一方;三是无准备的情况下的激情劫持。因此,非武力劫持也是相对而言的。两类劫持行为的区别在于解救人质过程中,对于未使用武器的劫持行为,警方不必过多考虑人质与自身安全,解救的成功率较大。甚至在相持到一定时候,劫持者可能被说服,使人质事件得到和平解决。在一些案例中,劫持者虽然采取命令式、恐吓式的言语,关键之处,是要明确劫持者身上到底有无携带武器,这对在铁路站车解救人质是非常重要的。

2.使用武器、器械、爆炸物。警方需了解劫持者使用武器、器械、爆炸物种类、性能,一般来说,劫持者使用的武器、器械、爆炸物有三种:一是凶器,如匕首、刀具、斧头等;二是各种枪械,如手枪、自动步枪、猎枪等;三是爆炸物,如定时炸弹、触发性炸药、手榴弹等。当然还有一种情况是劫持者使用的武器是假的,在实际的反劫持行动中,也很难判断其使用的武器的真假,同样应引起高度重视为避免意外事件的发生,在处置阶段也将这种行为视为使用了相应的武器。在劫持者使用武器、器械、爆炸物三种情况下,都可能使人质处于危险状态,也会对警方构成威胁。但在了解和掌握劫持者使用武器、器械、爆炸物种类、性能的情况后,就能因案施策,采取不同的解救人质方案。

3.就地劫持、移动劫持、隐匿劫持。劫持者劫持人质后,往往在不同空间中进行移动。

根据其劫持的人质特点与所在位置,可将劫持分为就地劫持、移动劫持、隐匿劫持三种。就地劫持,即劫持位置不变或相对不变,如在候车室、售票厅实施劫持;移动劫持,指劫持者将人质劫持离开铁路站车到其他地点,在移动劫持中,也存在相对移动的状况,如在列车上发生劫持人质事件,劫持者与列车座位的位置是相对恒定的,但可移动;隐匿劫持,指劫持者为达到目的,避免展露身份,摆脱警方打击,将人质隐藏在外界较难发现的地方,只通过中间人或者匿名方式与人质家属或相关方面联系。隐匿劫持是解救人质案件处理难度相对较大的案件。

(二)劫持动机

在铁路劫持人质案件背后,存在不同的劫持动因,有的只要拿到赎金就会释放人质,但有的劫持人质案件中存在多重目的:

1. 勒索钱财。劫持者通过劫持人质,威胁人质的生命安全,迫使其或家属交纳巨额赎金。勒索财富是劫持人质案件中常见的劫持动机,尤其是以劫持名人、富豪、幼童为对象的,基本上都是为了获得财富。当索要赎金到手后,劫持者会释放人质。但也出现劫持者在遭到人质反抗时杀死人质,仍然向人质家属索要赎金的行为。

2. 追讨索要债务。在有些劫持案中,劫持者是债权人,被劫持者却是债务人。这类劫持人质案件的发生,主要是一些债务人欠债不还,债权人在多次追讨等诸多手段均不见效的情况下,发现债务人乘坐铁路列车外出,就有可能在铁路站车上采取劫持的方式,威逼债务人还债、索要债务或作出相应许诺。

3. 复仇。仇恨犯罪是现代犯罪学研究的一个重要问题,也是劫持案件中常见的动机,在劫持案件中占有一定的比例。因仇恨引起的劫持,最有可能的现象是劫持对方的幼童或女眷。在劫持的案例中因宗教、民族、种族、血缘关系引起的劫持人质的案件屡见不鲜,如美国占领伊拉克后,对美国的仇恨导致美国人在伊拉克屡屡被劫持,甚至被处死。

4. 政治目的或宗教狂热。对一些持不同政见者,劫持对立派别的政治人物,谋求使对方中止对己方不利的活动、舆论或政策。一些民族分离主义者可能采取劫持人质行动,企图引起国际社会注意,特别是因宗教原因导致的人质事件,如在中东地区,犹太教原教旨主义者曾劫持过阿拉伯人,而宗教激进主义者针对犹太人的劫持事件屡有发生。在全球化迅猛发展的今天,一些地区在国际竞争中不断落伍,使原教旨主义情绪不断上涨,并对世俗力量、国外力量产生激烈对立,直至发展到对对立力量实施劫持行动。

5. 逃避执法。在铁路警方查验“三品”、车票、身份证,查缉追逃等警务执法过程中,有的违法分子拒不配合警方执法,或正在通缉中的犯罪分子拒捕,可能将身边的无辜旅客群众劫持为人质,通过威胁人质的生命安全,让警方放弃对其实施的执法或查缉,这种动机下的劫持人质案件虽然尚带有偶然性,警方应事先做好预案予以防范。

四、铁路解救人质行动的特点

(一)指挥要求高,使用武器受限

铁路警方在铁路站车解救人质行动中,由于空间小,人员密度大,为解救人质、保护人质安全而使解救行动受到制约,警力、武器使用受限且难以发挥作用,使战术、技术水平受到制约和影响,成功的解救人质行动往比其他查缉行动难度大。

(二)案发突然,任务紧迫

铁路劫持人质事件,是犯罪嫌疑人为达到目的,经过长期预谋、周密策划准备后,选择有利时机,突然实施的犯罪行动。犯罪嫌疑人为了实现其目的,常以残害人质为要挟,限时要求政府或团体满足其提出的条件,人质生命安全随时受到威胁。

(三)行动风险大,要求高

由于铁路站车是公共场所,人员拥挤,尤其是在旅客列车上,列车高速行驶,解救人质行动事关列车、人员的安全,要有效制服劫持者。一旦方案不周、战机把握不准、情况处置不当,会导致解救行动失利,造成铁路运输安全的不良影响。因此,在铁路站车解救人质的行动具有较大的风险性,处置难度高。

(四)情况变化快,战机稍纵即逝

在铁路上劫持人质,犯罪嫌疑人通常警惕性高、戒备意识强,有严密的防范措施,加上犯罪嫌疑人始终严密控制人质,战机不容易创造和把握。

第二节 建立铁路反劫持预防和解救风险评估机制

为提高铁路警方解救人质事件的处置能力,加强应对劫持人质事件的预防措施和反劫持机制建设、重视铁路安全防范力量的建设,建立精良有素的铁路反劫持机制,进行事先预防,并对铁路解救人质进行风险评估、选优决断是铁路解救人质决策程序的关键一环,也是处置行动关键性步骤,其有助于减少铁路劫持事件的发生,降低人员的伤亡,加快劫持事件的解决,保障铁路运输安全。

一、加强对铁路站车安全保卫工作

2013 年 12 月 29 日 12 时 45 分,俄罗斯南部交通枢纽城市伏尔加格勒火车站靠近一楼入口设置金属探测器的地方,一名女性恐怖分子引爆身上的炸弹,造成 18 人死亡,50 多人受伤,火车站两层被炸。30 日 8 时 10 分早高峰时段,一辆无轨电车被炸弹炸飞,车顶被掀翻,碎片四散街头,造成 15 人死亡,28 人受伤。连续恐怖袭击显示,北高加索地区的恐怖主义、宗教极端主义势力向俄罗斯腹地蔓延,恐怖袭击后,俄罗斯 10 余万名救援人员进入战备状态。针对近期世界各地连续发生多起较大规模的铁路爆炸事件,以及国内外反恐斗争的现实形势,各国警方在反恐斗争中均坚持将主要的人力、物力投向领导人及重要军政机关、关系国计民生的基础设施及大型交通枢纽的安全警卫措施上。美国明确将首都地区的电力系统、油气储存和运输设备、交通运输线等紧急服务单位等七类目标列入与重要政府部门同等级的安全防范目标名单。许多国家还重视采取措施加强对铁路的安保工作。比如,英国的铁路运营公司通过设立闭路电视监控系统、拆除车站内垃圾桶,将可放置物品的地方设计成斜坡等措施提高了铁路安全性。鉴于此,在我国的反恐体系当中,应把铁路列入安全保卫的重点对象,把铁路(包括地铁等轨道交通)的反恐方案纳入反恐体系当中。在铁路系统内部,应该重点把车站、货场、列车等列为安全防范的对象,切实提高铁路反劫持能力,防止恐怖主义分子的破坏活动。

二、重视铁路反劫持专业力量建设

恐怖主义的危害严重,世界各国都高度重视,各国在加强和完善反劫持机制的同时,还建立起反恐怖主义活动的情报、协调指挥部门,而且还不断加大投入,加强反恐怖特种力量建设。美国、俄罗斯、英国、法国等国家均有反恐特种作战部队,并在经费和装备等方面上给予了大力扶持,使之具备了在复杂条件下完成特殊任务的能力,在反恐斗争中发挥了强有力的突击作用。俄罗斯安全总局直属的"阿尔法"部队就曾于1995年和2002年先后两次成功地完成在首都地区解救人质的任务,沉重打击了车臣恐怖分子的嚣张气焰。

铁路公安机关担负着维护铁路安全的重担,成为首当其冲的铁路反恐主力,坚决打击恐怖分子针对铁路的违法犯罪活动,提高铁路警方处置铁路站车解救人质事件的能力,打击铁路恐怖活动,是预防铁路恐怖活动的强大保障力量。特别是在远离大中城市的铁路沿线的公安机关建立反恐专业队伍是非常必要的。明确反恐作战的任务,加强所需武器装备的配备,加强日常的反劫持专业技能培训、演练。训练内容包括对政府高级官员的护卫、站车安全、爆炸物搜寻与清除、人质谈判、危机处置等,保证随时机动地进行反恐怖突击营救、排爆、缉捕行动。只有坚持"立足预防、主动打击、高效处置"的原则,铁路反恐、反劫持专业力量才能发挥打击铁路恐怖活动的整体作战效应。

三、发挥铁路职工在反劫持斗争中的特殊作用

反劫持斗争是一项综合性很强的工程,一旦出现人质危机后,往往需要各方力量介入,特别是在铁路站车内发生劫持人质事件容易引起旅客的恐慌,需各方面协同配合。因此,建立综合性的应急系统是反劫持斗争取胜的重要保证。在我国的铁路反恐、反劫持体系中,要重视铁路站车职工的特殊作用。由于铁路分布范围广、联动性强、易破坏环节多,要实现铁路的全面反恐体系建设,必须充分发挥铁路职工和各种护路联防组织的作用,使铁路的列车员、列检员、客运员、行李员等职工在各自的岗位上,提高防恐反劫持意识,担负起现场预防、发现、处理、报告、救护等反恐、反劫持职责,铁路公安机关和铁路企业的领导应该加强这方面的领导、组织、教育、培训等工作。

四、加强铁路反恐的宣传

除了严格铁路站车安全设施与安全检查外,号召旅客为打击恐怖主义活动提供可疑线索与情况,是防范打击恐怖主义的有效对策之一。在20世纪七八十年代,英国人进入大百货商店都得接受检查。电台、电视台和报纸杂志都一再提醒人们提高警惕,公共建筑物和商店都有标语提醒人们严防恐怖活动,把反恐怖斗争看作自己分内的事;还设立专线保密电话,鼓励公民对可疑人员、车辆、包裹等情况及时报警,从而减少恐怖活动的发生与破坏性。英国政府在反恐方面的上述做法给我国铁路反恐、反劫持工作提供了有益的借鉴。在反恐怖、反劫持行动中,大多数国家都普遍要求或希望新闻媒体对恐怖事件的采访报道要站在有利于政府解决危机事件,有利于公众利益的立场上,强调应该要理性地缓解社会压力,而不是添油加醋,增加政府与警方解决危机事件的难度,更不得泄露政府与警方有关解决危机事件的秘密。要通过长期制度化的宣传,来提高我国铁路旅客的"反恐"意识,甚至通过演习来提高广大旅客对铁路恐怖事件承受能力,使铁路旅客了解如何"反恐",只有不断地宣传铁路反恐知识,提高旅客的"反恐"意识,才能在遇到铁路恐怖、劫持事件发生时,使旅客能"不惊不乱",以维护铁路安全稳定。

五、建立铁路站车反劫持处理与应急机制

自公安部部长郭声琨在2013年8月27日召开的国家反恐怖工作领导小组第一次全体

会议上强调:要最大限度地将暴力恐怖活动摧毁在行动之前,最大限度地消除暴力恐怖主义的现实威胁,最大限度地铲除滋生暴力恐怖活动的土壤。在铁路站车反劫持斗争中,除了国家需要制定国家的反恐怖、反劫持政策,协调各有关部门的关系建立反恐、反劫持工作应急协调机制外,铁路部门建立铁路站车反劫持处理与应急机制是非常重要的。对于发生的铁路恐怖劫持人质事件,各个部门能够协调运转,及时作出相应的反应。对处理铁路站车突发事件,应确保处理与应急机制高效运行,通过一系列清晰明确的规范,规定相关部门应有的责任和动作,一旦发生劫持人质事件,反劫持处理与应急机制便相应启动,各个部门自主地进入应急状态。铁路站车反劫持应急系统是多方面多层次的综合处理系统,主要包括信息、情报、监控、通信、指挥、消防、排爆、急救、救援、人质解救、保障、调查、媒体等多个子系统。铁路部门应该在国家反恐应急体系的框架下,积极建立完善铁路站车系统的反恐、反劫持应急系统,从规划、机构、人员、经费、设备、预案、演练等方面逐项落实,以便迅速、主动、有效地应对铁路突发恐怖、劫持人质事件。

六、对铁路解救人质行动进行风险评估

由于铁路解救人质行动通常都是在紧急状态下进行的,时间紧迫,且犯罪分子在铁路站车上作案后流窜性大,案情随时会发生变化。因而,指挥员难以事先论证,更不能完全按预案实施,使铁路解救人质面临着风险。这就要求铁路警方要对风险保持高度警惕,对铁路解救人质行动进行风险评估。选优决断是铁路解救人质决策程序的关键一环,也是处置行动的关键性步骤,对铁路解救人质处置行动方案进行分析评估应从成功率高、战斗效率好、符合法律规定、风险度小、应变性强、实施难度低诸方面进行全面评估,决策者根据“两害相衡取其小”“两利相衡取其大”的原则,从中选优决断,确定最佳方案,还应根据铁路站车处置行动可能发生的变化选定几个备用方案,确保解救人质行动的成功。坚持科学的组织和实施指挥行动,减少盲目性、随意性,最大限度地规避风险。

铁路劫持人质事件发生后,是否需要谈判、在何种情况下开展谈判较为适宜、何种情况下终止谈判,需要建立一种现场评估制度予以认定,避免处置过程中造成人员伤亡和财产损失及警力资源的浪费。美国旧金山奥克兰警力制定了一套比较科学的反劫持人质的评估方法,警方在迅速赶到人质危机事件现场后,并不急于投入谈判,而是在初步调查访问的基础上开展反劫持人质评估,按照预先设定的表格项目进行打分,当分值累计超过限额后才开展谈判,不到限额就表明不需要谈判。此外,由于每起人质危机事件的处置难度各不相同,解救人质的结果也大相径庭。因此,应在实践基础上建立并完善反劫持人质评估制度,这不仅有助于改进谈判和武力解救人质,更有利于保障铁路运输大动脉的畅通。

铁路劫持人质事件是否需要谈判的可行性评估,根据劫持人质事件劫持者的主观心理状态,以及常见的劫持人质犯罪动机的类型,对案件进行可行性评估的过程和结果可分为以下两个方面:

(一)劫持者无法被谈判所征服。此类可行性评估结果所针对的人质事件主要是恐怖劫持类型的人质事件。事实证明,反恐劫持的指挥缺乏组织,谈判人员缺少专业知识和经验,突击人员和谈判人员缺少默契的配合,担负谈判任务的谈判人员到达现场后找不准切入点,或在谈判过程中因思路不清晰而使谈判的中断等。例如,2004 年 7 月,发生在吉林长春的劫持人质事件,警方到达现场后,各级领导相继与劫持者谈判,都难以在最短的时间内取得劫持者的信任,相反却增加了劫持者的心理压力,最终使人质被杀,劫持者被警方击毙。

(二)劫持者属性格冷静型。性格冷静型的劫持者极难被取信,疑虑、反问、猜忌的心态浓重,对事物和人际关系观察细致,处事冷静,极难被谈判人员或亲属说服。此类性格的劫持者一旦开始残害人质,警方要予以高度的重视,劫持者在等待警方满足其条件的过程中,可能会察觉警方的真实意图,劫持者如开始杀害人质,警方就应组织武力强攻。

解救人质方案的确定。指挥员应根据现场环境、现场条件、犯罪工具的性能、劫持者的戒备状态及意向确定解救方案。谈判只是解救人质活动的一个方面,谈判人员与武力解救人员的协同,与外围调查人员、机动人员的协同,均应通盘考虑。由于案情紧急,解救方案也只是一个粗线条的勾勒,指挥员必须做到心中有数,保证解救有序而高效地进行。在铁路开展人质解救,影响解救效果的因素很多,如劫持者的犯罪心理、谈判中的指挥艺术、谈判人员的角色转换、谈判员的语言艺术等内容,都是今后铁路反劫持工作中应研究和思考的问题,随着我国警务和国际警务的关系越来越密切,及反劫持实战经验的丰富,反劫持体系的完善,会进一步提高铁路人质解救的效果,从而保障旅客的生命财产安全。

第三节　铁路解救人质先期处置

铁路站车是公共场所,人员密集,流动量大,发生劫持人质事件后,铁路公安机关要迅速完成对现场的有效控制。现场紧急控制措施主要包括四个方面:一是对空间的控制,迅速控制现场的制高点,立即布置设卡堵截;二是对人员的控制,及早发现,搜捕嫌疑犯人,必要时疏散现场旅客及围观群众,对事主、受害人、目击人、知情人要及时的保护、甄别、进行初步访问;三是对物品的控制,对可疑的痕迹、物证、损坏的设施、要重点看管和保护;四是对旅客列车上发生的案件要迅速调集列车前方车站的警察进行处置,并根据铁路站车现场初步获得的信息,指挥部要迅速制定先期处置方案;根据劫持人质事件的性质,规模及损害情况及发展态势,作出事件基本类型和严重级别的判断,制定处置方案。确定先期处置方案的基本内容包括:合理调度警力,做好组织分工,对现场要迅速、合理调集警力实施包围,即初始围控,迅速占领有利地形,密切关注人质安全。警力部署的方式根据现场具体情况,可采用秘密围控和公开围控的形式。

一、铁路站车秘密围控的形式

(一)秘密围控形式适用的案件

秘密围控,是指较大规模的警力到达现场后,不以公开身份接近劫持者,而是在避开劫持者的视线,不使劫持者察觉的前提下,秘密地对现场进行包围和控制,以便采取妥善的方式,伺机解放人质。

初始围控应首先选择秘密围控,形成秘密包围控制网。采用这种方式,能避免刺激劫持者,减轻其心理压力,避免或延续其实施激烈的抗拒行为,防止矛盾激化,保护人质安全。警察不公开出现,劫持者的戒备相对而言就会松懈一些,便于利用劫持者防范的薄弱环节,获取解救人质的战机,给指挥员选择处置方式和进行战术策划留有更大的余地,赢得更充裕的时间。尤其对于发生在旅客列车、火车站、铁路站区等建筑物内的劫持人质案件,现场环境相对封闭,劫持者可视范围有限,实施秘密围控形式效果更佳。

(二)秘密围控的警力配置

在解救人质的战斗中,科学、合理进行警力配置和布控,对实现安全解救人质、制服罪犯这一战斗目标具有十分重要的现实意义。对现场警力应有明确分工,可分为现场指挥组、外围警戒组、谈判组、武力攻坚组、调查组、机动组等,还应指定专人负责通信保障。在明确分工的同时,还应对先期紧急处置措施进行调整,根据临战现场需要,调集有关方面的技术人员和专家,调配相应的武器装备到达现场。警察接近现场时,在距现场较近的范围内不得使用警报器、警灯,在劫持者可视方向范围内不宜出现警车和着制服、戴钢盔的警察。

1. 现场指挥组

在铁路站车处置现场,根据案情成立指挥组,对整个处置现场实施统一指挥,及时勘察现场,掌握犯罪分子或犯罪嫌疑人的数量,使用武器、犯罪工具的性能、数量,劫持人质的数量、性别等重要情况。明确参战警察的具体任务,确保解救人质的成功。指挥位置的确定既要体现靠前指挥的要求,又要注意隐蔽安全,如果某一处所可据以暗中观察劫持现场的状态,劫持者又不能看到往来其间的人员,则可选定作为现场指挥组的位置。在两者不能兼得时,首先要保证指挥位置的隐蔽性,不能由于靠现场过近而暴露警方的解救企图。现场指挥组应立即开展工作,制定处置方案,进行战斗编组,及时向上级部门报告现场处置情况。

2. 外围警戒组

应分为对内、对外警戒组,主要任务是对内占领有利地形,封锁控制铁路站车处置现场的各种通道、出入口,包围目标,防止犯罪分子逃跑;对外疏导群众,封锁有关通道、严防无关人员进入处置现场,控制现场和现场外围的制高点。疏散群众,防止造成意外伤亡,尤其对现场内层围观群众的疏散,要注意方法、讲究策略,可选择当地干部帮助引导疏散,以免与围观群众发生争执,暴露警察解救人质的行动。

3. 谈判组

选择有丰富临场经验的谈判人员进行政策攻心,并指导劫持者的亲友进行规劝,对劫持者施以政策攻心,诱劝其释放人质。当劫持者提出释放人质条件时,应与劫持者进行直接对话,以巧妙周旋;当谈判无效,只能用武力解放人质时,尽可能为武力解救人质创造有利的战机。

4. 武力处置组

挑选缉捕能力强,射击技术高,心理素质好的警察担任。可将武力处置再分成几个小组,其主要任务是在确保人质安全的前提下,使用武力手段对劫持者实施突袭或偷袭,武力处置时,各小组应密切配合,伺机处置。

5. 调查组

对劫持人质铁路站车现场迅速开展调查活动,从先期到达铁路站车现场的警察和群众着手,了解案件的基本情况、劫持者和人质的相关背景材料,向其亲友、知情人了解案件的情况。

6. 机动组

主要任务是应付各种突发性情况,执行增援任务,在劫持者劫持人质逃跑时,迅速转为追捕组,对劫持者实施追缉围控。

二、铁路站车公开围控形式

(一)公开围控形式适用的案件

公开围控,是指较大规模的警力到达现场后,以公开身份和方式包围、控制现场,形成敌明我明的对峙形式。对于警察在查缉、堵截、搜索过程中,犯罪分子或犯罪嫌疑人为抗拒抓捕而劫持人质,应首先采用公开围控形式。对发生在客流量较大的铁路大型车站或铁路站区的复杂的公共场所的劫持人质案件,为了及时控制现场局面,防止事态恶化,警察在赶赴现场后,应迅速以公开身份对现场实施围控。公开围控只是对劫持者造成震慑力,形成高压态势,表明警察已经到场,并对其实施严密包围,让劫持者认真衡量自身处境和警方解救人质的决心,迫使劫持者向警方妥协。

公开围控应与秘密围控相结合,公开围控并不意味把所有围控警力、行动和部署暴露给劫持者,而是公秘相结合的围控形式,可采取现场外围秘密围控,现场中心公开围控形式。对执行处置突发性劫持人质案件的警察已与劫持者形成对峙的,可进行公开围控形式,后续警察可进行秘密围控;对负责谈判的警察,与劫持者正面接触,对峙的警察采用公开围控形式;而担任武力处置人员,包括预伏的突击力量和狙击的警察应实施秘密围控。

(二)公开围控的前期处置

1. 指挥组

确定负责整个解救人质现场的指挥,成员有总指挥、副总指挥、若干警种部门负责人和参谋人员组成,负责沟通联系、搜集、整理情报、提出处置方案,总指挥到达现场后,应迅速了解现场情况后,在明确战斗编组分工的同时,向各组下达战斗命令。

2. 谈判组

负责与劫持者开展对话,谈判组占据的位置应做到:便于尽可能接近劫持者进行对话,便于掩护武力处置组人员的进攻和便于武力处置组的火力发挥。在谈判中可安排擒敌高手,以便于在谈判过程中伺机突袭,制服劫持者。

3. 武力处置组

武力处置组人员应配备防弹衣、钢盔和相关工具。隐蔽与占领便于出击和发挥火力优势的控制点,待机出击,狙击手选定好瞄准点,测算好距离,根据现场总指挥的命令,寻机击伤或击毙劫持者(如图 11-1)。

4. 围控组

担任铁路站车外围控制与警戒的警察出入现场中心的各个路口与通道,控制制高点,防止劫持者逃匿现场,设置警戒线,疏散围观群众,禁止无关人员进入现场。围控组实施内层围控时,不应过于逼近劫持者,不宜向劫持者喊话,避免激怒劫持者伤害人质。

5. 调查组

调查组人员应迅速了解社情动态、劫持者的有关情况,寻访劫持者亲友及关系人,为指挥组提供有价值的情报、信息,为成功解救人质创造条件。

图 11-1

6. 勤务保障组

了解处置现场的环境情况,查明铁路站车,尤其是铁路站区有无暗道通往外面,视情切断水源、电源、液化气源等,转移易燃、易爆物品、剧毒物品及某些重要资财,以免由于劫持者引爆造成更大的损失。视情调集消防、救护、排爆等方面的车辆和其他勤务保障。

7. 机动组

留有一定警力的预备队机动待命，以应付突发出现的各种情况，执行增援任务，着手易地处置方案的准备。

(三) 公开围控的现场推进

较大规模的警力到达铁路站车现场后，应迅速对现场外围形成严密、有效的控制。有效控制现场的发展趋势，禁止无关人员进入现场，防止劫持者劫持人质逃匿现场，直接进入现场中心的警察，在实施内层控制时应讲究策略，不宜鸣枪、喊叫，方式要缓和，不要给劫持者造成警方马上会发起攻击的感觉，以避免伤害人质。进入现场中心的警察与劫持之间的距离应视情况而定，在劫持者心理可以承受、人质和警察安全的前提下，尽可能接近劫持者，低调处理，接近方式要缓和。在公开围控过程中，如果制服劫持者，救出人质的条件和战机不成熟的情况下，警察就应与劫持者之间形成缓冲，巧妙与其周旋，这种缓冲体现在以下三个方面：

1. 空间上的缓冲。进入铁路站车现场中心前沿的警察与劫持者之间应留有一定空间距离，不宜过于逼近。

2. 心理上的缓冲。要使劫持者有所麻痹，感觉警察不会马上对其发起武力攻击，缓和其心理压力。

3. 时间上的缓冲。临场警察不要向劫持者发出最后通牒，既有利于稳定劫持者的情绪，又可使警察有筹划处置策略的余地，伺机突袭，解救人质。

警察在内层控制形成后，则应把旅客和围观的群众全部疏散到安全地带，即警察的外围控制线以外，向旅客和群众讲明事件真相，避免造成现场中心围观的旅客和群众既可能被劫持者挟持为新的人质，又可能遭受劫持者伤害，在出现射击情况时，当即要求现场群众卧倒，避免使围观群众受到伤害。

第四节　铁路解救人质现场处置

铁路作为现代化运输的重要载体，全国目前有6000多个车站，9万多公里线路，图定列车日均开行旅客列车近4000列。从空间分布来讲，铁路是一个开放性的交通工具，铁路不仅穿越的范围广阔，铁路的线路遍及城乡，穿越各种地形地貌，其中不乏各种险恶的环境。从时间上来看，铁路是按照图定计划固定时间昼夜运行的轨道交通工具，由于火车运行速度快、列车编组长、重量大，运行中的列车具有非常大的动能，在受到破坏或发生爆炸时，巨大的惯性动能会形成很大的破坏力。从安全防范体系来看，铁路系统在物防、人防和技防方面条件有限，没有形成全时空封闭性的安全体系，安全防范体系相对薄弱，容易被犯罪分子劫持人质，造成犯罪分子选择铁路为劫持人质具有破坏大、影响大、作案容易的特点，这是犯罪分子选择铁路进行劫持人质活动的原因所在。

一、铁路解救人质谈判

在铁路解救人质过程中，展开谈判的最高境界是"不战而屈人之兵"，和平解决劫持危机。《孙子·谋攻篇》云："凡用兵之法，全国为上，破国次之……"《孙子兵法》中所谓的

"全"字,其实质就是追求"不战而屈人之兵"的思想,用最小的代价获取最大的利益。把孙子的全胜思想运用到人质谈判行动中,最理想的状态就是谈判人员凭借自己丰富的学识和高超的谈判技能,用高超的语言艺术,打动劫匪的心,尽最大的可能说服劫持者,使其放弃原来的想法和观念。弃械投降;或者寻找契机,从局部突破,使劫持者在心理上产生屈服,无伤亡地使人质得到解救。

(一)我国解救人质谈判的现状

国外警方通过人质谈判促成劫持人质事件和平解决的比例很大。从我国在处置劫持人质事件过程中通过和平解决的所占比重也在逐渐上升。处置劫持人质的谈判人员应由经过严格培训的专业人员担任,尤其是铁路公安机关应加强谈判人才的培训。在解救人质的实践中由于谈判的原因,导致有些案件解救失败,造成劫持者、人质和警察伤亡,损失惨痛,教训深刻。

解救人质谈判失败既有客观原因,也有主观原因。从客观原因分析,我国公安机关还没有建立专门的应对反劫持人质谈判的预警体系,使人质危机事件发生时公安机关措手不及,加之在解救过程中设备的落后和信息的不畅通,给解救工作带来诸多障碍。从主观原因来讲,在一些人质解救的案例中,公安机关虽然采取了谈判方式,但现场指挥缺乏组织,谈判人员缺少专业知识和经验,谈判人员和武力突击人员缺少默契的配合,担负谈判任务的谈判人员到达现场后找不准切入点,或在谈判过程中因思路不清晰而使谈判中断或失败。人质解救属于高难度的战术,光靠武力难以成功,警方与犯罪分子展开谈判是非常必要的,以往失败的解救记录无不折射出武力解救的弊端,凸显谈判的重要性。

反劫持人质的谈判,被称为是一种缓兵之计,作为麻痹犯罪分子,消耗其精力和体力,从而拖延时间的手段,是反劫持人质斗争中不可缺少的过程,世界各国发生的劫持人质案件都进行过这种讨价还价的谈判。通过谈判,劫持者充分了解劫持将受挫和必败的结局,或者通过满足其他的部分条件的办法,使劫持者释放人质,直至投降,束手就擒。在反劫持人质案件处置中,单纯靠谈判或单纯的武力解救,都难以达到反劫持人质案件处置效果,谈判和武力必须紧密结合,互为补充,才能成功解救人质。

(二)反劫持谈判的准备工作

1. 选择谈判人员。谈判人员应具备丰富的人质谈判经验和专业水平,如有条件,应聘请心理专家参与谈判,并应具备以下素质:

(1)具有极强的心理承受能力,面对劫持者可能出现的讽刺、谩骂、挖苦而不感情用事,在焦虑、恐惧、混乱等压力下仍能保持平稳的心态和清醒的头脑。

(2)具有丰富的社会经验,善于倾听、交流、协调,容易与人建立信任,善于以理服人。

(3)具有很强的思维逻辑和应变能力,循循善诱,语言表达能力强,善于应变和处理不确定局面。

(4)熟悉谈判技巧,具备心理知识,具有处理人质案件的整体观念及意识,熟悉武力处置战术。

2. 选择谈判人员注意事项如下:

(1)处置现场的主要指挥员不能充当谈判人员,谈判活动应留有一定的回旋余地,保证指挥组正常运转和决策。

(2)选择谈判人员要考虑其口音以及用语是否便于劫持者听懂、理解。

(3)应避免让依法处理过劫持者的警察充当谈判人员。

(4)如邀请劫持者的亲友参与规劝,应慎重行事,不能让劫持者反感的亲友出面,参与规劝的亲友应确保与警方合作的诚意,要告知参与对话的劫持者亲友一定的规劝方法与策略,注意不能让其亲友单独接触劫持者,以防现场局势向恶化态势方向发展。

3.谈判人员构成与分工。谈判人员确定后,要分工明确,确定谈判组长,一名主谈员,一名辅谈员。

(1)谈判组长。全面控制谈判进展,负责与现场指挥员及武力处置组的联络。

(2)主谈员。负责直接与劫持者展开对话。

(3)辅谈员。掌握并记录谈判进展,分析谈判态势,综合谈判所需信息,适时传递信息,进行必要的穿插对话,为主谈员出谋划策,有效地开展谈判。

(4)必要时确定专人对谈判所需信息进行汇总、分析、记录、建立简明扼要的态势分析表,将分析表放在主谈员可看到的位置,以便主谈员和辅谈员研究谈判策略,能随机应变。

4.了解劫持者及案件相关背景情况。在与劫持者对话之前,如条件具备,应迅速向现场群众,知情人了解劫持者及案件的主要背景情况。

(1)劫持者基本情况。劫持者的人数、年龄、性别、体貌特征、精神状态,所持武器和犯罪工具的性能、种类,劫持者与人质之间的关系等情况。

(2)人质基本情况。人质的人数、年龄、性别、健康状况、精神状态,是否受到伤害等情况。

(3)背景情况。劫持者家庭情况、工作情况、工作经历、犯罪记录,劫持者的动机,欲达到的目的,与哪些人关系密切,对哪些人怀有敌意,哪些人能对其产生影响,近期受过何种挫折和刺激等情况。

在谈判开始前,了解、收集这些情况和信息,对于拟订谈判方案能起到很大的作用。有时,由于情况紧急也不可能迅速将上述内容全部了解清楚,或者警察进入现场在特定的形势下,必须立即与劫持者对话,以缓和气氛,防止事态恶化。可以边对话,边了解背景情况,有意识地引导劫持者讲述案件的有关情况,劫持人质的动机,并不断收集信息,调整谈判思路和方案,使案情向有利方向控制。

5.设计谈判方案。主要应考虑谈判所追求的目标和劫持者提出的要求来制定方案。

(1)谈判所追求的目标。反劫持谈判最主要或基本的主体两方是作为解救方的警察和作为劫持方的犯罪嫌疑人。谈判的目标:一是力求和平解决;二是为武力处置创造条件,是武力解救的一种辅助手段。只要有条件和可能,就应力求和平解决,条件不具备时,将目标调整到武力处置。根据案情拟订武力处置方案,应周密、细致、具体化,如通过对话,使劫持者与人质出现空间上的分离,转移其注意力,使劫持者手指离开引爆装置,或放松对某些方面的警惕,身体移动造成的时间差等情况,使警方相机处置。

(2)对劫持者所提要求的对策分以下几种情况:

①烟,视情况而定。如劫持者手中没有火种,企图以吸烟为名取得火种,引爆助燃物或引爆爆炸装置,则应予以回绝。

②酒及有害药品不得提供。不准将烈性酒及含有兴奋剂,催眠剂等类有害药品提供给劫持者,因为此类药品,可能会影响劫持者的神志和情绪。

③食品,限量提供。警察不得在劫持者索要食品时将有毒药品掺入食品中,因为劫持者有可能先让人质品尝饮食,导致人质中毒,会激怒劫持者而产生不良后果,加大解救人质的处置难度。

④金钱,讨价还价。劫持者提出索要金钱,是比较普遍的谈判交易,可以先行答应,但须讨价还价,尽量拖延时间,为武力处置制定方案做好准备,向劫持者交接钱时或诱其写收条签字时,突然袭击,制服劫持者。

⑤交通工具,视情而定。劫持者为逃匿方便,向警方要求提供交通工具,如已做好易地处置的准备,根据情况,可以答应,相机处置。

⑥武器,不准提供。武器,犯罪工具不得提供给劫持者。

⑦交换人质,慎重行事。在谈判中不要轻易提出或接受更换人质的建议,要防止劫持者通过更换人质之机将新的人质与原有人质一并控制,或借此控制"档次"更高的人质,使其手中筹码升值,达到其目的。

(三)确定谈判方式

迄今为止,反劫持谈判中所用到的方式有电信通话、远距喊话、近距讲述、面对面谈判四种,从不同的角度反映出警方在谈判中的作用与效果、存在的价值与形式、通常的手法与特征,是任何地域、对象、性质谈判活动的基本方式。

1. 电信通话。在劫持事件发生后,劫持者不愿与谈判者正面接触,而此时又有条件进行相互的电信联系时,应通过电信媒介进行谈判。

(1)电话通信。劫持者将人质劫持到铁路站车内,拒绝与任何人接近。为了能推动劫持态势向良性的方向发展,及时准确地把握劫持者的心态,谈判者应主动接通劫持者或劫持点的户内电话,与劫持者进行对话。

(2)车载电话通信。谈判者用警务专用车上的车载电话,主动与劫持者的电话接通,对人质安全、条件要求、时间问题等与劫持者进行对话,将劫持者的信息相对地确定在一个方位上。

(3)屏幕电话通信。在有条件的被劫持的铁路站车内,谈判人员(有时是劫持者主动与警方联系)与劫持者用可以用相互看得见的屏幕电话进行联络。这样既可达到情绪的传感、直观的交流、洞察的把握,以免发生潜在的威胁或危险。

电信通话是较为便捷地与劫持者进行谈判的一种方法,在一般情况下,减少了意外因素的干扰,而且还会让谈判在一种直截了当的方式中进行,提高了效率,可防止一些可变因素的出现。

2. 远距喊话。当铁路站车人质劫持事件发生后,为了不刺激劫持者,摸清劫持者的情况,谈判者便启用通常性谈判对话方式——远距离喊话。采用这种方式符合一般性的常理,能稳定劫持态势,将劫持者的注意力、意志和思维都引向谈判者。

(1)室外与室内的远距对话。谈判者站在双方都感觉合适的位置上,向隐藏在室内的劫持者进行喊话,由劫持者应答,提出交换条件,再经谈判者讨价还价,尽管谈判双方相距有一段距离,但不影响彼此的口语交流。这种远距对话方式虽不能保证谈判双方能就某一个问题、意愿、态度达成一致的看法,却可充分保证双方及时进行思想与认识的沟通与交流。

(2)室外的远距喊话。劫持者有意或无意地以室外某一个地点作为劫持区域,以暴力相威胁阻挡警方的前进。为了能保护人质的人身安全,有效地控制劫持局面,迷惑劫持者,寻找有利的心理或武力突击的时机,谈判者站在远处某一位置上,与劫持者进行谈判。因是一种远距离,所以双方都用提高音量来增强语音的分贝,以能让对方听得见自己的话语,来实现现场的谈判语际交往。在这种劫持谈判开始的阶段,由于双方都对对方缺乏了解,心中无底,担心将事情弄糟,还可能带来性命之忧,所以一般都选择站在远离对方而靠近本方人的地方。因采取喊话的方式加以联络,这一对话方式比起近距离的对话有着极大地局限性,所以谈判的双方为了达到各自的行为目的,也将对行动的希望都通过大声、急切、重复、追加的办法来弥补远距喊话的缺陷。

3. 近距离讲述。谈判者采取了各种策略性的表达方式,劫持者急于达成想要得到的交换条件,无形中加强了谈判双方的自主性合作程度,一种极为便利于双方的近距离谈判活动便出现了。近距离谈判态势的形成是谈判双方彼此心理相容的一个标志,也是谈判出现进展及向深度发展的一个信号,是一种成功谈判,乃至和平解决人质危机一个必不可少的基本过渡环节,是谈判者务必争取的一个行动目标。

(1)室外与室内的近距离讲述。劫持者往往以室内为最后防卫的依托,在能充分保证自己不会受到警方抓捕的前提下展开与谈判者的谈判。谈判者站在室外离劫持点不远的地方,谈判者在确认如果谈判形势不即刻发生突变,劫持者是不会伤害自己时,用一种十分坦然而平静的心态来谈判;劫持者却将自己的注意力分成一边进行谈判,一边要随时提防警方发起突然性的攻击,因而其语气仍然强硬,有时还不近人情,但谈判还能继续进行。

(2)室内的相互近距离讲述。当反劫持谈判经谈判者的控制与调节、把握与实施达到最好效果时,劫持者同意或希望谈判者进到其所占据的地点中来,开展正面的、近距离的讲述。这种将远距离或者背靠背的"后台谈判"转化成直面谈判。在谈判双方的心理与行为上都会带来显著的改变。谈判者会规律性地因为危险性的增大,成败在此一举的利害关系,求胜心理活跃而呈现出心理紧张;劫持者因为害怕遇到警方的抓捕高手,担心出现防不胜防的里应外合,暗示人质反抗而发生一种恐惧心理;从而谈判双方同时都作出了防范的心理准备。谈判者与劫持者开展谈判的语言形式简朴、话语干练,就怎么才能实现交换条件与释放人质的问题概要地交换意见,很快地各自回到原来的位置上去,以防发生不确定因素。

(3)站车内的近距离讲述。当劫持者占据完全封闭的铁路站车内,警方无法与劫持者对话,谈判者应随时准备应对突发事变,尽最大可能地去捕捉劫持者在对话中产生的瞬间时机。谈判是实施一种有效的语言和精神沟通的效果,用语不多作用很大。劫持者往往提防谈判者及外围警力的突然性袭击,容量出现谈判者有什么不轨的动作就进行攻击。所以这种在一个很小的空间内展开的谈判气氛是很紧张的,对话极其简单,在一种很严肃的状态中进行。近距离讲述是谈判过程中,谈判双方发展到最高交往关系的一种形式,具有短距、近点、正面谈判的特点,能将在远处无法展现或暗示的神态与表情很快、准确地传达给对方。在这个过程中,包含了强烈的意向交流、情绪影响、动作暗示、心理体验等多重意思,是谈判的主要方式。

(4)瓦解对抗意志。谈判者要引经据典,策略性地给劫持者施加精神压力,让劫持者面对警方感到无计可施,要改变不利处境求得生存的唯一选择是接受警方条件,如顽抗到底或加害人质,是没有出路的,从而彻底瓦解劫持者的对抗意志。谈判者以灵活多变的对话形式,有意忽略背景,把严重的情况当作一般的情况来交流,弱化了劫持者的对抗意愿,主导劫持者的心理走向。使劫持者怒气变小、声音变平和、说话的时间变长、质疑的地方变少时,从而取得安全解救人质的处置效果。

4. 面对面谈判。面对面谈判方式,危险性大,含有不确定变数,不宜过早面对面谈判,应先通过其他谈判方式与之建立较信任关系后才能采用面对面谈判方式,当发现劫持者身上携带炸药或爆炸装置时,应慎重对待,尽量不采用面对面谈判方式。

(1)采用面对面谈判方式须经现场指挥组批准。

(2)不宜一次与对方二人以上进行谈判。

(3)注意保持身体距离,不要背向劫持者,保持适当距离,减轻劫持者的心理压力。

(4)保持眼神交流,要正确认识与控制自己的情绪。

(5)应身着伪装的防弹衣,携带武器。

(6)现场预留一条紧急避险的路线,要有火力接应的预案保障。

(7)取得武力解救组的配合。

(四)谈判装扮

谈判者与劫持者相比较,由于社会角色的局限、思想感情的差异、思维方式的区别,决定了无论怎样想从主观上去接近对方来缩短这种心理的距离,还是存在较大的差距。为了能有效、快速地取得谈判效果,压缩谈判者与劫持者的差异,谈判者就有一个从表情到语音、服饰到动作的装扮应变问题。

谈判者通过借鉴舞台"角色化创作"的经验,能够将这种劫持与反劫持对峙性的心理,艺术性地融化在一个局部的共同感受、一种体验的心理状态之中,应用到反劫持谈判活动中。

1. 微表情。微表情是指人与人的交流离不开面部表情,人的面部都会伴随内心的想法而展现相应的表情,这种表情介于心理学与行为学之间,称为微表情,是不受思想控制的由情绪引发的下意识表情,是深入研究面部表情深层密码的基础。谈判者在近距离的谈判时,通过对劫持者面部颜色变化,面部肌肉僵硬程度以及面部各部位动作来观察其面部背后的心理特质,捕捉劫持者脸上的细微变化并进行沟通,在心存对抗的情境中,增加谈判双方人性化的内心体验,为顺利开展谈判打好基点。

2. 语音化妆。谈判者不论是近距离还是远距离谈判,应将自己的对话语音按高中低音来加以调节,注意做到抑扬顿挫,控制音节与语音分贝,用以表现一种认真与恳切、理解与帮助、认可与同情等心态,使这种语音化妆充满人性化的关照与社会的关注,能深深地打动劫持者。

3. 服饰入俗。谈判者不应身着警察制服,在穿戴上应力求朴实、普通大众化,以平淡而朴素的服装体现出一种入俗的"老百姓状态",使劫持者第一眼就有一种与己相似的感觉,不觉得诧异、对立、讨厌,以表现出一种人际亲和力。

4. 动作达意。谈判者在与劫持者对话时,有时以手势动作帮助说话的姿态,以加强语言表述的力度与效果,对于这类动作,应有一个巧妙的设计,将其纳入施加影响精神感染的谈判活动中,要求谈判者所运用的动作应准确、形象、生动、幽默、含蓄,实现深刻达意的谈判目的。

谈判装扮中所包含的表情传神、语音化妆、服饰人俗、动作达意四个要素,是经过谈判者事先精选设计完成的一种形式战术套路,无不充满创意与立意、控制与调节、竞技与扩展的意味,是非常有效的反劫持谈判策略。

(五)最大限度地拖延时间创造战机

谈判者能否以丰满的话题、有实在内容的表达、具有启发作用的言语情节,将劫持者的主要注意力吸引到对话中来,控制谈判的时间,为现场警力的临时调配赢得必要的时间,最终为必要时采取武力攻击行动创造战机。

1. 强化静态平和情形。要利用人的注意力分配具有不平衡性的特点,分散或转移劫持者的注意力,使其无法采取下一步行动,只能维持现状。

(1)延长对话时间。时间是谈判的要素之一,通过延长对话时间,可以了解有关劫持者的更多信息,耗费劫持者的精力和体力,拖延劫持者加害人质的时间,为警力部署赢得时间。

(2)调动理解、温情、协调的因素。谈判者要根据所知道的劫持者的具体情况,如年龄、性别、个性特点、平时表现、家庭关系等,运用谈判技巧,软硬兼施、恩威并重,对劫持者的冲动进行有效的疏导。

(3)导致劫持者思维迟钝、频繁失误。劫持者可能理智上已经意识到无论怎样收场都无好结果,从而产生同归于尽的想法,但表现出的性格软弱、意向不定,谈判者可以充分利用其弱点实施感情攻势,导致劫持者思维迟钝,注意力和判断力降低,从而改变其采取行动的态度。

(4)创造武力攻击的良好战机。通过谈判促使劫持者产生动荡、不良的情感,这种消极情感会使劫持者感到痛苦,往往急于摆脱所带来的困扰和折磨,创造武力解救的良好战机。谈判者要抓住处置现场的所有机会,竭力制造出一种平和宁静的暂时性气氛,哪怕是短暂之机也是非常重要的,这种静态平和不论对继续谈判,还是为警方武力突击,都是不可缺少的。

2. 加大容忍积量。谈判者主观上应有意识地进行心理调整和心理暗示来增加自身的能量储备,通过加大心理容忍积量来增强心理的适应性,而直面谈判中出现的难题,不以自我个人的内心好恶为标准,做到胜不骄,败不馁,能更有把握地与劫持者进行各种语言交往。

(1)相应增大谈判者耐心、宽容和控制的心理幅度。事实证明,劫持者都是处理生活问题的失败者,长期处于一种消极心态,要想短时间内改变劫持者的态度,从而影响其行为,谈判者必须要相应调整忍耐、宽容的心理尺度,做到不急不躁、不愠不火,有意识地多听劫持者讲话,通过疏导其不良情绪来达到谈判的目的。

(2)谈判者要有一种免受情绪干扰的精神抗体。谈判者要放弃对劫持者本能的厌恶情绪,不宜用过激的言论乃至侮辱、谩骂,也不要被劫持者的强硬态度所激怒而意气用事,这样才能确保自己免受劫持者非正常心理状态的干扰,在复杂的情况下作出正确判断。

(3)谈判者要从劫持者的冲动、残忍行为中发现其心理和行为规律。谈判者要从劫持者的言语中直接获得有用信息,仔细观察分析劫持者的动作和表情,如劫持者动作姿势产生变化时,站姿变成坐姿,胁迫人质退守更加隐蔽的地方,产生疲劳、懊丧、失望等心理状态。

3. 增大其心理犹豫概率。劫持者也像平常人一样,在采取行动之前都有反复考虑的过程。谈判者在这个共性心理的基础上,用各种办法促使劫持者的心理处于一种犹豫不决的状态中,这种犹豫的概率越来越高,从而直接影响劫持者内心平稳的状态[1]。

(1)分析利弊有理而有情。站在劫持者的立场,对劫持者的处境进行利害分析,采取动之以情,晓之以理,情理交融的说服方法,有利于劫持者打开心扉,对谈判者产生信任感。

(2)充分展示解除危机的典型意义。谈判者可以采取"马施策略"中的"积极鉴定"策略,即"如果你依从,就会改变事情性质,从而得到好结果",来充分展示"只要放了人质,解除危机,事情的结果会比想象的好得多"。用事情的较好结果来对劫持者产生积极影响。

(3)明白地告诉劫持者其行为不能突破的界限和自救之法。谈判者可以采取"马施策略"中的"消极鉴定"策略,即"如果你不依从,事情就严重了,后果不妙",通过国家法律政策的威力和感召力,让劫持者知道一意孤行所不可避免的严重后果。

通过谈判者的透彻分析和利弊权衡,使劫持者明白危机的不同结局就掌握在个人手中,不敢轻举妄动,采取行动前会多一番犹豫和踌躇。谈判者用真假相伴、激计反问、提供比较等方法来干扰劫持者的辨别、决策、认可的意志与能力,让其总是在一种若有所思、心存疑虑、思前想后、唯恐有失的心理中,使劫持者作出明智的选择,让解救人质行动向良性化方向发展。

---

〔1〕 高锋:《反劫制暴战术谈判》,中国人民公安大学出版社 2004 年版,第 99 页。

(六)以提高谈判效果的铁路现场处置策略

解救人质的宗旨是生命至上,公众至上的理念。谈判者的任务是保护生命,如果劝降不成或在紧急情况下,应快速作出反应,实施武力解救,最后处置策略包括直接或建议下达强攻指令的决策应以指挥部来决定,及时发布指令进行武力突袭、奇袭、偷袭,成功解救人质。

1. 善于交流、观察判断和很强的临场应变能力。谈判不但是一门沟通心灵的可操作性、专业性很强的艺术,而且体现了尊重生命,以人为本的现代生活理念。因此,无论是在现场处置时从相关警种临时挑选承担谈判职责的人员,还是培训专业化的谈判专家,谈判人员应具备一定的专业素质要求。

(1)善于社会交流和观察判断能力。谈判人员应具有与不同社会角色打交道的经验,善于倾听和交流,具有敏锐的洞察力和判断力,善于透过劫持者的语言、声调、语气及表情捕捉,判明其内心活动和内在需求以便及时捕捉到攻破劫犯心理防线的契机。

(2)临场应变和语言表达能力。谈判人员应善于控制不确定的局面,能够沉着应对事态的突变,能稳妥、巧妙地应答劫持者突然提出的条件,谈话具有很强的说服力、逻辑性和感染力,耐心细致、循循善诱。

(3)极强的心理承压能力。谈判人员能够承受来自案件和劫持者的压力,及来自案件以外的现场气氛的压力,在焦虑、恐惧、混乱等压力下保持清醒的头脑。

(4)团结协作精神。谈判活动既需要谈判人员之间的协作,更需要谈判人员与其他处置人员的协作配合,因此,谈判人员都必须具有极强的团结协作精神。

(5)丰富的战术处置知识和理念。谈判的功能是多重的,其功能之一就是服务于武力处置,这就要求谈判人员必须具有整体解救人质处置观念及为武力处置服务的意识和理念。

(6)较高的综合素养。谈判人员应具有法律、政治、金融、宗教、民族、心理、谋略、语言学、表演、丰富的生活阅历和经验的综合素质,才能在谈判中灵活地运用多学科知识,将劫持者对实施过激犯罪的价值判断转化为理性的价值判断,促进其向良性转化,达到“不战而屈人之兵”,和平解决劫持危机的目的。

2. 沉着应对“斯德哥尔摩综合征”。斯德哥尔摩综合征(Stockholm syndrome),又称斯德哥尔摩症候群或人质情结、人质综合征,是指犯罪的被害者对于犯罪者产生情感,甚至反过来帮助犯罪者的一种情结。斯德哥尔摩综合征会给警方的解救活动带来了不少麻烦。在谈判乃至整个铁路站车现场人质解救处置行动中,对出现这种现象的可能性在事先编制的预案有所设计。尽管人质对劫持者产生了积极情感,但其基本的角色没有因此发生变化,不能将其与劫持者同等对待,仍要对其加以保护,予以解救,同时也应看到,“斯德哥尔摩综合征”中也存在对警方有利的一面,使劫持者不忍对人质下手,使处置行动能从容运筹。

3. 化解危机、达到零伤亡的解救人质目标。为提高谈判人员化解危机与解救人质的能力与信心,达到零伤亡的危机处理目标,必须加强对谈判人员的专业素质训练。谈判人员应具备危机处理、沟通要领与谈判技巧的专业训练。同时,谈判人员的训练必须通过教学、案例研讨、经验交流、情景模拟、实战演练等方式,才能培训出高素质的谈判人才。

二、铁路武力解救人质战术

铁路是我国的主要交通运输工具,铁路在一个国家的经济生产和人民生活,甚至军事、涉外等方面具有重要影响,在铁路站车上发生劫持人质事件,从危害的结果来看,劫持人质严重危害铁路运输安全、铁路财产安全和广大旅客的生命财产安全,严重破坏社会经济秩序和公共安全,甚至产生深远的国际影响。铁路是由站车线构成的运输生产空间,旅客和货物是铁路运输服务的对象。在火车站车上会有成百上千的旅客聚集在其中,人流密度非常大,且旅客外出往往会带有较多的财物。因此,在铁路站车进行武力处置行动要慎之又慎。武力处置行动是在谈判陷入僵局,和平解救无望或者劫持者将要对人质施加伤害时,铁路警方实施武力解救人质,制服劫持者的行动。武力处置的原则是出其不意、攻其不备。在确保铁路站车、人员安全的前提下,根据铁路车现场情况,因案施策,抓住战机,快速出击,并将损失降低到最低的限度。

(一)做好铁路武力解救人质的突击准备

为了有效地打击犯罪分子劫持人质的犯罪活动,铁路警方应做好以下突击准备:

1. 增加铁路站车一线警力。在铁路车站、站区、列车等都应布置警力,加强对过往行人携带行李物品的安全检查。

2. 加强铁路车站、站区、列车的安全防范措施。在火车站和列车上安装监控摄像设备,站车内贴挂宣传告示,提示旅客见到可疑人和物应立即报告。

3. 提高铁路车站、站区、列车的防范力度。严禁任何危险品进站上车,确保铁路站车安全,加强便衣警力开展查控工作,尤其是要加强边境地区铁路客货列车安全检查,特别注意防止来自中东等国外的恐怖分子及武器、爆炸器材入境,加强进入边界的国际列车控制和打击伪造的旅行证件,特别是有关恐怖分子在铁路上的流窜、伪造的旅行证件、携带武器与爆炸物,有劫持人质倾向方面的防范力度。

(二)制定铁路武力解救人质的战术预案

铁路警方为应对铁路劫持人质案件的发生,必须制定铁路解救人质预案,借鉴国内外成功解救人质的经验和教训,制定完善的解救方案是取胜的关键,从预案设计,实验、论证都应根据铁路情况进行编制。铁路武力解救人质预案内容包括:

1. 劫持人质现场环境、地形、地貌等情况。

2. 劫持者及人质的体格、体貌、劫持者犯罪动机,是否受过专业训练等。

3. 现场指挥组位置,上级的指示,意图。

4. 战斗编组,武器及特种武器的部署,配置情况。

5. 通信联络和信号联系方法。

在武力解救人质的战斗中,缉捕临战编组是公安机关处置人质解救等突发事件非常重要的内容,也是警务实战运用的一个重要手段,其战斗编组的优劣在一定程度上反映出指挥员的指挥谋略和运筹水平。应视情将武力解救临战现场警力编组为:围控组。对临战现场实施圆周形控制,防止围观群众进入现场,防止劫持者挟持人质逃匿;突击抓捕组。由擒敌格斗本领高,攻击能力强的警察担任主攻任务,在楼房内解救人质的武力处置战斗时,可利用技术手段,打开门锁,以隐蔽突击方式,救出人质,制服劫持者;狙击组。占领对面楼顶平台等制高点的有利地形,进入射击位置,负责以狙击方式击伤或击毙劫持者,进行火力掩护,对临战现场实施控制;机动保障组。抽调技术侦察、欺骗干扰、排爆、救护及其他技术保障任务的警察,在预定区域内集结待命,按照指挥组的统一部署,配合增援突击行动。

(三)铁路武力解救战术模式

铁路武力解救战术的运用应注意灵活应变,也可几种战术同时使用,以求达到最好的解救人质效果,在处置劫持人质事件时,警方应做到迅速反应、机动灵活、合理处置,以人质的安全为出发点,以法律法规为依据妥善处置,坚定不移地履行新时期公安机关的职责,以创建和谐社会为目标,维护国家稳定和旅客群众的生命财产安全。武力突击是解救人质的主要环节,武力突击的目的有二:一是充分展示警方解救人质的决心与意志,起到震慑犯罪分子,以儆效尤的作用;二是实现解救人质的最终目的。警方的各战斗小组到达预定区域,合围控制事发现场后,若攻心战术未能奏效,可采用以下武力解救战术模式:

1. 强势威慑、迫其投降。通过谈判和了解,认真分析劫持者的劫持动机、目的,警方可以用公开武装的形式封控现场,大造声势,形成强大的冲击攻势,向劫持者充分显示警方实力和决心,通过强大的威慑力和政策攻势,向劫持者表明只有缴械投降才是唯一可行的出路,从而攻心夺志,挫败劫持者的锐气,迫使其放弃犯罪。

2. 快速封控、疏出阻入。劫持人质事件的规模和强度不同,铁路站车现场的态势和站车的环境不同,解救人质行动投入的警力不同,封控的强度和时间也不同,因此,首先要选定现场指挥组的位置,选择在可通观车站、站前广场及附近建筑物较高的位置,以便于指挥和合理部署警力,如指挥组设在车站公安段(所),应派出观察人员,及时了解案情。警方在开展快速封控行动中,应在站前广场、车站等建筑物区域层层布控,在实施围控的基础上,应重点把守通道、门口、控制出入口,在进入车站、候车区内,应交替掩护,在对列车进行封控时应在车厢两端出入口布置警力,快速封控,随时做好解救人质行动的临战准备,在控制住站台两端的出入口时,要严防犯罪嫌疑人横穿铁轨逃匿,做到疏出阻入(如图 11-2)。

图 11-2

3. 化装营救、寻机解救。化装营救是铁路解救人质行动常用的战术,能取得出其不意的效果。行动前,要准备好应变措施,做好掩护工作,牵制、分散犯罪嫌疑人的注意力;行动时,以突击队员乔装医护人员、生活服务人员等,隐蔽解救动机,在劫持者放松警惕、疏于戒备的情况下,各行动小组要密切协同,迅速出击,不给劫持者反抗机会,确保化装营救成功。对于持爆炸装置,持助燃物型的劫持者,可以利用其来不及引爆的时间空当,实施突袭,将其制服,对近敌处置持爆炸装置,持助燃物型的劫持者,可采用先诱其分离犯罪工具,尔后突袭制敌的战术形式。

4. 秘密接近,突然偷袭。在警方久围未攻的情况下,利用劫持者疲倦困乏之机,以夜色为掩护,迅速接近,发起突袭,也可借正面对话、谈判为掩护,声东击西等方法,分散劫持者的注意力,或利用其思想麻痹的时机,同时选派精干警力,选择有利的铁路站车地形隐蔽接近,多路突入、化装接近等形式进入现场,以袭、控、抓、救等战术方法相结合,瞬间制敌,救出人质,尽最大努力保证人质安全。

图 11-3

5. 采用非致命性武器或警犬扑咬为先导的袭击形式。警方可采用麻醉枪、水枪、干粉枪、催泪弹、震荡弹等非致命性武器攻击。此类武器的使用对人质的伤害是暂时的，对劫持者则可产生心理上的压力和干扰，生理上的刺激，如目眩等，使劫持者暂时失去抵抗能力或攻击能力，警察快速出击，救出人质。可选择时机，使用警犬扑咬，给劫持者以很大的恐惧感和心理压力（见图 11－3）。

6. 采用神经性催眠雾剂等多种手段、以“巧”“奇”制胜。可采用神经性催眠雾剂，将劫持者麻痹致晕，解救出人质。“兵无常势，水无常形，能因敌变化取胜者，谓之神”。担任解救人质临战任务的指挥员应善于捕捉战机，因势、因形、因人施策，要有很强的随机应变能力，机动灵活的应用符合实战条件的战术形式，敢于打破思维定势拟订战术方案，根据铁路现场情况，以“巧”“奇”制胜。

7. 选定占领突破口、发起突击行动

（1）选定突击的突破口位置。突击的突破口的位置通常选择在劫持者关押人质铁路车站的建筑物或候车室内的房间中，选定突击的突破口的位置，可选在房间的窗户两侧和上方以阳台门窗两侧，或关押人质房间的左、右隔壁房间的相应位置，当有多名人质被分别关押时，现场指挥员应布置警力同时选定占领关押人质房间的相应突破口，以便同时采取突击行动，在突击队员进至突破口前，现场指挥员应对突击队员的行动速度和位置进行部署，力争使突击队员同时到达突击位置（如图 11－4）。

图 11－4

（2）占领突击的突破口的位置。突击队员占领突击的突破口位置后，必要时可用望远镜从窗户的左右上方两角向室内观察，观察的时间每次不宜超过 3 秒；也可将微孔摄像头放置上方窥视室内的情况，迅速做好突击准备。突击队员到达突击发起位置后，还应做好以下准备：按突击顺序排好位置做好突入和射击的动作和预备姿势，如投掷爆震弹、闪光弹时，应戴好护目镜和防震耳塞。占领突击发起后的突击准备时间应越短越好，以防情况突然发生变化，暴露警方的突击行动。两名警察突入铁路车站“T”形走廊战术动作（如图 11－5），三名警察突入铁路车站“十”形楼道战术动作（如图 11－6）。

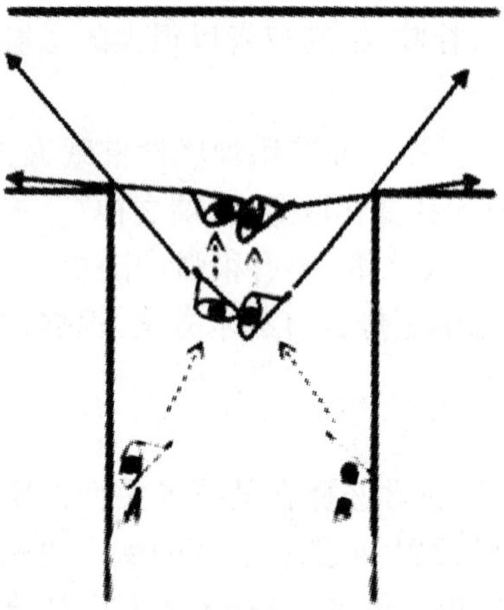

图 11 - 5

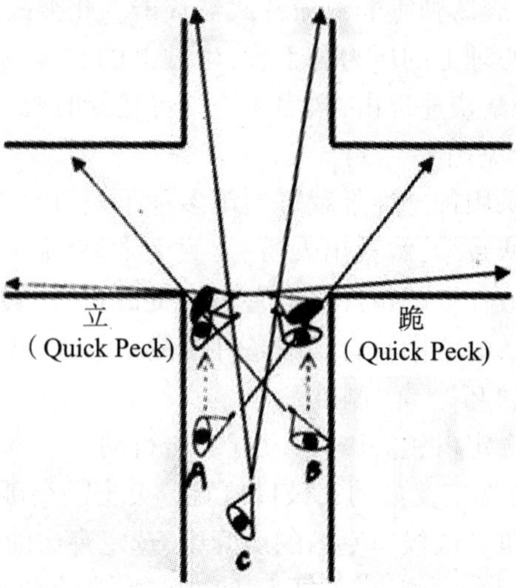

图 11 - 6

(3)发起突击行动。突击队员突击发起前,现场指挥员应视现场情况,可继续派出谈判人员与劫持者谈判,或让劫持者的亲友向其喊话,现场指挥员通过监控,直接观察和判断,确定劫持者如处于不利状态时,应向突击小组发出突击行动指令。当劫持者未封锁在铁路车站的出入口或通道时,突击队员一路可从劫持者视野盲区进入铁路车站的建筑楼内,另一路突击队员可从楼外攀登上楼顶或进入扣押人质的房间的上层房间,派出突击队员利用绳索,沿楼外墙降至人质所在房间或阳台外的位置发起武力突击。如劫持者已封锁控制楼房出入口、通道和楼梯时,突击队员应选择劫持者视野的盲区部位,从楼房外侧攀登上楼,从窗户进入楼内或攀上楼顶。进入楼内后,首先应制服对突击队员和人质有直接威胁的犯罪嫌疑人。突击队员发起突击行动:"现在准备突击,5—4—3—2—1,突击!"的口令。接到突击指令或信号后,突击队员应按预定的破门方法,快速破门突入室内,根据现场情况采取不同的突入占位方法。通常可采取"十字交叉占位法"和"前三角占位法"等,如房门位于房间一侧时。可采取"一线占位法",当房间较大而且后有死角时,可采取"四点占位法"。无论采取何种占位法,都必须在突入房间后瞬间控制房间的每一个方向和角落。从窗户和阳台实施突击的警察,应迅速从隐蔽位置冲出,占领有利的位置,当劫持者企图反抗时,应首先控制对人质威胁最大的犯罪嫌疑人。实施破门(墙)突击队员在破门(墙)后可先向室内投掷闪光弹和爆震弹,利用爆炸产生的巨响和强烈的闪光,在劫持者耳聋目眩和惊呆之际突入房间,发出"不许动!"和"人质卧倒!"口令,迅速控制按预先分工的区域或方向,准确判断谁是人质,谁是犯罪嫌疑人,首先控制和攻击离人质最近,对人质生命威胁最大和持有爆破物并欲实施暴力的犯罪嫌疑人。射击时力争首先命中。当发现人质与劫持者所在位置处于分离状态,突入警察应移动到人质身后,将劫持者与人质隔离,保护人质,然后,在火力的控制和掩护下,迅速将人质转移并带离现场。当犯罪嫌疑人以人质为掩护使用武器和爆炸物,逼迫突入警察停止攻击时,警察应占据有利位置,暂停攻击。要始终控制犯罪嫌疑人,采取各种方法诱使劫持者暂停攻击,暴露头部或身体部位,伺机进行射击。当劫持者已拉着爆炸物导火索或向警察或人质投掷爆炸物时,突击队员应视情况紧急处置,保护人员和财产的安全。两名警察突入房间战术动作(如图 11 - 7),四名警察突入房间战术配合(如图 11 - 8)。

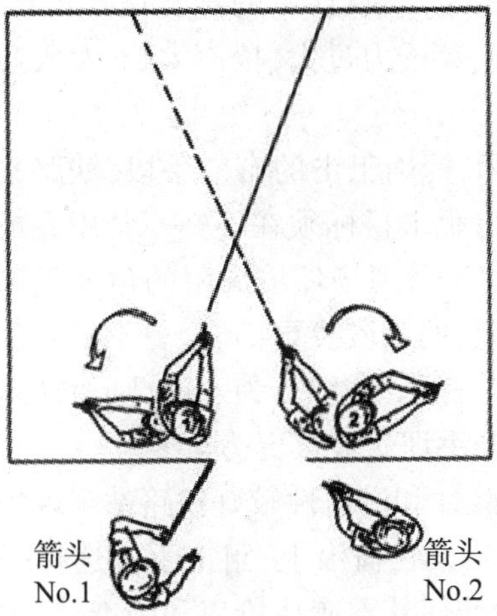

图 11－7

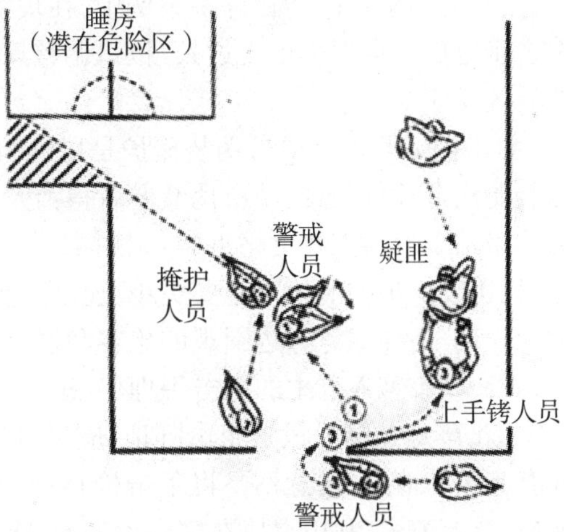

图 11－8

(4)突入营救人质。当劫持者将人质关押在房间的套间内时,突击队员应根据房屋结构,选择距关押人质最近的部位作为突击位置,以确保在最短的时间内突入室内解救人质。如出现无法从最佳位置发起突击时,突击队员可采取连续破门突入的方法,以最快的速度突入扣押人质的房间营救人质。连续破门突击时,应以主要警力破门突入,以次要警力控制,以保证突入速度。如劫持者位于其中,并以火力向突入的警察射击时,突入的警察应迅速占据有利的射击位置,向劫持者隐蔽位置投掷闪光弹、爆震弹或催泪弹,趁其暂时丧失反抗能力时,迅速制服劫持者解救人质,必要时,迅速准确以单发或短点向劫持者精确射击(如图 11－9)。

图 11－9

8. 远距离狙击的形式。经指挥组同意,挑选优秀射手,使用射程远,瞄准精度高的枪支,定位射击劫持者未与人质重合的致命部位,一枪击伤或击毙劫持者。对两名以上的劫持者实施精度射击时,应同时使所有劫持者丧失攻击能力。

狙击是“伺人不备,忽然袭击”之意。采用狙击方式处置,是铁路站车武力解救人质的处置手段之一。当前公安狙击手所面临的被狙击对象往往是没有同等对抗武器、没有监测和技术观察手段、没有对等攻击能力的单个或几个近距离目标,90% 以上的狙击案例是在 50 米以内射击,且 75% 以上射击距离还不足 30 米,这样的狙击难度并不在于距离或者由于距离而产生的对狙击准度的影响,而是在于被狙击对象往往采用“包裹战术”,即将自己埋伏在人质、爆炸物品、掩体等后面,让狙击手遭遇“投鼠忌器”。狙击在武力解救人质中,主要在于如何创造出狙击的时机条件,如何把握住稍纵即逝的狙击机会,如何协同、控制狙击的成效,在获得狙击指令后的执行以及狙击失败后如何进行二次补救行动等。如用一支狙击步枪,在 20～50 米以内狙击目标,就狙击的精度而言(如果不考虑现场情况或人质安全等问题),进行精度射击是没有难度的,在现场实施狙击时需考虑风向、气压、弹道、提前量、仰俯角等因素的影响,把握住狙击的时机或是在狙击失败时,如何能将损失减小到最低。

狙击的要求是趁人不备的突然打击,重要的是它的突然性和有效性,所以,公安的狙击在选用武器时,应充分考虑现场环境、威力、速度、射速、战术的情况下选用合适的枪支进行射击,很主要的因素是因为在许多案例中,在现场射击的距离较近,有的甚至只有几米远,如使用狙击步枪反而会因为枪支过长、枪口调整反应过慢、穿透力过大、枪声太响、对人质造成过深的后效反应等。

(1)狙击伪装掩护。狙击伪装掩护是接近狙击目标、精确狙击的有效手段,铁路站车狙击的伪装要比野外伪装难,城市伪装要看得清楚,但接近狙击目标须在不知不觉中完成。这是因为铁路站车狙击需要更贴近狙击目标,是在铁路站车受现场环境局限的角度里选择狙击位置,且伪装掩护的潜伏声音要更小、速度要更快,伪装的手段要更高明,更不易被犯罪分子察觉和发现,还要注意旁边围观的旅客和群众的眼神、言语、肢体行为。因此,对铁路现场的狙击伪装,如旅客人群中的狙击手埋伏、车辆中的狙击手埋伏显得更为重要。

(2)狙击阵地选择。设置狙击阵地,应尽量选择隐蔽性和舒适性较好铁路站车现场的房屋内或有遮蔽的地点,注意不要将狙击枪直接伸出窗口,架在窗沿上,狙击手应选择一扇打开的窗户,拉上窗帘,利用桌椅在窗帘后架枪,将窗帘挑开使其不遮住枪口和瞄准镜,避开窗口阳光的直接投射,选择离开窗口的房屋纵深某处阴暗位置,利用桌椅构成射击平台,使狙击阵地隐蔽。

选择狙击阵地,除了隐蔽性之外,还应该让射击角度、射击姿势尽量与平时练习得最多、最有把握的情况一致。较远距离的俯仰角精确射击是要求很高的难以掌握的技术。由于实战环境中射击角度、射击距离、据枪条件、射击姿势等诸方面存在很多不确定因素,因此一名狙击手应当善于选择和营造有把握的射击环境。针对当前处置铁路站车武力解救人质的特点,结合实战案例经验,目前公安机关已经开展3米、5米、7米的快速出枪(1秒左右,枪支的藏密部位有口袋、背后腰间等)连续击发的训练和考核科目,使狙击手的近距离狙击能力有了很大的提高,近年来在武力解救人质的处置过程中狙击发挥了很大的作用,狙击战果显著。

射击距离如超过600米时,可用观察望远镜看到远方热气流扰动所产生的"蜃景",当弹头穿过"蜃景"时,弹头激波会留下一道细小但明显可见的轨迹,称为"弹迹(bullet trace)",在视野中能够维持大约1秒钟,可观察到射弹偏离目标的实际情况。开展不同武器在不同距离和情况下的瞬间射击战术训练,拓展原有的狙击战术应用范围。

(四)铁路人质解救易地处置

从近年来发生的恐怖袭击事件中,爆炸、劫持人质事件占了绝大多数,由于爆炸具有杀伤力大、简便易行等特点,成为恐怖势力首选方式,劫持人质解救难度大、成功率低,对社会产生巨大影响,直接威胁到国家政权的社会基础,因而也是恐怖势力选择的主要手段。铁路是由站车线构成的运输生产空间,在铁路站车上会有成百上千的旅客聚集和乘降,旅客外出往往又带有较多的财物,铁路的货运列车编组都在十几节以上,运输的货物中,有许多像燃油、木材、硫酸、炸药等易燃、易爆危险性生产资料及军备物资等,容易制造爆炸,且爆炸后容量形成连锁反应,破坏力很大。因此,在这种特定的铁路站车现场环境条件下,当铁路站车现场处置难以实现或现场处置容易造成人员伤亡和财产损失情况下,通过谈判,诱使劫持者,或满足其要求,离开现场,易地选择合适地点,预定设伏点或跟踪追捕,采用欲擒故纵,易地处置,也是铁路解救人质中的主要战术。

1. 铁路站车人质解救易地处置适用情况

(1)铁路站车现场特定环境使武力解救难以奏效。

(2)铁路站车现场系车站、码头、机场或闹市区繁华场所或要害部位。

(3)铁路站车现场附近有易燃、易爆或剧毒物品。

(4)劫持者拒不中止犯罪,双方处于僵持阶段。

(5)劫持者有离开现场的愿望和要求,实施易地处置能保证处置效果的。

2. 铁路站车人质解救易地处置战机把握

劫持者为了达到顺利逃离现场,逃避打击的目的,会主动提出警察或人质与其一道同行的要求,警方因视现场情况而定,诱其离开现场,凭借地形和警力、武器装备的优势,设伏将劫持者制服,救出人质。

(1)在紧临劫持现场的必经之处,路口,布置双重的隐蔽性堵截点或伏击网。

(2)在劫持者可能下车或目的地,预设伏击网。

(3)如警察与劫持者同行,行至伏击堵截点或目的地,应伺机脱离现场,使自己不成为处置的障碍。

(4)积极创造战机,捕捉瞬间、偶发的战机,分离人质,制服劫持者。

(5)多点设伏,利用空间间隙,打时间差,视情出击,将劫持者生擒或击伤、击毙。

3. 铁路站车人质解救易地处置战术运用

易地处置战术包括诱伏、围控和引蛇出洞等。

(1)诱伏。以假以妥协、提供交通工具、答应劫持者的条件,虚留生路等方法,诱使劫持者离开现场,进行跟踪追捕,使其进入警方设置的伏击圈,形成警方有利于解救人质的战机。

(2)围控。在特定情况下,劫持者挟持人质向野外或山地逃匿,躲进废弃的房屋、涵洞、山洞、乱石丛、青纱帐、密林中,劫持者在暗处,警察在明处,在这种情况下,应避免盲目追求速战速决和趋近硬攻,以避免造成无谓的伤亡。此时,警方应及时加强围控,防止劫持者漏网,如是夜间缉捕,应布置有效的照明设备,形成一定的围控,攻击声势,向劫持者隐蔽位置投掷闪光弹、爆震弹或催泪弹。对于龟缩在掩体的持枪劫持者拒不投降,顽抗拒捕的,警方可以组织交叉火力进行射击。

(3)引蛇出洞。在特定的环境和条件下,当劫持者挟持人质钻入易守难攻的洞穴、石缝中或山包上,劫持者凭借所占据的有利地形,固守顽抗,攻心不奏效,强攻攻不下的情况下,警方应严密包围,围而不攻,断其粮、水,静观其变,不断干扰,消耗其子弹,在劫持者断粮、断水之后,促其引蛇出洞、冒险夺路。

第五节　铁路解救人质后期处置

一、对抓获的犯罪嫌疑人的处理

对铁路现场处置过程中抓获的犯罪嫌疑人要依法进行人身和物品搜查,在押解犯罪嫌疑人过程中,担任押解任务的警察,要时刻提高警惕,严防犯罪嫌疑人脱逃。

二、清理现场、恢复交通

劫持人质犯罪案件现场处置完毕后,解除相关警戒,除应保留的犯罪现场外,对现场进行清理活动,组织警力恢复铁路站车正常的运输秩序。

三、抢救伤员、进行现场急救

在铁路现场处置过程中,发现伤病人员,警方应会同有关部门进行有效的抢救活动,开展现场急救。

四、进行现场勘察、保全现场证据

要及时调集有关技术力量,对劫持现场及周围地带进行现场勘察、检查,获取劫持者犯罪活动的相关痕迹、物品,对提取的证据应妥善包装、加封和运输,防止损坏和丢失。

五、清点参战人员和武器装备,组织撤离并进行处置总结

1. 铁路站车解救人质任务完成后,警方要迅速清点武器装备,组织处置人员有序撤处置现场。

2. 劫持人质现场处置完成后,要组织参战警察进行总结,吸取经验教训。

六、正确引导舆论导向

铁路劫持人质事件发生后,会对社会公众产生较为严重的影响,当信息传播渠道不畅通时,旅客和群众会受到传言的恐慌,警方要积极利用传播媒体,公布事实,发布权威信息,正确引导舆论导向,使媒体服从和服务于警方的解救行动,维护铁路站车运输秩序稳定。

七、对相关人员进行心理救助

铁路劫持人质事件发生后,对现场目击的旅客、被劫持者人及其亲朋好友或同事等人群产生强烈的心理冲击,甚至形成严重的心理障碍或患上心理疾病,警方要配合心理干预专业人员,对劫持人质事件中受到心理冲击影响的相关人员进行心理救助,激发其内在的能量,帮助、恢复以前的心理平衡状态。

第六节　高铁列车解救人质应急处置

随着现代社会的发展,我国已成为世界上高速铁路发展最快,系统技术最全,集成能力最强,运营里程最长,运营速度最高,在建规模最大的国家。高铁的迅速发展和建设为我国经济大动脉的畅通增添了新的动力,社会对高铁安全的关注度不断提高,同时也为铁路公安工作带来了新的课题。铁路公安机关以高铁列车发生劫持人质事件为背景,多次进行高铁反恐合成作战的实战演练,实施规范、科学、准确、迅速的应急处置,进一步规范铁路在处置劫持、爆炸、火灾等突发事件时的应急处置体系,提升了铁路公安机关处置能力。

一、我国高铁列车反劫持应急处置原则

高铁作为地面重要的运输载体,兼备了"人流密集性、空间特殊性、结构紧凑性、运行高速性"和"大社会影响性"等特点,客观上防范的薄弱性容易引起境内外敌对分子的破坏,因此,对高铁列车反劫持应急处置原则的研究显得极为重要。

（一）安全为重、利益兼顾的原则

坚持以人为本，把人质安全、旅客安全放在首位，尽最大努力地确保人质安全。

（二）统一指挥、协同作战的原则

指挥员依据职责和权限，从有利于妥善处置的角度出发，立足管辖分工，统一指挥权属，建立密切联动、高效协作、号令顺畅、衔接有序的反劫持指挥体系，有效协调铁路、地方各个部门参与应急处置。

（三）快速反应、分级处置的原则

各单位主要领导要亲自负责，接到警情通报后，要在第一时间启动应急预案，迅速赶赴现场开展工作，按性质、规模、手段、危害程度和处置难度等不同情况，分级分类进行响应处置。

（四）依法处置、有效控制的原则

处置高铁列车劫持人质案件，必须视情采取围控、谈判、强攻等应对措施，以专业处置力量为主导，有效控制事态发展，依法及时妥善处置，尽量避免人员伤亡、经济损失，积极应对社会关注，加强舆情引导，避免造成重大社会影响。

二、高铁列车解救人质处置程序

处置高铁劫持人质事件的重要环节是建立高铁列车解救人质处置程序，成立现场指挥部，在综合分析研判的基础上，针对性地指挥、协调各部门实施应急处置，提高铁路警方应对高铁列车上发生劫持事件的应急反应，有效地整合社会和相关职能部门的优势资源、信息，协调运作和有序高铁站车线的联动，形成处置高效、有秩序的高铁反劫持处置程序，从而提高反劫持作战效率。

（一）高铁列车反劫持的先期处置

铁路警方接到高铁列车劫持人质案件的警情通报后，应立即启动《铁路公安机关处置突发事件应急预案》，成立现场指挥部，果断采取应对措施，根据警情首先控制列车，迅速调集警力，按预案要求进行先期处置（如图 11－10）。

图 11－10

1. 控制列车

目前我国高铁列车主要分为 2A、2E、3C、380、380A 等车型，采用单列 8 节车厢、重联 16 节车厢两种编组。在处置高铁突发事件中，现场指挥部紧急协调行车调度部门，将列车调至郊外或备用线路，并发出停车指令，按照“两便于、三避开”要求实施处置：

（1）便于处置力量的增援。

（2）便于隐蔽接近和攻击。

（3）避开铁路交通枢纽和正线。

（4）避开人员密集区。

（5）避开大桥及隧道。

2. 就近处置、协同作战

（1）指挥部命令列车停车地相关铁路派出所警力迅速赶赴现场，铁路特警、刑侦、治安、国保、消防等各专业处置力量迅速向现场集结,协同作战。

(2)铁路各部门依据职责分工,同步开展工作,并赶赴现场处置。铁路调度部门将列车停车区段线路和相邻线路封闭,列车司机将列车停于指定位置,客运部门联系列车乘务人员了解旅客和犯罪嫌疑人情况,稳定旅客情绪,迅速将与案发车厢相邻的旅客疏散到较为安全的车厢,并设立隔离区。

3. 及时报告、请求支援。及时向地方反恐指挥部门报告,请求协调地方公安、消防、医疗等部门赶赴现场支援。

(二)高铁列车反劫持的现场处置

高铁列车反劫持行动通常都是在紧急状态下进行的,时间紧迫,案情随时会发生变化,因而指挥员难以事先论证,更不能完全按预案实施,使高铁列车解救人质面临着风险。对高铁列车反劫持进行风险评估是处置行动关键性步骤,对处置行动方案进行分析评估应从成功率高、战斗效率好、符合法律规定、风险度小、应变性强、实施难度低诸方面进行全面评估,从中选优决断,确定最佳方案,最大限度规避风险。

高铁列车突发事件处置由铁路警方及相关部门在现场指挥部统一指挥下协同进行。

1. 列车停车地车站派出所。列车停车地车站派出所组织警力赶赴现场后,开展先期处置。

(1)以案发列车车厢为中心,划分不同半径区域,实行现场分级封控。

①设立中心封控区,防止无关人员进入停留列车周围。

②设立警戒区,使用警戒带对列车外围、进出通道各个路口进行封控,警戒区周边与犯罪嫌疑人所在位置的距离不应少于150米。

③在警戒区外设立安全区,及时劝离围观群众,维护现场秩序。

(2)交通管制。维护现场周边交通秩序,保证有关车辆和响应力量顺利进入现场,并在指定位置停放和集结。

2. 铁路公安相关警力。铁路公安相关警力和其他部门人员到达现场后,各应急响应力量在指挥部领导下,按职责分工开展处置工作(如图11-11)。

图11-11

(1)中心现场处置组。对现场进行封控、开展侦察,派出谈判人员与犯罪嫌疑人进行对话,视谈判情况进行易地处置或武力突击解救人质。

(2)秩序维护组。对未被劫持车厢的旅客引导下车进行二次安检,及时引导到疏散区,维护好现场秩序。

(3)技术支持组。铁路、地方相关专家开展现场勘查工作。

(4)抢险救援组。指挥相关部门对现场可能发生的爆炸或火险进行处置、扑救,对伤员进行救治。

(5)调查访问组。对被疏散下车的旅客调查取证,定位甄别,防止犯罪嫌疑人逃匿。

(6)媒体宣传组。正确引导媒体采访,防止媒体擅自进入案发现场。

3. 对高铁列车反劫持实施有效处置

(1)封控。高铁列车现场的态势、环境不同,劫持人质事件的规模和强度不同,武力解救人质行动投入的警力不同,封控的强度和时间也不同。警方应迅速对现场外围形成严密、有效的控制,有效控制现场的发展趋势。封控组分别部署在被劫持车厢的两侧端门和列车四周适当位置,狙击组分别隐蔽部署在列车四周的制高点上,排爆组进入现场后,立即开启屏蔽干扰仪,防止犯罪嫌疑人使用遥控装置引爆炸弹。警方应快速封控严防犯罪嫌疑人横穿铁轨逃匿。

(2)疏导。列车车厢封控组隐蔽接近控制列车两端,配合、掩护秩序维护组疏散未被劫持车厢内的旅客下车,采取搜索战术迅速从列车尾端接近被劫持车厢,占据有利位置,对车厢进行封控。

(3)外围搜爆。对疏散下车的旅客及携带的行李物品进行安全检查,防止犯罪嫌疑人混在旅客中制造事端。同时,警犬驯导员携搜爆犬、搜爆组持电子听音器、炸药探测仪等搜爆器材,在突击队员的掩护下对未被犯罪嫌疑人控制的车厢进行先期搜爆。

(4)谈判。高铁列车劫持人质事件发生后,是否需要谈判,在何种情况下开展谈判及终止谈判,需要进行现场风险评估,避免处置过程造成人员伤亡和财产损失及警力资源的浪费,指挥员应根据现场环境、条件、劫持者的戒备状态及意向,确定解救方案,谈判是解救人质活动的重要方面,谈判与武力解救的协同及与外围警力的协同,均应通盘考虑,保证高铁列车反劫持处置有序、高效的进行。

(5)侦察。突击队员在封控组的掩护下,成一路队形贴近列车,突击队员从犯罪嫌疑人列车上观察视线盲区隐蔽接近车厢,根据现场的不同情况,可采用探测仪进行侦察。

①采用杆式伸缩探测仪,由车下对被劫持车厢进行侦察,并将视频传输给侦察员(如图11－12)。

图11－12

②采用软管窥镜直观了解车厢内犯罪嫌疑人和人质的情况(如图11－13)。

图 11－13

③通过侦查球全方位了解侦查区域音频和视频信息（如图 11－14）。

④通过穿墙雷达对车厢内人员进行探测、定位、跟踪和识别（如图 11－15）。

图 11－14

图 11－15

⑤在无接近列车条件的情况下，可采取远距离侦查措施，利用小型遥控飞行器或望远镜进行侦查。

（6）武力攻坚。武力处置行动是在谈判陷入僵局，和平解救无望或者劫持者将要对人质施加伤害时，铁路警方实施武力解救人质，制服劫持者的行动。在确保高铁列车、人员安全的前提下，根据现场情况，因案施策，抓住战机，快速出击，并将损失降低到最低的限度（如图 11－16）。

图 11－16

针对高铁列车突发事件采取的处置方式有四种：

①利用切割装置。利用聚能切割器对车厢连接部的连接软体进行剪切，从剪切的缺口实施武力突入。但此种方式耗时较长，且声响过大，易引起犯罪嫌疑人的警觉。

②利用破窗锤、玻璃破碎器、水泡枪等破拆装置。破拆应急车窗，从车窗实施突入。但

使用水泡枪等方式，对列车车厢内破坏较大，车厢内有人质或旅客时不建议使用。使用破窗锤破窗，虽对车厢内破坏不大，但因车窗半径较小，且多有软窗帘阻挡，不利于迅速突入，可将车窗作为控制点而不宜作为突入点。

③利用高铁列车自身装置。从高铁列车外部手动开启车厢端门，从车门实施突入既可保证快速突入，又能保证最小限度地破损车厢，避免伤及人质或旅客，具有武力突入行动的隐秘性。经研究，在处置高铁列车反劫持中，采用从车厢端门实施突入是最有效的方式。

④针对高铁列车结构，发起武力攻坚行动应选定突破口。经研究在处置高铁列车反劫持中，采用从车厢端门实施突入是最有效的方式。警方在列车一侧可使用烟雾弹，实施战术欺骗，吸引犯罪嫌疑人的注意力。同时，在突入的相反方向利用爆震弹或眩晕弹的"声""光"效果，延迟犯罪嫌疑人反应时间。突击队员从车厢端门突入列车，使用防弹盾牌正面进入车厢，迅速隔离犯罪嫌疑人与人质。当有多名人质被分别关押时，现场指挥员应部署警力，同时选定相应突破口，以便同时采取突击行动，在突击队员进至突破口前，现场指挥员应对突击队员的行动速度和位置进行部署，力争使突击队员同时到达突击位置。

（三）高铁列车反劫持的后期处置

1. 对劫持车厢搜、排爆

人质营救成功后，现场指挥部应下令对高铁列车车厢进行搜、排爆（如图 11－17）。

图 11－17

2. 调查取证

刑侦、技术部门对现场进行勘查以及对被营救的人质进行询问，做好调查取证工作。

3. 善后处置

（1）通知参与事件处置各相关部门，做好应急处置结束后的现场移交工作。

（2）解除警戒，恢复秩序。

（3）拟定新闻稿，进行舆论引导。

（4）成立调查评估组，对劫持人质事件所造成的危害和损失以及应急处置工作进行评估。

【本章小结】

劫持人质案件是指犯罪嫌疑人以暴力为手段控制他人的人身自由，并加以残害，折磨被控制者相要挟，强迫第三方或被控制者本人按照其意愿做或不做某种行为，作为释放被控制者条件的犯罪案件。本章重点阐述劫持人质案件的种类及特点，铁路站车解救人质行动的风险评估、解救人质的战术谈判，武力解救人质的战术实施及解救人质的行动保障。

【思考题】

1. 铁路解救人质行动有哪些特点？
2. 对铁路解救人质行动如何进行风险评估？
3. 铁路解救人质谈判如何开展？
4. 如何选定武力突击的突破口的位置？
5. 如何正确引导舆论导向？

第十二章　铁路群体性事件处置战术

【教学重点与难点】

重点：铁路公安机关处置群体性事件的原则、处置程序

难点：铁路群体性事件现场战术队形及处置战术的运用

当前我国处于经济转轨、社会转型重要时期，各类社会矛盾明显增多，群体性事件高发频发，从统计情况来看，近年来群体性事件总数都在1.5万起以上，参与人数接近百万，已成为影响当前社会和谐与稳定的重要因素。由于铁路在国民经济发展中所处的特殊位置，往往成为群体性事件的聚焦点。因此，必须正确认识当前群体性事件的特征，认真分析铁路群体性事件的类型、特点、成因，研究处置的对策及战术，努力打造平安铁道，确保铁路大动脉的安全畅通。

第一节　铁路群体性事件概述

一、群体性事件的概念

现阶段发生的群体性事件，通常又被称为“群众闹事事件”或“群众治安性事件”。所谓群体性治安事件，是指聚众共同实施的违反国家法律、法规、规章，扰乱社会秩序，危害公共安全，侵犯公民人身安全和公私财产安全的行为。主要包括：

（1）人数较多的非法集会、游行、示威；

（2）集会、游行、示威和集体上访活动中出现的严重扰乱社会秩序或者危害公共安全的行为；

（3）严重影响社会稳定的罢工、罢课、罢市；

（4）非法组织和邪教等组织的较大规模聚集活动；

（5）聚众围堵、冲击党政机关、司法机关、军事机关、重要警卫目标、广播电台、电视台、通讯枢纽、外国驻华使馆、领馆以及其他要害部位或者单位；

（6）聚众堵塞公共交通枢纽、交通干线、破坏交通秩序或者非法占据公共场所；

（7）在大型体育比赛、文娱、商贸、庆典等活动中出现的聚众滋事或者骚扰；

(8)聚众哄抢国家仓库、重点工程物资以及其他公私财产;

(9)较大规模的聚众械斗;

(10)严重危害公共安全的其他群体性行为。

公安机关在实际工作中,一般把群体性事件划分为三个层次分别采取对策,即集体静坐、上访和罢课、罢市、罢工为第一层次;以非法集会、游行,集体围攻冲击党政机关、重点建设工程和其他要害部位,集体堵塞公路、铁路、机场,集体械斗为表现形式,已造成严重治安后果的群体性治安性事件为第二层次;集体打、砸、烧、杀造成局部地区社会动荡的骚乱为第三层次。近年来发生的若干起重大群体性事件分析。

二、铁路群体性事件的主要类型

涉铁群体性事件是社会诸多方面因素共同作用下产生的,铁路群体性事件从类型上分,目前主要有以下四类:

(一)转嫁施压型

这是指铁路沿线周边地区的一些职工群众,因个人利益通过正常途径得不到满意解决,便利用铁路在国民经济中的重要地位,将矛盾转嫁于铁路,通过拦车断道,冲击铁路等群体性事件来扩大影响,制造声势,进而达到向主管部门“施压”,求得问题解决的目的。

(二)直接针对型

这是指铁路内部职工及家属或铁路沿线周边地区的一些职工群众以及铁路在生产、运营、施工、拆迁、修建及改革过程中,以损害或不顾及他人利益为由,而直接采取集体到铁路拦车断道,围攻上访等过激的举动,迫使铁路部门领导满足他们的要求。

(三)乘车上访型

这是指铁路沿线周边地区部分职工群众,由于对企业破产、改制和生活待遇、岗位安置等问题不满,利用铁路快速便捷,人员密集,可隐蔽成行的特点,而采取聚众上路,集体乘坐火车进京或到省级党政机关进行越级上访,借此引起上级的重视,求得问题的解决,这是铁路群体性事件最为常见的类型,占到80%左右,虽然此类型事件目标不直接针对铁路,但如铁路方面处置不当极可能使矛盾转向,导致冲击铁路,拦车断道事件的发生。

(四)扬言上路型

一些发生在地方的群体性事件由于政府或企业处置不力,闹事群众为加大压力,扬言到铁路拦车断道,要挟地方党政部门,以求该问题的尽快解决。2012年7月26日,上海南站发生一起聚众扰乱公共秩序的警情,几十名沿线居民因铁路噪声问题闯入上海南站站台,阻止列车发车,上海铁路公安处闻警后,立即向上级公安机关汇报,第一时间从附近派出所和机关调集警力,迅速、果断将进入站台的数十名扰乱秩序人员强行带离,避免了更大问题的发生。对于此类事件,铁路公安机关应切实做好预防和处置工作,随时做好应急准备。

三、铁路群体性事件的主要特点

铁路群体性事件频繁地发生,是在深化改革开放的大背景下各种社会矛盾交织在一起的综合反应,严重影响社会政治稳定和铁路运输生产秩序,近年来发生的铁路群体性事件呈现以下特点:

(一)引发突然性

铁路群体性事件发生前,一般没有明显的征兆,仅有少数人暗中预谋、策划和串联,蓄势待发,一旦时机成熟,突然爆发,往往会使铁路部门始料不及,预防和处置不力。

(二)组织自发性

群体性事件一般是由少数人员经过先期的酝酿,策划后予以制造发生,但此种酝酿、策划仅是为首人员为解决群体问题的临时举措,闹事群体也同样为解决具体问题而临时聚集而成的,并没有严密固定的组织、计划和人员。

(三)时空的集中性

指群体性事件发生的时间、地点和人员成分相对集中和统一。从近年来全国铁路发生的群体性事件来分析,尽管情况不尽一致,但研究其规律,发生的时间多集中于主要会议、重大活动、重要节假日期间;发生的地点多集中在铁路党政机关以及途经经济比较落后地区的火车站和旅客列车上;从人员上分析,大多是经济效益不好,长期拖欠工资,甚至是濒临倒闭和已经倒闭的厂矿企业的职工,职工家属和离退休人员。

(四)事态的难抑性

指某些群体性事件经过工作获得暂时的平息后,因善后措施跟不上或闹事群体受"得寸进尺""大闹大解决、敢闹就解决"等错误思想的影响导致再次或多次发生,形成发生到平息到再发生再平息的恶性循环。

(五)演变的对抗性

群体性事件的参与主体是"利益群体",闹事群体借助人多势众,及一些别有用心的人的恶意煽动,情绪容易失控,产生偏激行为,轻则围攻、辱骂,重则与政府和铁路形成对抗,甚至演变为"打、砸、抢、烧"等暴力事件。

(六)利益的多元性

群体性事件的曝闪点诱因很多,事件的处置稍有不慎,很可能一触即发。当前发生的群体性事件大多因经济利益而起,如因下岗人员基本生活费,离退休人员工资得不到保障引发的冲突,因征地补偿、拆迁安置费、损害赔偿等问题引起的闹事,因农民负担过重、山地权属等引起的纠纷等,利益呈现多元化。

(七)后果的严重性

铁路群体性事件的发生,不仅违反了国家的政策法规,干扰了国家的法律秩序、交通秩序、治安秩序和社会秩序,而且给国家安全、社会稳定和铁路运输生产安全造成了严重危害的影响。

(八)成因的复杂性

表现在矛盾因果关系错综复杂,既有深层次的历史原因、政治原因、政策原因和利益原因,也有表面上的工作失误、处理方法不当等原因;既有群众要求合法、合理、正当一面,也有群众对党和国家政策法规不理解而采取非法、非正当手段贸然抵触的一面;既有某些干部素质较差、管理方式落后、处理问题简单粗暴的一面,也有群众要求过高,不顾大局的一面;既有传统文化积淀与现代文明冲突的一面,也有计划经济时期形成的思维定势与市场经济、民主政治建设不适应的一面。各种矛盾交织在一起,形成了群体性事件成因的复杂性。

四、铁路群体性事件的主要成因

铁路群体性事件的起因是多方面的,从表层现象来看,是铁路作为国民经济的大动脉,在国民经济发展中地位举足轻重的拉动性,以及牵一发而动全局的社会公共效应的作用,而被某些群体作为工具,来突破社会构成的薄弱点,进而达到闹事的目的;从深层次来看是当

前我国改革开放和现代化建设进入了关键时期,多种矛盾的集中呈现交织的产物,综合铁路群体性事件的成因主要有以下几个方面:

(一)群体性事件产生的基础性根源

在社会转型期,社会整体结构、社会资源结构、社会区域结构、社会组织结构及社会身份结构都在发生着重大的转变,使追求同一性和超稳定性的传统社会控制机制失去基础,随着阶层、群体和组织的分化,不同的社会群体和阶层的利益意识会不断被唤醒和强化,利益的分化也势必发生,在各种社会资源有限的前提下,多元化的利益群体会不可避免地相互竞争和冲突,社会分化的加速也必然会在社会成员的思想观念和意识形态结构中有所反映,人们的价值观念、思维方式、文化关怀等方面将不断趋于多元化,一些与主流意识形态不同甚至相反的价值观念也会大量涌现,人们受各种各样的价值观念的冲击,容易导致价值体系的紊乱,从而使人们无所适从,诱发出许多社会问题,甚至会引发某些集群不规则行为的现象。

(二)群体性事件发生的政治因素

群体性事件的发生,实质上是社会运行中的负面因素,累积到一定量之后所产生的对有序社会机制的冲击或扰动现象。近年来上访、闹事等群体性事件增多,虽有随着改革的深化,经济领域不可避免地会出现一些纷繁复杂的矛盾和问题的客观原因,但在很大程度上是因为有的干部工作作风不踏实,脱离群众,部分干部的官僚主义和腐败行为,导致了干群矛盾激化,从这个意义上来讲,官僚主义、腐败行为也是致乱之源。

(三)群体性事件产生的文化因素

群众的民主意识在不断增强。但政治参与能力相对较低,法制观念淡薄。改革开放以来,群众的民主意识逐步增强,对民主的要求越来越高,参政的愿望越来越强烈,但政治参与能力相对较低,法制观念淡薄。当群众之间、上下级之间出现利益摩擦或纠纷的一些群众错误地认为聚众闹事,尤其是冲击铁路,拦车断道可以给政府部门造成压力,能较快地解决问题,使本来能在法律程序中得到解决的矛盾演化成为突发性群体事件。

(四)群体性事件产生的体制性根源

基层组织的社会控制弱化,社会权威结构失衡。改革开放以来,我国社会基层组织的社会控制力呈明显的弱化趋势,威信相对减弱。尤其是在农村,乡村基层组织对农民的行政控制严重弱化。基层组织对群众的号召力、凝聚力和说服教育力大大减弱。由于基层政权的权威性受到民众的怀疑,国家权威就很自然地会受到民众的挑战。加之一些地方的基层领导对本地区、本部门群众关注的特点、难点问题知之甚少,致使一些本该在本地区、本部门解决的问题难以解决。民众的利益一旦受损或遭受侵害,为寻求国家权威的保护,单个的社会成员会意识到集体行动的重要性,体制外的对抗性群体力量就会产生。尽管如此,铁路群体性事件的爆发需要有一定的启动因素,这些启动因素主要依赖于具体的诱发性事件。

(五)群体性事件的导火索是各种具体的利益冲突

由利益冲突引起的铁路群体事件主要反映在以下几个方面:一是因对政府,铁路部门出台的政策,措施不满而引发的群体性事件,特别是直接关系到群众切身利益的铁路施工征地,路地劳务协作、路外伤亡等纠纷引发的群体性事件;二是因企业经营亏损,破产,转制而引发的群体性事件,当停产,倒闭,被兼并企业的职工在工作安排和生活保障问题得不到妥善解决时,就容易引发群体上访等基层闹事事件;三是铁路沿线的地方政府及公安机关与铁路运输企业,铁路公安机关沟通不畅,情报信息工作滞后,在铁路沿线部分地区,有少数地方政府存在官僚本位主义和地方保护主义的思想倾向,在处置当地群众聚众上路事件时,片面认为群众上铁路闹事就应由铁路方面来解决。此外还有历史原因,铁路公安国内安全保卫部门只重视内部而忽视社会面的情报信息搜集的工作模式,难以预测和发现社会上的情报信息,造成防范处置铁路群体性事件的能力不强。

第二节 铁路公安机关处置群体性事件的方针、原则

一、铁路公安机关处置群体性事件必须遵循的方针

铁路公安机关应遵循的处置方针是,在铁路运输企业党委和地方党委、政府的统一领导下,坚持党的基本路线,按照社会主义民主与法治的要求,充分发挥铁路公安机关职能作用,以预防和教育为主,其他强制措施为辅,积极主动地加强预警机制,维护国家和铁路运输的稳定。各级路地党委、政府必须极为认真而又高度负责地对影响国家发展和稳定的铁路群体性事件加强领导,予以及时妥善地处理,在处置群体性事件的实战中也充分证明,只有在路地党委、政府的统一领导下,相关责任单位和职能部门才能在处置铁路群体性事件时形成合力。

群体性事件是在我国加快社会主义现代化建设的进程中出现的一种行为激烈、后果严重、影响较大的人民内部矛盾,尤其在铁路上发生群体性事件,严重影响大动脉畅通,因此,必须予以高度重视,始终在坚持党的基本路线的前提下去认识和处置群体性事件。在群体性事件中,群众的意见和要求有合理的成分,而这种反映要求和意见的方式是违法的,因此路地党委、政府及公安机关,相关责任单位在处置工作中,既要倾听群众的意见,发扬民主的工作态度和作风,解决群众的合理要求,又要坚决反对这种破坏铁路运输生产秩序的非法上路行为。

铁路是我国交通运输的主要载体,铁路群体性事件一旦发生,其影响是广泛的,发展是迅速的,后果是严重的。因此,在处置工作中,必须坚持以预防为主,其他强制措施为辅的工作方法,做到既要及时教育疏导,争取大多数群众,迅速控制事态,也要对其中的过激和违法犯罪行为予以坚决打击。维护国家和铁路的稳定是路地党委、政府的主要责任,尤其当前以经济建设为中心,坚持改革开放,坚持党的四项基本原则是我们党和国家的基本路线,公安机关作为人民民主专政的坚强后盾,执行党的路线方针政策和保卫党的路线、方针、政策,确保改革开放和经济建设顺利进行是公安机关的重要使命和任务,同时发挥公安机关的职能作用,在路地党委、政府统一领导下协助相关部门妥善处置铁路群体性事件。

二、铁路公安机关处置群体性事件必须遵循的原则

公安机关处置群体性事件应当遵循下列原则:

(一)预防为主

群体性事件是一个复杂的社会问题,有着深刻的政治经济原因,是各种社会矛盾综合反映的表现形式,尤其是发生在铁路上的群体性事件处置工作涉及面广,政策性强,这就要求公安机关必须充分发挥为路地党委、政府当好参谋,助手的作用,铁路公安机关应当加强情报信息工作,建立和完善维护社会稳定的预警工作机制,对可能影响稳定的问题和群体性事件苗头,做到早发现、早报告、早控制、早解决,最大限度地把不稳定因素解决在初始阶段。

(二)统一领导

群体性事件发生后,坚持路地党委、政府统一领导下的“谁主管,谁负责”的原则,公安机

关既要依法维护社会秩序，平息事态，又要协助有关部门做好群众工作，努力化解矛盾，有效开展处置工作。铁路公安机关在处置群体性事件的过程中，要严格区分两类不同性质的矛盾，把握好工作对象的层次性，然后区别对待，分而治之，属于人民内部矛盾的，要以缓解事态，化解矛盾为主，对于煽动、策划、挑头闹事、冲击铁路、拦车断路的违法犯罪分子，铁路公安机关要密切注视，掌握动向，获取证据后，采取果断措施，依法予以打击处理。

（三）教育疏导

公安机关处置群体性事件，应当讲究政策、讲究策略、讲究方法，对现场群众以法制宣传、教育疏导为主，引导群众理性、合法地表达诉求，防止矛盾激化，防止事态扩大，防止发生流血冲突。铁路公安机关要主动配合有关责任单位，尽量把矛盾化解在初始阶段，不使其形成大规模冲击铁路拦车断道事件，在事件形成并有所发展后，要争取采取疏导的方法，缓解闹事群众的情绪，逐步掌握并控制现场态势的主动权，及时报告路地党委、政府领导，合理解决群众的要求，并向群众公开，防止事件的反复。坚持“可散不可聚，可解不可结，可顺不可激”教育疏导原则。

（四）慎用警力、慎用强制措施、慎用武器警械

公安机关处置群体性事件，既要防止使用警力和强制措施不当而激化矛盾，又要防止贻误战机，使事态扩大。处置群体性事件一线警察禁止携带、使用致命性武器。对一般群体性事件，公安机关要了解情况，加派警力，维持铁路站车秩序，配合疏导，主要依靠路地党委、政府领导和相关责任部门出面处理。对规模较大，事态严重冲击铁路的群体性事件，铁路公安机关适时派出警力，严格执行公安部《公安机关处理群体性治安事件规定》，采取有效手段和方法，把握时机，讲究策略，坚持“三个慎用”原则。

（五）依法果断处置

依法处置就是公安机关要准确把握国家法律，坚持依法处置的原则，严格按照法律规定的程序办事，做到有法可依，违法必究，对有打砸抢烧等暴力行为，严重危害社会治安，如不及时果断处置将造成更为严重后果的群体性事件，公安机关应当及时果断采取措施，有效预防和制止，打击各种违法犯罪行为，保证法律的公正执行，依法处置铁路群体性事件。

第三节 铁路群体性事件现场处置战术

一、处置铁路群体性事件的一般措施

（一）现场管理措施

铁路公安机关处置群体性事件，可以依据铁路现场情况依法采取下列现场管制措施。

1. 封闭铁路站车现场和相关地区，未经检查批准，任何人不得进入。
2. 设置警戒带，划定警戒区域。
3. 实行区域性交通管制。
4. 守护重点目标。
5. 查验现场人员身份证件，车票，检查犯罪嫌疑人员随身携带行李物品。

（二）禁止聚众措施

铁路公安机关处置群体性事件，可以依据铁路站车现场情况，依法采取下列强制性措施：

1. 发布命令或通告，责令围观人员，旅客立即离开现场，责令聚众组织者立即解散队伍，责令聚众闹事的人员在限定时间内离开现场，迅速疏散。

2. 对超过限定时间仍滞留现场的人员、旅客，可以使用必要的驱逐性和制服性警械强行驱散，尽量避免冲突和伤亡。

3. 对强行驱散仍拒不离去的人员，旅客或为首组织人员、骨干人员，可以依法强行带离现场或者予以拘留。

4. 对正在进行打、砸、抢、烧，破坏铁路站车设施的人员，应当立即制止并依法带离现场或予以拘留。

5. 对非法携带的武器、管制刀具、易燃易爆等危险物品和用于非法宣传，煽动的工具、标语、传单等物品予以收缴，并依法处理有关责任人员。

（三）现场取证措施

在处理铁路站车群体性事件时，铁路公安机关可以依法采取公开与秘密相结合的方式及时取证，为现场处置和事后依法处理提供证据。

1. 手段。应使用录音、照相、摄像等各种手段进行现场取证。

2. 方法。可采用公开与秘密相结合的方法及时取证。

3. 目的。为及时处置和事后依法处理提供证据。

二、铁路群体性事件的处置程序

现场处置，一般划分为先期处置、现场处置和后期处置三个阶段。

（一）先期处置阶段

铁路公安机关接到发生铁路群体性事件的报警后，为争取主动，在快速准备的同时，可立即挑选业务强，身体素质好，能独立观察处置问题的警察组成精干分队（组）配备必要的通信工具，由相应级别的指挥员率领先期赶赴现场。其主要任务，一是通过现场访问，核实信息和搜集新的信息；二是对事件的类型、规模、性质、起因、发展态势，作出判断并及时报告；三是与已到达现场的相关责任单位取得联系，对现场情况进行实地勘察，为后续警力的到达和展开创造有利条件；四是对事件现场发生的伤亡、火灾、电击等情况，在上报的同时，进行积极有效的处置。并按照《预防和处理群体性事件预案》要求迅速调集警力，做好交通、通信、技术器材和武器警械的准备，保证随时投入使用。

（二）现场处置阶段

铁路公安机关派出警力到达现场后，其主要任务就是控制事态的发展。此阶段要冷静观察、分析和掌握特点，分清矛盾主次，采取多种方法和手段予以处置，一是铁路公安机关在群体性事件处置中必须紧密依靠路地党政领导的支持，自觉接受上级统一调动，并与地方公安机关及有关责任部门协同配合，妥善处置；二是坚持领导身先士卒，亲临现场实施指挥。鉴于群体性事件尤其是冲击铁路、拦车断道等重大事件，辐射面广、影响大，铁路公安机关各级领导必须亲临一线组织指挥，当好上级党政领导的参谋助手；三是坚持以疏导教育为主的原则，闹事群众只要不是冲砸铁路党政领导机关和运输指挥机关，不是实施破坏铁路站车设施等严重违法犯罪行为，应通过运用各种宣传工具，宣传《中华人民共和国铁路法》《中华人民共和国集会游行示威法》等有关法律法规，正确引导闹事群众运用合法手段，采取正当途径，解决问题，来实现自己的要求和主张，使群众消除对抗情绪，逐步化解矛盾，平息事态；四是要坚持讲究策略，缓和矛盾，在处置群体性事件中，要依据事件的具体情况，灵活采取不同的介入方式和处置策略,文明执法,慎用警力武器、警械和强制措施,在事件处于对峙状态时,对闹事群众要采取普遍教育和找核心人员个别谈话的方法,予以疏散,尽快恢复正常铁路运输秩序,对蓄意闹事,破坏的人员,要告之以法,表明公安机关在严格执法的态度和决心;五是铁路公安机关在开展处置群体性事件时,要切实做好对铁路党政机关、要害部位、重要铁路站车设施、设备以及乘车旅客,运输物质的安全保卫工作,维护铁路正常秩序和运输安全,防止各种冲击、破坏活动;六是坚持打击少数,严惩首恶,对于组织群体性事件的敌对分子,别有用心蓄意制造极端的幕后操纵者和策划组织、指挥闹事以及实施"打、砸、抢、烧"等违法犯罪分子要予以坚决打击,公布其违法罪行,揭露其险恶用心,防止群体性事件演变为对抗性的政治性突发事件,对不宜当场抓捕和处理的,可组织警力获取证据后再进行抓捕。

(三)后期处置阶段

现场处置意义上的群体性事件平息制止,是指铁路公安机关通过积极干预,与有关部门密切协同,消除事件引发,扩大的事态,迫使群体性事件主体中止危害社会行为进行解体,并且不存在重新集结的可能性,事件现场完全处于铁路公安机关控制之下,现场处置工作向消除危害后果,恢复正常铁路运输秩序阶段过渡,铁路闹事群体一经平息解散,铁路公安机关要协同有关部门立即着手做好善后工作。一是要做好稳定群众情绪的工作,对因群体性事件引发的冲突而出现伤亡的人员和家属要做好安置工作,稳定情绪,防止事态再起或扩大;二是加强对事件首要分子,危险人员的教育和控制;三是开展调查取证工作,群体性事件发生后,应当对现场进行录像、录音、拍照,及时固定犯罪证据,为事后惩治违法犯罪分子提供证据;四是要认真分析引发事情的成因、特点和采取的对策、战术,整章建制,堵塞漏洞,弥补不足,改进工作;五是要做好事情处理的跟踪调查工作,及时收集群众对处理结果的态度,掌握思想动向,严密控制没有解决根本问题而可能再次发生冲击铁路的群体性事件的苗头,避免事件的反复,并加强对预防和处理铁路群体性事件预案的研究、完善和制定。

三、铁路群体性事件现场处置战术的运用

(一)重兵集结,先期威慑

处置战术是指群体性事件处置过程中,公安机关为了控制事态、平息事件所采用的具体战术。对现场控制不力、人员快速聚集,往往是导致局势失控的重要原因,铁路群体性事件的先期处置,应采取重兵集结的方法,向闹事群体表明公安机关坚决平息事件的决心,通过重兵集结将铁路公安的实力以适当方式明确地显示出来,使其产生心理上的恐惧、疑虑和意志动摇,从而放弃对抗的行为。重兵集结,先期威慑是处置大规模铁路群体性事件的基本战术。

1. 重兵压境,示形造势。是公安机关在闹事人群面前制造声势,展示警方强大威力,显示决心,以消除闹事人员的违法企图,制止事态发展和升级的战术谋略。首期投入较多警力,对群体闹事的铁路站车现场实施全方位梯次部署,形成立体封控、示形造势,条件允许时,可一次性投入足够的警力,从精神和心理上威慑、摧垮闹事群体。

2. 公开亮相,展示警威。展示铁路公安队伍良好的纪律作风、高超的武艺、精良的装备、威武的形象,并根据现场情况需要,可将先进的警械,武器装备直接配发到围控的一线警察,使优良的装备在闹事群体面前公开亮相形成威慑。

3. 调整部署,以势促变。可将群体闹事现场外不同集结地域的警力,频繁拉动的方法进

行换防、循环机动、编队开边、武装巡逻等方式，给闹事的群体形成公安机关增援警力不断向闹事现场集结的印象，从而挫其意志，达到不战而屈人之兵的目的。

（二）警戒封控法

警戒封控战术是在事发现场周围重要路口、路段、制高点派出警力，布哨设卡，设置阻截点和拦阻线以及在重点要害部位进行守护，对人员、车辆进行检查、控制、疏导。在处置铁路站车突发事件过程中，执行任务的警力对事发现场实施强行封锁的行动方法，它既能迅速控制闹事事态，将闹事的群体控制在一定范围、区域内，又能隔断处置对象与外界的联系，阻止外部力量进入事发地区，防止事态复杂化和扩大化，并能够有效控制闹事的首要分子和骨干人员逃离、隐匿，为消除事件隐患创造条件，为现场处置行动减少后顾之忧。

1. 集团封控，合围部署。可以重兵集团对事发的铁路站车地区实施四面包围，由外向内层层压缩，在地面围控的同时，占领事发地区周边制高点，控制铁路车站、站区的地下通道、出入口及列车的车门、窗，形成立体封控态势，以防事态扩大和骨干分子漏网。在实施封控的过程中，一是注意加强对封控地区内重要目标的保护。在封控前，应以公开与隐蔽相结合的形式，向封控地区内的重要目标增派警力，确保重要目标安全。二是注意做好应付突变情况的准备。三是注意加强外围地区警戒控制，严防无关人员靠近，确保封控队伍自身安全（如图 12－1、图 12－2）。

图 12－1

图 12-2

2. 卡口制路,周边隔离。在事发铁路站车地区的周边,选择有利地形和通道布哨设卡,对人员、车辆进行检查、控制、疏导,防止外部人员进入,堵截企图逃离封控地域的闹事骨干分子,切断闹事地区与外界的联系,断绝其物资来源。在实施过程中,一是选择封控位置要正确。周边隔离是通过卡口制路而实现的,哨卡的位置应在封控区周边道路突出部位,要占领制高点,在平坦地区组织武装巡逻,形成多点配置、以点连线、以点制面的整体部署。二是使用警力要有重点。应集中主要力量在主要地段,不宜均分警力。三是封控部署要有弹性。应按照人障结合、梯次配置、扫摆多屯的原则,各控制点都要配置障碍物、阻车器材和用于拦截的车辆;封控队形要按警戒线、障碍区、阻截线、车辆及特种装备层次配置,队员成前、后三角形或一字队形;同时,要留有一定规模的预备队,以应付封控区内突变情况。四是处置情况要及时。要加强监控和对具体情况的分析判断,发现对警方封控行动不利的征兆时,要立即采取行动,随时转入现场处置,防止闹事群体的捣乱和破坏铁路站车设施活动的升级。

(三)强行驱散法

强行驱散法是将闹事人群逐出其所占区域,夺回被其占领的目标,抓获首要分子,制止闹事人群违法犯罪活动,恢复正常铁路运输秩序的一种战术方法。强行驱散是在政策攻心无效的情况下,根据上级指示所采取的强制性恢复铁路运输秩序的手段,其成败如何直接关系到整体行动。因此,要根据现场情况,灵活运用战术,具体战术有:

1. 列阵突击,一线平推。执行任务的警察在闹事人群聚集现场的一侧展开成若干个驱散队形,列阵排列,协调一致的向一个方向推进,迫使闹事人群向指定方向离散。运用此战术应注意把握好以下几个时机:一是闹事人群刚开始聚集,规模不大;二是闹事人群精力疲惫,组织松懈;三是夜间围观人员减少,疏散道路畅通;四是闹事人群活动可能引发暴力行为,将对或已对重要目标构成威胁;五是一侧重要目标较多,地形比较开阔,一侧疏散道路较多。在具体实施中,首先,应根据闹事人群分布、数量和现场地形情况灵活组队,使之既有突击能力，又有抗冲击能力，既有驱散能力，又有防护能力。另外，要正确选择驱散方向。展开地域应选择重要目标较多、有较宽阔的地形、便于警力机动的一侧，以保证驱散队伍“列阵”的需要；疏散区域应相对于展开地域一侧，并考虑重要目标少，安全有保障，疏散道路较多且向四处辐射，人群驱散后难以聚集等因素。在驱散方向两侧要部署一定的警力，负责疏导人群，使被驱散人群向预定方向和区域离散，并采取正面驱赶与短促出击相结合的战术，保证驱散行动的顺利实施。在一线推进过程中，可使用警棍、警犬、高音喇叭、催泪弹、爆震弹等予以配合，以充分发挥威慑作用，确保驱散行动快速、顺利地进行，对负隅顽抗和挑衅闹事的为首分子和骨干人员，要派出精干小分队实施短促出击，以武力打击为主要手段，清除在一线平推过程中的障碍（如图 12－3）。

图 12－3

2. 多路穿插，条块分割。为迅速打乱闹事群体的整体态势，分散闹事骨干分子有组织的抵抗，保护铁路站车重要目标和设施的安全，应将部分警力编成若干规模不等且具有较强战斗力的穿插分队，实施多路而有重点的穿插，将闹事地区和人群切割成若干块，为各个击破创造条件。在组织战斗时应做到：精干合理编队，正确选择穿插部位，灵活机动见机行事，突出穿插重点，组织好协同动作。在处置中应注意把握好以下几点：一是要快速割裂闹事群体之间的联系；二是要分割削弱闹事群体的抵抗力量，使其不能形成整体冲击力；三是要保护重点目标和设施的安全。通过先分割后处置，将闹事人群“肢解”后，视情况对铁路站车重要目标和主要设施的防卫，并通过割裂手段，将闹事活动控制在重要目标和铁路主要设施以外的区域，避免重要目标受损和铁路站车设施遭破坏。

3. 一点突破，两翼卷击。通常在人群聚集地区，进出路少，地形狭窄和驱逐占据建筑物的闹事人群，在警力较充裕和以便驱散围困重要目标的闹事人群的情况下，集中警力和防暴器械在闹事人群中打开缺口，挤出通道，乘虚而入，然后向两侧卷击驱散。采用此战术，一是不受地形、道路限制；二是能减轻被保卫目标的压力；三是能充分发挥“尖刀”和“拳头”作用。但在具体运用中把握好以下几点:第一,突破口要撕得开、守得住;第二,驱散行动要勇猛、果断,要突出一个"快"字,即突破的速度要快,突破后向纵深插入要快,打开通道后展开向两翼卷击要快,当一时难以达到战术目的时,组织队伍撤出也要快,防止因行动缓慢或队形衔接不紧密,而被闹事人群割裂或围困;第三,应建立强有力的预备队,保证行动的持续性。

4. 向心突击,割裂挤压。执行驱散任务的警力从现场不同的方向对聚众闹事人群由外向里进行突击,将闹事人群割裂成数块,然后分块进行驱散。运用此战法应把握好以下时机:一是警力较充足,进出道路较多;二是捣毁位于人群中的闹事指挥机构;三是铁路站车设施、人员安全受到威胁,需尽快驱散聚集人群,在突击过程中将闹事组织策划者、骨干分子与一般群众、围观旅客隔离开来,分而治之。在运用过程中,第一,应正确选择突击、驱散方向;第二,突击要猛,驱散要快;第三,注意协同配合,发挥整体作战效应。

5. 穿插楔入,首取要害。在执行任务警力中,组织具有较强攻坚能力的快速打击精干小分队,利用有利地形、气候条件和主力队伍封控、打击、震慑效果,强行进入闹事现场,捣毁其组织指挥机构,夺回被闹事人群占领的重要目标,解救出被围困人员,抓捕闹事组织策划者和骨干分子。该战法通常在对闹事铁路站车地区达成封控态势之后,队伍在实施清场驱散行动前使用。在特殊情况下,为将事件遏制于萌芽状态,队伍要根据指挥部的指令单独组织抓捕行动,以求达到先机制敌的效果。具体实施过程中,应把握以下几点:一是合理编组,强化攻坚能力,配属一定数量的防暴、攀登器材,以及必要的交通工具、通信器材,使之具备应付多种复杂情况的能力;二是积极创造和准确把握楔入时机;三是坚持速战速决的原则,不可恋战纠缠,没有特殊情况,不可改变行动目标和方向;四是务求首战必胜,不给闹事组织策划者以"策变"和喘息的机会。

6. 短促冲击,强力驱赶。在宣传疏导、发出最后警告无效的情况下,可以箭型或集团方阵队形,以短促有力的冲击,强行驱散闹事人群。必要时,可施放催泪弹、爆震弹,震慑瓦解对方斗志,削弱对方抵抗力,并迅速利用施放催泪弹、爆震弹的效果,持警棍盾牌,展开迅猛有力的冲击,一举将闹事人群驱散,尽快恢复正常秩序。实施驱散行动时,应做到有理、有节,尽可能做到不与闹事群体正面对抗,无法避免或非对抗不可时,应坚持"致伤不致残""制服不致死"的原则,以免授人以柄,确保处置群体性事件的有效开展。

四、处置铁路群体性事件战术队形的运用

近年来,公安机关在处置群体性事件工作中,通常使用的有效进攻的战术队形主要有:横队队形、楔队队形、对角左线队形、对角右线队形等,如何合理有效运用战术队形,已成为处置群体性事件的重要研究课题。战术队形是公安机关在临战处置的复杂情况下,有效控制闹事群体的一种基本战术措施,其内容主要包括对闹事群体的阻截、包围、分割、驱散及缉捕,以达到震慑、控制、制止及打击的目的。

公安机关接到强制处置群体性事件的指令后,应有组织赶赴铁路站车现场,参与处置行动的警力一般分为一线、二线两大部分,其中一线警力应占总警力的80%,任务是靠前直接参与处置行动;二线警力占总警力的20%,主要是现场附近待命,随时增援,替换一线警力,处理各种变化情况。

在处置铁路站车群体性事件的战术队形运用中,现场指挥员要根据事件的规模、地形、环境、灵活运用各种战术队形,做到随机组成,灵活应变、衔接紧密,单一队形与各种复合队

形交替使用，做到远端控制、层圈过滤与中心隔离、机动处置相结合。

战术队形最小作战单位是小分队，一班由 12 人组成，预备队成纵队站立，小分队由四个部分组成：

第一部分：小分队指挥员（符号●代表）

第二部分：一名副手　　（符号⊙代表）

第三部分：一名射手或缉捕手（符号○代表）

第四部分：九名队员（符号①②③④⑤⑥⑦⑧⑨代表）

行动队员又分为两个小组，第一小组为右纵队，第二小组为左纵队（如图 12－4）。

图 12－4

1. 阻截队形

阻截队形是公安机关采取拦阻、堵截手段，阻止暴力事件群体的运动和分隔暴力事件群体与其行为对象，防止其相互接触的一种战术队形，适用于运动中的群体、冲击重要目标、事件冲突双方人群。阻截队形开进到距闹市及人群 10～15 米处设置分阻线，其主要任务是对事发现场封锁、控制、阻截。阻拦闹市人群冲击铁路站车及设施。

警察成预备队形站立，射手或缉捕手出列站在小分队指挥员的身旁左侧。接着，1 号队员出列站在小分队指挥员 5 步之前，同时右纵队的队员从该侧出列，以他为基准在右侧依次排列；左纵队的队员从左侧出列，在左侧以 1 号队员为基准排成一行，队员间标准看齐，成跨步站立，左右两脚之间的距离约为 35 厘米，队员间以肘碰肘排列，同时交叉双臂，右臂向后挽住另一人的左臂，每人并用双手可以抓住自己的腰带或装备（臂连臂式）。注意，在队形中队员相互间的间隔距离是很重要的，间距应尽量缩小，以保持队形的整体性，如果队员们单独行动破坏了整体的队形，就会有可能让别人绕到队列的后面，从而在背后攻击警察。最后，战术队形解散，恢复预备队形，所有队员侧转身成纵队，回到原先的预备队形站立位置列队，组成各自相应的小组。

如果该队形要用于容纳逐渐多的人群需求，警察间连接可改为腕连式成行排列，以避免在特殊地点聚众和可能的渗漏。腕连式成行排列的组队方法与前面所讲的一样，但是警察之间的间隔为两步，警察同时向两侧伸出两臂，向后下方握住同伴的左手，形成互相握住手腕的连接方式，排头和排尾的警察（8 号和 9 号）的空手抓住腰带或装备。

如果该战术队形需要靠少数人覆盖一片较广的地区，警察之间连接可改为棍连式成行排列，使用这种队形，有利于警察快速使用警棍。同时，还可以利用人群看到警察手中有警棍而产生的一定心理因素，造成一种威慑力，棍连式的成行队列与前面所述方式一样，只是在这种队形中，警察之间的距离为三步。警察用右手握住警棍递向旁边的队员，队员用左手握住警棍的端部。两端的警察（8 号和 9 号）用空出的手抓着腰带或者相关的装备。如果持盾牌站立，警察在成行排列后，警察之间应保持一步间隔，指挥员一下达行动指令，所有警察应同时迈出左脚，向左横跨约 30 厘米，可同时用警棍去打警盾发出一声声响给闹市人群造成一种心理压力，敲击完后将警盾挡在前面，持警棍于体侧成格斗预备式（如图 12－5）。

2. 驱散队形

驱散队形是公安机关在疏导教育不能奏效的情况下，依法使用警械、武器及其他强制措施，将不服从现场指挥人员解散命令和现场管制人员命令或指挥的事件群体，驱逐出非法占据的地点、场所，消除现实危害，恢复秩序的一种队形。主要任务是驱散闹市人群，抓捕闹事首要分子、骨干人员,驱散队形距闹事人群约 20 米,驱散队形可采用对角排列队形。

这种队形主要用于排开向该侧涌来的人群,它是成行排列的一种斜向排列,它能静止固定在某一区域,或用于驱赶人群到某一特定方向的地方,它是为把人群从一固定的地点驱移到另一处而设计的,这种队形对于把游行人群从建筑物起驱移开或其他的一些类似的情况是非常有效的。

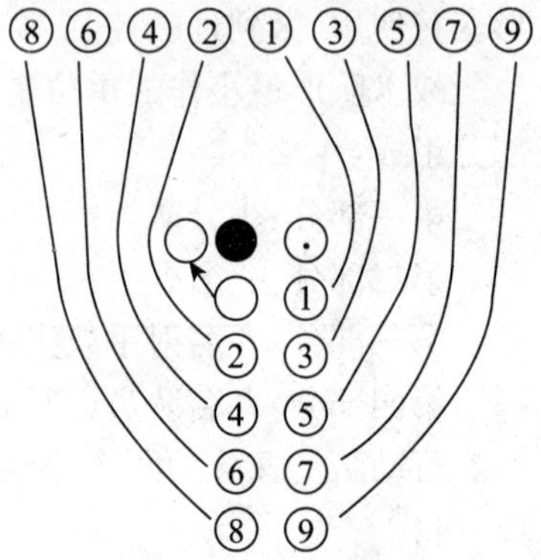

图 12-5

首先,指挥员一下达执行命令,持防暴枪的队员或缉捕队员出列,接着指挥员站在其左侧。接着,1 号队员出列,站在指挥员之前的约 5 米远处。其次,第一小组和第二小组警察从其相应的一侧出列,以 1 号队员为参照,依次阶梯排列。警察的间隔距离为约 1 米,9 号队员位于对角线的右端,8 号队员在对角线的左端,如果警察手持盾牌,可将警棍挎在肩上。在指挥员下达戒备命令后,所有警察同时迈出左脚,用警棍击打警盾,发出相应的声响,然后将警盾与警棍置于戒备位置,这样组成了左对角排列。右对角排列同理,其作用与前一种队形相同,区别在于这种队形用于排开朝右侧来的人群。最后,战术队形解散,小分队指挥员下达命令后,小分队警察各归原位,恢复基本队形(如图 12-6)。

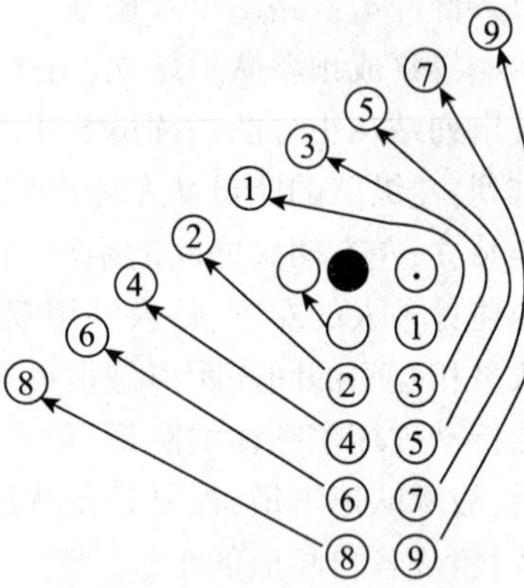

图 12-6

3. 护卫队形

护卫队形是保护重要人物离开或进入现场,保证其人身安全采用的一种队形,护卫目标通常在护卫队形的中间位置,指挥员一般在护卫中间前方便于指挥的适当位置,护卫队形可采用成列排列、成侧翼排列、菱形排列等队形。

(1)成列排列主要包括以下三个方面。首先,警察成预备队形站立,持防暴枪的队员或缉捕队员出列站在小分队指挥员的左侧。其次,第一小组即右纵队的警察(1 号、3 号、5 号、7 号、9 号)从右侧出列,在分队指挥员前约 5 米远成第一行。然后,第二小组即左纵队的队员(2 号、4 号、6 号、8 号)在分队指挥员身后约 5 米远站成第二行,这样副手紧挨指挥员站在其右侧;射手站在指挥员的左侧,三个人站在两行的中间,这样就组成了成列排列的防暴行动队形。前后两行间的距离可以根据实战需要而变化,并且要根据小分队指挥员的位置来确定。警察之间的连接可根据实际情况的需求,可以臂连臂式,也可以腕连腕式或棍连棍式。最后,战术队形解散,恢复预备队形,警察都回归原位,组成各自相应的小组,恢复成预备队形(如图 12-7)。

(2)成侧翼排列。第一小组和第二小组同成列排列队形一样,各组在自己的本侧,在指挥员位置之斜前,各小组根据需要确定脸的朝向,组成链式排列(臂、腕、警棍)。在这种队形中,持防暴枪的队员或缉捕队员站位都与前面几种队形中一样,站在指挥员的两侧(如图 12-8)。

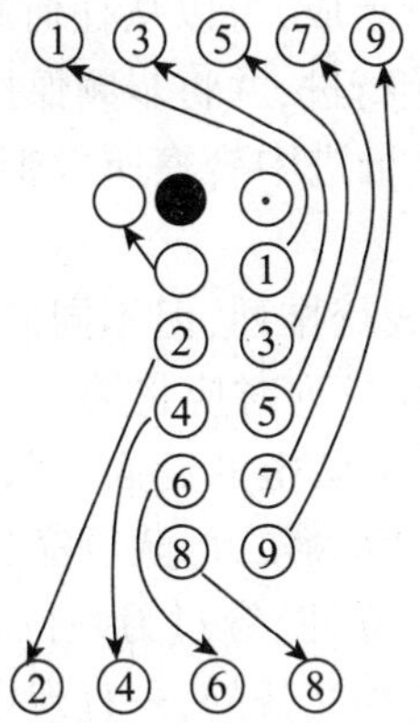

图 12－7

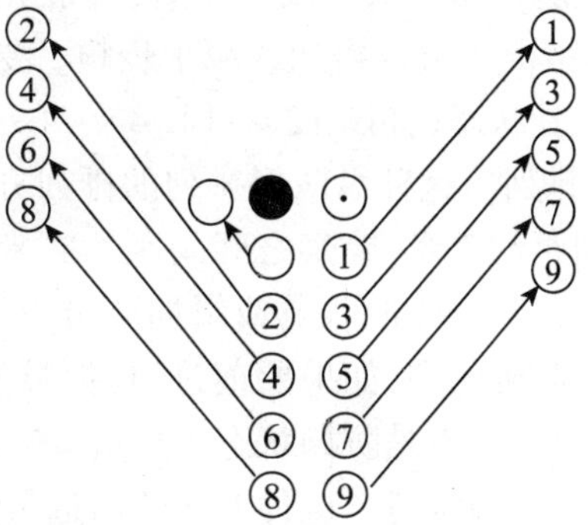

图 12－8

(3)成菱形排列。当听到指挥员发出指令后,第一小组和第二小组都要从其原来的相应位置离开。1 号队员位于队伍指挥员前约 4 米的地方,目的是使其他警察能够呈阶梯状列队从而形成菱形的角,指挥员和持防暴枪的队员或缉捕队员位于队伍的中间,应在被保护人的后面。2 号和 3 号分别位于指挥员及其副手的两侧。4 号和 5 号队员位于指挥员的后两侧。6 号和 7 号位于 4 号和 5 号的后内侧,9 号队员位于指挥员的后面,8 号和 9 号队员的站位,能够使整个呈阶梯状排列得以形成菱形的后一个角(如图 12－9)。

如要对旅客列车的控制,警察应该从基本队形(纵队)出发,第一小组和第二小组分别以纵队进入列车两侧,分别向左或向右转面向反的方向,将列车分成两部分并将闹事人群分别隔离在各自的场地中(如图 12－10)。

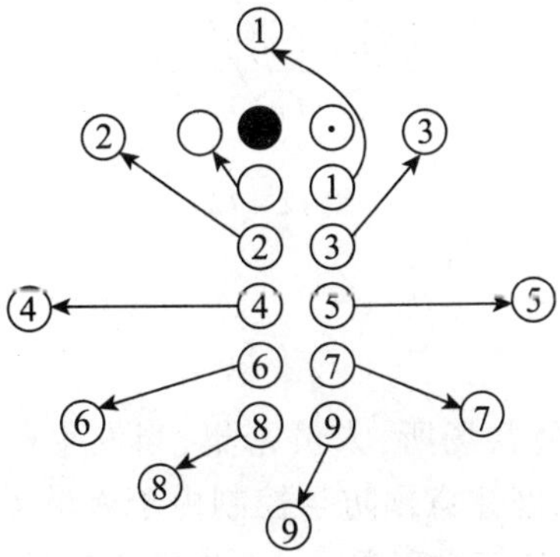

图 12－9

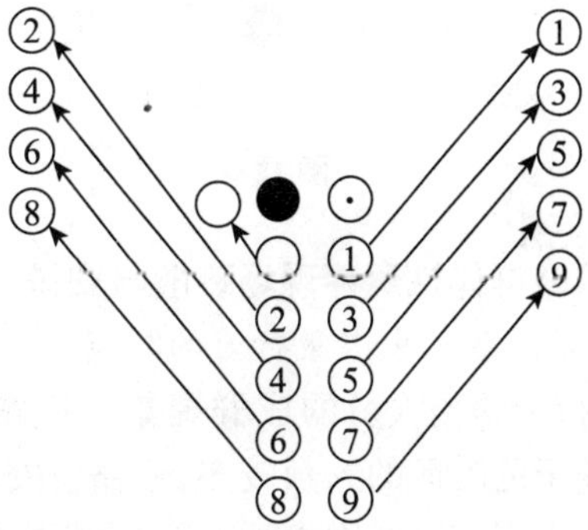

图 12－10

4. 穿插队形。穿插队形是在闹事人群中打开通道,实施分割或抓捕首要分子、骨干人员时采用的一种队形,穿插队形通常分为成楔形排列和成纵队排列队形,指挥员通常在楔形队形内靠前适当位置实施指挥,使用这种战术队形应注意警察之间距离,应尽量紧密,以防止闹事人群进入队形中。

(1)成形排列。首先,持防暴枪的队员或缉捕队员出列站在位于指挥员左侧靠近指挥员的地方。接着,1 号警察位于距指挥员约 5 米远的地方,其他警察在其两侧以约 1 米间距呈阶梯状排列。第一小组列队站于指挥员的右侧,第二小组站于指挥员的左侧。这样组成了"左斜线与右斜线"的楔形排列。根据实际的需求,还可组成左斜线和横行的楔形排列、右斜线与横行的楔形排列、倒楔形排列、成行排列。楔形排列的队形可用于行进中,这种行进队形,主要用于扩充地盘以及分开和疏散人群。这种队形的组成,可以从任何站立的队形中直接变化过来。当听到指挥员发出指令后,警察从左脚开始行进,并将步频保持在每分钟 60 ~ 80 步,但在特殊情况下可以增加或减小步频。要注意,在行进中警察所携带盾牌和警棍,一直要保持防御戒备状态(如图 12 – 11)。

(2)成纵队排列。这种纵队形排列的排列方式类似成行排列,但不同的是成两行排列,而且两行之间间距约 2 米,警察之间间距约 2 米。第二行排列时应将第一行保留的空当补齐。指挥员与其持防暴枪的队员或缉捕队员应位于直线形队伍的后面。队伍形成后,指挥员应使队伍保持防御状态,如果要前进,指挥员发出指令后,第二行队员穿过另一行留下的空挡开始前进,前进 7 步是防御状态。然后,第二行队员(立即)穿过另一行队员留下的空当开始,前进 7 步是防御状态。这种方式的前进是连续性的和交替的,一直到指挥员发出“停”的口令,一旦听到“停”的口令,所有警察应摆成防御状态。这种行进既可以是步行前进,也可以是跑步前进(如图 12 – 12)。

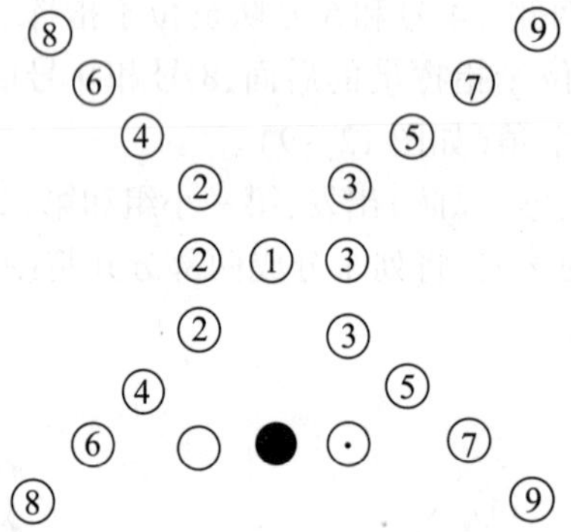

图 12 – 11

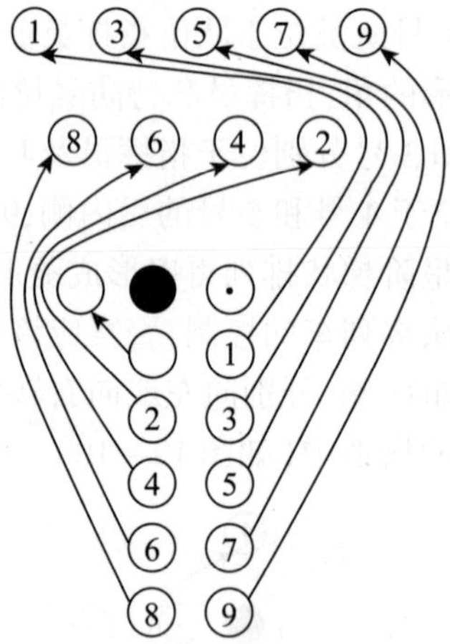

图 12 – 12

五、铁路群体性事件现场疏散与安排

(一)紧急疏散中群集行为的控制

群集行为是指人员的成群聚集。铁路站车是公共场所,人员密集,当发生群体性事件时,由于处于危险区的人数较多,铁路公安机关应高度注意预防与控制由于人员多的群集行为,而导致出现旅客及闹事群众及围观群众互相踩踏伤亡现象。人员的疏散过程是一个移动的过程,研究表明,人群在移动过程中的行进速度并不取决于个体的平均行进速度,而取决于人群的密度,人群密度越大,群体的行进速度越慢,当人群达到一定极限时,就会由于拥挤过度而不能前进,速度接近于零时极易出现互相踩踏伤亡现象(如图 12 – 13)。

常见的群集现象有以下几种:

1. 成拱现象。当旅客、闹事群体及围观群众从较宽敞的空间如铁路站区、列车向狭窄的出入口或楼梯口时,除了正常的人流外,处于危急之中的人群由于逃避心理的,会从两侧挤出,从而更加妨碍人群的流动,由于群集密度增加,在出口处极易形成拱形的人群,会因为所有人挤在一起无法通过,这种情况在锥形瓶实验中发生的情况相类似、将带线的小球放在锥形瓶内,如果依次拉出;由于小球的直径小于瓶口的直径,每个小球都可以顺利被拉出,但如果同时向外拉,所有小球都会挤在瓶口无法出来。但群集现象中的成拱与锥形瓶实验的最

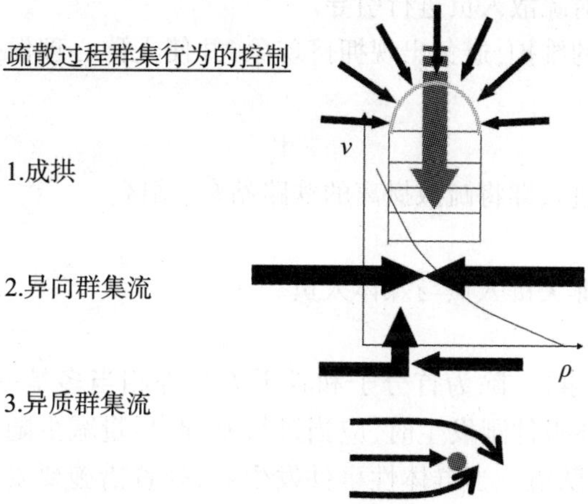

图 12－13

大不同之处在于,人群拥挤所形成的这种成拱现象是一种不稳定的平衡,构成拱形的各个方向的人的力量相互推挤,在短时间内会出现平衡现象,但这种暂时的平衡现象很快就会被打破,发生“拱崩溃”,此时大部分人由于突然失去平衡而被挤倒,并被急于出去或者不明真相的后来者踩踏。如果没有良好的疏散引导,出入口处会反复出现成拱和“拱崩溃”的现象,从而导致更多的人员伤亡。

2. 异向群集。异向群集是指来自不同方向的人群相遇并产生对抗时出现的群集现象。在紧急情况下,人群总是选择走最短的路径以达到自己最为安全的目标,当疏散人群的路径发生交叉或冲突时,来自不同方向的人群相互冲突、相互拥挤与阻塞,严重时相对进行的两股人流狭路相逢,形成对抗,很容易造成拥挤和踩踏而造成大量伤亡。这种现象无论是在铁路站车内还是在铁路站车的出入口都有可能发生,而且往往是由于人群疏散的路线设计不当造成的。

3. 异质群体。人群中每个个体的行进速度和承受拥挤的能力并不相同。在紧急情况下,人员都希望以最快的速度、最短的路径到达自己认为安全的地方,因此就急于超过那些在自己前面走得太慢而阻挡自己行进的人。行进速度明显低于群体平均速度的人就成为群体中的“异质”。在人群密度不太大的情况下,行进速度较慢的人的周围会由于停滞形成一个旋涡,后面的人从两侧赶超绕行,随着人群密度的增大,走得慢的人就有可能被后面的人推倒或拌倒,进而产生连锁反应,造成严重后果。在临时紧急的旅客疏散过程中,成为人群异质的多为老人、小孩和妇女,以及那些由于物品失落,停下来弯腰拾物的旅客。

群集是造成人员大量伤亡的主要原因,因此,铁路公安机关在组织人员的疏散过程中必须加以控制。造成群集的原因非常复杂,有的是因为人群在紧急情况下的逃避心理;有的是由于人群中出现和传播不确切的消息,特别是出现对人群的生命安全构成威胁的消息;有的是由于少数人因恐惧而产生狂躁情绪并采取不理智的行为;有的是由于现场没有人员进行疏导与引导;有的是由于以上几种原因组合在一起。

(二)现场疏散与安排

1. 针对铁路列车、车站、候车室的出入口容易产生群集现象的原因,在组织人员疏散时,尤其是在春运、暑运、节假日客流量组织疏散时,应采取以下有效的措施:

(1)选定正确的疏散路线。

(2)安排专门人员对疏散人员进行引导。

(3)负责疏散秩序的维护,避免出现拥挤现象,并使人群心理保持稳定状态进行有序的疏散。

2. 疏散的顺序

(1)禁止无关人员进入即将疏散撤离的铁路站车、站区。

(2)旅客与群众。

(3)铁路站车中的非关键人员与媒体人员。

(4)全部撤离。

在铁路发生群体性事件,除为首分子和骨干人员外相当多是一般随从者和围观者,因此,铁路公安机关在群体事件刚发生时,应当进行劝导,尽量减少随从者和围观的旅客而防止扩大群体性事件闹事队伍。当群体性事件发生后,处置措施要妥当,要加强外围控制,防止其他群众因不明真相被裹胁其中,避免激化矛盾和扩大对立情绪,不使随从者向骨干分子转化。同时,要通过法制宣传教育稳定周围群众情绪,并通过处置行动造成威慑声势,疏散随从者和围观的旅客,尽快离开事件现场,必要的采取适当手段加以驱散。在临场处置事件时,还应视情况留置一些围观者或围观旅客的通信联系方式,以便于事件平息后的调查、取证工作。

【本章小结】

本章对铁路群体性事件的类型、特点及成因进行归纳分析,阐述铁路公安机关在处置群体性事件中的任务、方针、原则和处置程序,使学生掌握在铁路现场群体性事件处置行动对策、战术方法及现场疏散,提高对铁路群体性事件的处置能力。

【思考题】

1. 铁路群体性事件有哪些主要特点?
2. 铁路公安机关处置群体性事件时可以采取哪些现场措施?
3. 铁路站车群体性事件现场处置战术如何运用?
4. 铁路公安机关在处置群体性事件中如何预防“反弹”?

第十三章 铁路押解与临时看守

【教学重点与难点】

重点:铁路站车押解方法

难点:铁路站车押解突发情况处置

押解是公安机关依法对犯罪嫌疑人实行异地转送的一种警戒勤务。押解战术是指警察在依法押送犯罪嫌疑人过程中所采取控制其身体活动的措施。其主要任务是防止其脱逃、自杀、行凶、暴乱和劫夺,确保将犯罪嫌疑人按计划押解到预定地点。押解方案的制定要根据押解的任务、人数、时间、地点、路程、押解方式等情况来决定。担负押解任务的警察必须由二人以上,押解女犯应有女警察参加,除执行秘密逮捕等特殊情况外,押解人员应着警服,并采取相应的战术方法,做到周密部署、措施得当、安全稳妥。

第一节 押 解

押解是铁路警察将犯罪嫌疑人从一地移至另一地的行动过程。其目的是采用各种有效战术,将被押解人员安全、迅速地押解至目的地。通常有:从抓捕现场押解至羁押处所;从抓捕地区押解至案件审理地区;从审判地押解至劳改、劳教地;从羁押地点押解至案件审理地点,等等。押解是一项较为复杂的过程,应充分认识其所具有的特点,遵循其所必须的要求,同时,也为铁路警察利用火车押解犯罪嫌疑人创造了条件。

一、押解的目的和要求

(一)押解的目的

1. 确保已缉捕的案犯或犯罪嫌疑人的人身安全,顺利将其及有关物品移交有关部门,为进一步开展审理工作奠定基础。

2. 确保在押人员、场所及变换场所行动过程中的安全。

(二)押解的要求

1. 押解进站乘车或到站前,押解警察要提前通知车站派出所,车站派出所应做好协调、配合工作。执行押解任务乘坐火车前,押解警察要主动向列车乘警所属的公安处通报有关案情和被押解人的情况。上车后,押解警察要向乘警出具所在单位或部门的介绍信、押解警察的工作证件或相关法律文书。

2. 押解前要对押解对象进行彻底的搜身，押解时要对押解对象进行必要的控制，如上铐、捆绑、徒手控制或武器控制，防止其逃跑或自杀等。

3. 押解前应对押解运送工具、押解线路全面的了解和掌握，保证押解现场的安全性和线路选择的恰当性。

4. 利用车船押解时，要对押解对象的身体部位进行限制，如采用蹲式、坐式、卧式，对重刑犯要戴上手铐、脚镣，使用车内环状或者管状物，将其双手铐在上面固定，要关闭车窗，按下车门的插锁，车内应成为封闭的空间，防止其自杀、自残或伺机反扑暴动等。

5. 押解过程中要分工明确，协同作战，保持高度的警惕性。任何疏忽和大意都可能造成严重后果。

6. 长途押解时，要事先了解押解对象的心理动态，重点控制好重犯、主犯，把控全局。

7. 押解时必须有两名以上警察完成，押解女犯时应有女警察参加。

8. 押解方案、突发预案、押解人员名单、行走的路线以及到达目的地要严格保密。

9. 押解对象上洗手间时，警察不得将手铐、警绳全部松开，应对其进行正手锁铐或捆绑，押解对象到洗手间或其他地点上洗手间时，警察应提前进入该洗手间或其他地点进行检查，还应采取措施防止其在洗手间或其他地点自伤、自残、自杀或脱逃。押解对象是女性的，上厕所时，只能由女警察负责看管。

10. 押解对象吃饭、饮水、睡觉时，警察应将其正手锁铐和捆绑，事后马上恢复原状，不得提供尖利的餐具和筷子给犯罪嫌疑人用餐。

11. 押解对象为未成年人的，押解时原则上不得使用戒具。对确有行凶、逃跑、自杀、自伤、自残等现实危险，必须使用戒具的，应当以避免和防止危害结果的发生为限度。现实危险消除后，应当立即停止使用。

二、铁路押解的基本方法

押解从路途上可分为短途押解和长途押解；从押解人数上可分为单人押解、多人押解、成批押解；从是否使用警械上可分为徒手押解、警械押解，警械押解又可分为警绳押解、手铐手镣押解、警棍押解、武器押解等；根据交通方式可分为徒步押解、车辆（飞机）轮船押解等。不管采用何种方式的押解，都应根据押送目标的情况，犯罪性质，目标的心理动态，暴力倾向及上级指示及押送时的具体情况来决定采用何种押解的方法。制定押解方案，包括押解路线、工具、方式等，以及可能出现的问题及处置对策、预案等内容的具体押解方案，押解工作要周密细致。

1. 双人别臂押解。对押解对象搜身后，两名警察对其采用别臂技术控制住手臂，使押解对象低头弯腰，失去反抗能力。该方法适用于短距离押解（如图 13－1）。

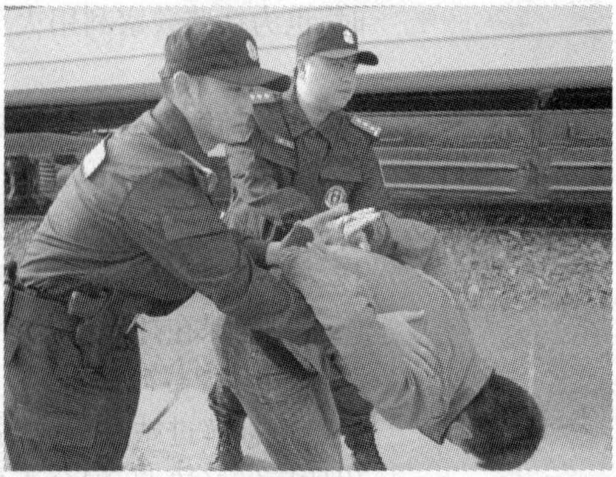

图 13－1

2. 挟臂押解。警察站在押解对象左后侧，用右手抓住其左手，快速用力折腕，使其手心向右，左手则抓住左肘外部，将其肘压紧贴腋窝，使其失去反抗能力。如果押解对象反抗，警察加力折腕即可控制,该方法适用单人或双人押解(如图13-2)。

3. 双人拧腕压肘押解。警察站在押解对象两侧,两人两手同时抓住其手腕后按顺时针方向拧转,使其反别于身后,一只手反抓紧手腕,另一只手反压其肘关节,使押解对象失去反抗能力。该方法适用于短途押解(如图13-3)。

图13-2

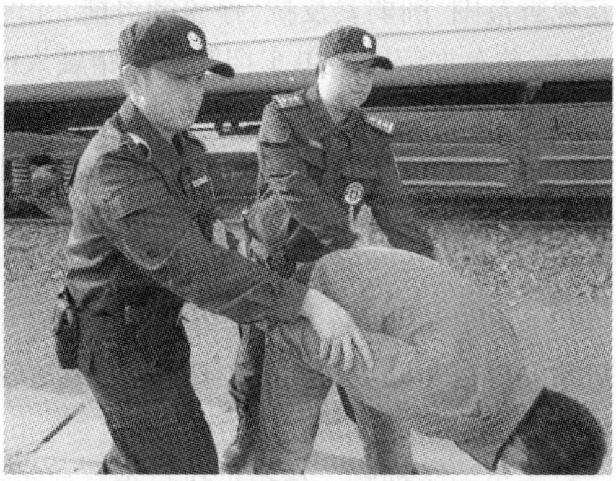

图13-3

4. 蒙头折腕押解。警察用服饰或头套将押解对象的头蒙住,在其体侧抓臂,反折其手腕,将其押回。徒手押解中,持枪警戒警察应紧跟在押解对象右侧后方,可采取多位置,便于观察控制押解对象,徒手押解适用于短距离押解(图13-4)。

图13-4

5. 徒步押解。徒步押解适用于短距离押解,或在交通不便、交通工具不便的情况下所实施的押解方法。徒步押解时,应加派警力,并安排适当的警力在后面做好安全警戒,应给押解对象戴械具(手铐、指铐、警绳等),位于押解对象的右后侧2~3米处行进,防止其逃脱。尽量避开闹市区和复杂地段,以防止押解对象的同伙劫夺。采取铐、捆结合的方法。在不宜公开押解时,可采用隐蔽性押解方式,警察一前一后,严密控制。徒步押解重要或危险的违法犯罪人员时,要正确使用好脚镣,并由专人负责在其背后抓稳手铐和警绳。在野外押解时,可采取公开押解方式,通过铁路道口、隧道、桥梁、铁路站车出入口、隘口、渡口、林区、河边、山路等复杂地段时,要提高警惕,密切注视两侧动态,严加防范。在警力少,押解对象人数多的情况下,可采取将其用绳子、腰带或手铐等械具,交叉铐、捆连为一体的方法实施押解,或用鞋带捆其大拇指的方法连捆一起,列队一路行进,押解人员位于两侧和后面警戒控制。通过河道、小桥等不便于集体通过时,应采取先将押解对象集中监管,警察应分成二组,一组警戒控制,另一组组织押解对象通过复杂路段。

6. 乘火车押解。乘坐火车押解时,可以将被押解人固定锁铐在车内稳固结实的部位上。不得将押解对象置于车门或车窗边,在被押解人两侧(或侧面和对面)各安排一名警察进行警戒,并由其中一名警察专门负责用手抓稳手铐或警绳。对同案人员要严格控制隔离,防止串供。中途转车或终点下车时,应在旅客下车后再押解下车,如转车不住宿,应在公安派出所、警察值勤室看管,时间较长应暂交当地公安看守所羁押。

7. 乘汽车押解。乘汽车押解时,可分为单车押解、卡车押解和乘坐公共汽车押解。汽车押解的,应使用囚车或警用车辆,尽量选择有深色玻璃膜或有车玻璃帘的车辆进行押解。押解车辆不得搭乘无关人员。押解过程中运用遮挡物或犯罪嫌疑人的衣服,将其头部蒙住,限制其视野范围,削弱其反抗,挣脱的可能。

(1)单车押解。乘单车押解犯罪嫌疑人时,应将其按照指定位置蹲或坐在车上,加戴械具,并将其铐、捆于车座位脚或其他固定物体上,锁好车门,除一名警察面向后,坐于驾驶员身后监控押解对象活动外,其余警察分别在押解对象侧后或后座乘坐,实施监控。

(2)卡车押解。乘坐卡车押解犯罪嫌疑人时,应令其蹲坐在车厢的前部中央,用械具铐、捆在一起,警察分立两侧和前面,面对押解对象,严密控制,防止押解对象跳车逃跑。

(3)公共汽车押解。乘坐公共汽车押解犯罪嫌疑人时,应与司机联系,争取先上车,把押解对象安排在车厢后排的中间座位,如路途较远时,可将其手铐另一端铐在座位脚或栏杆的支柱上。

8. 多车编队押解。在担负执行押解成批犯罪嫌疑人任务时,应成立押解现场指挥组,根据警力、押解车辆,武器、械具的配置、通信工具等,以及押解对象的人数、性别、犯罪性质等情况,制定多车编队押解行动方案和押解行动应急处置预案,将警力编成若干押解小组,明确其任务和职责。多车编队可采取"接一插一"的形式,即押解犯罪嫌疑人的囚车在前,警车在后,后车警戒前车的方式,也可采取警车一前一后,将犯罪分子的囚车插在中间,前后警戒的方式,或采取单车押解方法,即分乘囚车,随车押解的方式,在多车编队押解行进中,要随时加强警戒,保持联络,单车间距应保持在30~50米距离。

三、特殊押解方法

特殊押解战术,是指铁路警察以超常规的手段或方式,对犯罪嫌疑人进行押解的方法,多用于特殊情况、不宜公开或大规模押解行动。

(一)以少押多

即铁路警察人数少于被押解人数时的押解方法。

1. 押解前的准备。押解前,警察用手铐将押解对象,采用二铐二、二铐三等方法,对押解对象进行有效的控制后再进行押解。

2. 押解。在押解过程中,如徒步押解,警察应位于押解对象身后,侧1米左右的位置监控前行。如乘坐交通工具押解,应使其背靠背坐于地板上,必要时,警察可以持枪控制,对可能出现的情况做出反应。

3. 注意事项。由于押解对象人数多,押解难度大,使安全系数降低,为防止集体脱逃,应特别加强防控。

(1)保持高度戒备,注意自身安全。

(2)时刻注视押解对象双手及警械约束处,严禁押解对象之间讲话或任何形式的交流。

(3)押解对象如出现反抗、脱逃或其他危险情况,应视情依法立即采取强制措施予以制止,防止出现更为严重的危害后果。

4. 及时与上级及友邻联络,保证后援。

(二)秘密押解

秘密押解,是指在不宜暴露押解意图,或者为配合以后取证工作而尊重押解对象的意愿、自尊心等情况下采用的一种押解方法。

1. 押解前

根据任务需要，押解对象的性格特征，需采用秘密方法押解时，警察应事先做好被押解对象的思想工作，使其配合。使用约束性警械时，应先进行搜身，确认无危险物品后，再行上铐或捆绑，将铐、绳做自然性伪装。

2. 押解

在押解过程中，无论是徒步还是乘坐公共交通工具，警察均应严密控制犯罪嫌疑人，在采用秘密押解时，做到外表自然，气氛和谐，做到既安全又隐秘。

3. 注意事项

（1）在押解时做到外松内紧、严密监控，不被假象所迷惑。

（2）要随时观察押解对象的双手，必要时检查锁、绳的牢固程度、防止其松脱。

（3）如发生押解对象反抗、脱逃等情况，应立即采取强制措施，调整押解方案。

（三）大规模押解

大规模押解，是指对众多犯罪嫌疑人进行集体押解的方法。

1. 押解前的准备。大规模押解，是一项复杂、艰巨且危险性大的行动过程。在实施押解前，警察应成立押解指挥机构，制定押解行动方案和应急处置预案、确定押解方式和路线、配备足够的警力，将警力编成若干个战斗小组，明确其任务和职责，将押解对象编组、布置耳目力量、实施内外监控，对所有押解对象应使用手铐、警绳进行约束控制，宣布押解纪律和要求，实施保密措施。

2. 押解

针对大规模的押解，必须采用武装押解形式。押解过程中，应对所有押解对象呈控制态势，应按照分工，严密监视被押解对象的一举一动，及时警告、制止违规及违法行为；指挥员应实施不间断指挥，随时掌握押解情况，对所发生的问题及时进行处理，始终与上级保持通信联络，及时汇报情况，接受上级指导，确保押解任务安全、顺利地完成。

3. 注意事项

（1）高度戒备，严防骚乱。

（2）严格遵守押解纪律和要求，严格执行押解计划，除遇意外情况外，不得随意变动预定方案。

（3）押解途中尽量不停顿、不滞留，如确有必要停留时，时间应尽可能短暂，同时要按计划加强警戒，严防出现意外情况。

（4）不经批准，严禁押解对象相互交谈和任何形式的交流，更不许其擅自停留、离队。

（5）押解途中如出现骚乱、暴乱或劫持人质等危险情形时，指挥员应果断指挥，按预定方案坚决予以处置，必要时可依法使用武器，确保警方安全和押解任务的完成。

四、铁路站车押解突发情况处置

1. 实施押解任务前，警察应对交通、通信工具、武器、械具等仔细查验，按押解方案认真做好准备。

2. 押解途中遇有押解对象逃跑、自伤、自杀、袭警等紧急情况，要及时向所属单位领导汇报，也可越级汇报。脱逃时，应立即组织警力追捕，并迅速向上级公安机关报告。如乘旅客列车押解对象脱逃时，应记住跳车的时间、地点，立即报告，并与前方车站公安机关联系，请求协助,就近下车追捕,不得轻易使用武器和跳车追捕。

3. 押解途中,遭到押解对象同伙袭击劫夺时,应停止前进,令押解对象蹲、坐在低凹处或快速向安全地带转移,加强警戒,实施控制,迅速组织警力抢占有利地形,进行还击,以火力阻敌接近,向上级公安机关报告,并与当地公安机关联系,请求支援。

4. 担负执行徒步押解或乘汽车押解成批犯罪嫌疑人任务时,如发生暴乱、逃跑、应停止前进,将犯罪嫌疑人迅速集中坐下,严加警戒,交代政策,对不听制止的,则予以镇压,如发生脱逃的应立即组织警力追捕,平息后,对首犯或危险分子应采取隔离押解措施。

5. 押解途中押解对象如患病时,应在现有条件下积极治疗,一般不得将押解对象留下,如病情严重,可与当地医院联系,留人监守治疗。在押解途中,如发生押解对象病亡或暴乱逃跑时被击毙的,应保护好现场,报告上级公安机关查勘现场。

6. 押解时,以至少 3∶1 的比例安排警力(不包括司机),即至少三名民警押解一名被押解人。押解重要的或危险的违法犯罪人员时,要适当增派警力,并至少有一名所队以上领导。临时出所区分不同情况,分别由看守所警察、办案人员或者人民法院司法警察押解。

第二节 临时看守

临时看守是指对犯罪嫌疑人临时拘押审讯或执行押解路途中所采用的看管方法。

一、临时看守的目的

1. 严防犯罪嫌疑人逃跑。

2. 严防犯罪嫌疑人被谋杀、自杀、自残。

3. 严防犯罪嫌疑人互相串供。

4. 严防他人传递信息或走漏信息。

二、临时看守的要求

1. 看守人员应恪尽职守,尊重犯罪嫌疑人的人格,保护犯罪嫌疑人的人身安全。

2. 对犯罪嫌疑人进行人身搜查,对临时羁押场所的物品进行清理,防止犯罪嫌疑人利用自身、场所的物品自残。必要时应对犯罪嫌疑人的双眼进行遮蔽。

3. 对羁押地点清理检查,尤其对门窗、玻璃、铁器、电线等部位进行检查,采取必要的措施,清除安全隐患,防止犯罪嫌疑人自杀或逃跑。

4. 临时看守期间,非办案警察不准会见犯罪嫌疑人,不允许家属、朋友接触犯罪嫌疑人或送东西,需转交家属的物品必须严格检查,防止犯罪嫌疑人向外传递信息。

5. 同一案件的多名犯罪嫌疑人要分开看守,以防串供。

6. 看守人员要轮流值班,两人以上看守,绝对不许同时睡觉,更不能喝酒,随时注意检查械具,并注意犯罪嫌疑人的情绪变化,严防犯罪嫌疑人行凶或逃跑。

7. 看守人员要了解犯罪嫌疑人的思想动态,采取适当的语言安慰犯罪嫌疑人,消除其反抗和逃跑的动机。

8. 看守所使用警用约束带的规定

根据《公安部关于看守所使用警用约束带问题的通知》(公监管〔2010〕107 号)的规定,

看守所使用警用约束带，应根据在押人员危险程度，警用约束带可以组合使用或者部分使用，但脚腕束缚带不能与脚镣同时使用，手腕束缚带或者肘臂束缚带不能与手铐同时使用。对于患病的在押人员，应当慎用警用约束带。对未成年人或者老年人原则上不得使用警用约束带，确有行凶、自杀、自伤、自残等现实危险，必须使用警用约束带的，应当以避免和防止危害结果的发生为限，并经公安机关主管领导批准；现实危险性消除后，应当立即停止使用。严禁使用非制式约束带。

9. 犯罪嫌疑人要求上卫生间时，应对卫生间的门进行控制，犯罪嫌疑人的行为要始终处于看守人员的视野中，防止犯罪嫌疑人利用此机会自残、反抗、逃跑。

10. 长途押解临时看守时，可就近请当地公安机关协助羁押看守，乘火车时，要与乘警（长）取得联系，协助看守。

【本章小结】

押解是指警察在依法押送犯罪嫌疑人过程中所采取的控制其身体活动的措施，本章重点介绍了铁路警察在铁路站车环境下将押解对象安全、迅速地押解至目的地的各种有效方法，对押解与临时看守在警务行动中的有效利用进行了提炼和总结，以达到增强铁路警察实战能力的目标。

【思考题】

1. 铁路站车押解的特点有哪些？
2. 乘火车押解的要求是什么？
3. 铁路列车上执行押解任务发生突发情况如何处置？

第十四章　铁路战伤与旅客常见危重疾病的现场急救

【教学重点与难点】

重点：现场急救的原则、作用

难点：铁路列车环境下心肺复苏技术、骨折固定及伤员搬运

我国当前正处于社会经济快速发展的重要时期，人与人、人与社会、人与自然的发展还不够协调，各种矛盾相互交织，危害人的生命和健康的各种突发性意外灾害事故、生产和交通安全事故、火灾及爆炸、中毒等人员伤亡事件时有发生。在低龄段，猝死也时有发生。各类暴力犯罪，突发疾病无时无刻地危害着人们的生命安全。作为铁路警察，在打击犯罪，排除各种现场险情、积极救护伤病者，需要掌握现场急救的知识和技能，才能真正地把为民服务落到实处。

对铁路战伤与旅客进行现场急救，是铁路公安机关落实科学发展观、落实"执政为民""以人为本"构建和谐社会的具体体现和重要保障。现场急救是警务实战技能的重要组成部分，是铁路警察职业能力的重要体现。随着经济的发展和社会的需要，警察的职能也在发生转变。公众希望警察能够全方位的服务于社会，接受各种求助和服务，及时处置各种突发事件。铁路警察应充分认识到在处置铁路暴力犯罪、伤害案件等突发性事件或意外灾害事故时，还应具备良好的对旅客进行现场救护技能，才能够在现场及时地对伤病的旅客进行正确的救护。在专业的医疗人员未到达前，以一般医学原则为基础，利用现场人力、物力对伤员施以初步的救护，达到保护生命防止伤势或病情恶化的目的。为了适应形势的变化，满足社会的需求，开设现场急救课的目的就是要使警察树立"急救从现场开始，时间就是生命"，使警察了解和掌握现场急救的基本常识和操作程序。近年来，在全国公安系统开展的大练兵活动，"现场急救"是练兵的重要科目之一，公安部要求每一名警察，尤其是一线的警察必须掌握警务现场急救技能。

第一节　铁路战伤与旅客进行现场急救概述和急救原则

一、现场急救概述

（一）现场急救概念

现场急救是指警察在执行公务时，经常会遇到意外伤害、灾害事故和

危急重症导致的人员伤害，在专业医务人员尚未到达现场的情况下，对伤者、病者进行及时、有效的现场急救措施，为医院进一步抢救伤、病者创造条件，赢得宝贵的时间，从而挽救生命。

（二）我国警务现场急救法律保障

《中华人民共和国人民警察法》第2条规定：人民警察的任务是维护国家安全，维护社会治安秩序，保护公民的人身安全……第21条规定：人民警察遇到公民人身、财产安全受到侵犯或者处于其他危难情形，应当立即救助；人民警察应当积极参加抢险救灾和社会公益工作。人民警察对公民人身处于危难情形实施救助，是法律赋予的义务，是人民警察的职责。目前，警务现场急救训练科目被公安部列入《公安系统人民警察实战基础训练大纲》，占警务实战技能训练总量的1/6。现场急救是人民警察在突发灾害意外事故现场进行的急救，由于警察是非医务人员，非医务人员经过急救培训后仅具备初级急救技能。警察到达现场后需对现场伤员，尤其是对心肺功能丧失或大出血的伤员争分夺秒地进行心肺复苏和止血。

（三）铁路警察进行现场急救作用

铁路警察在打击犯罪的执法战斗过程中，为维护法律的尊严和铁路运输的安全，与犯罪分子及犯罪嫌疑人面临武力搏斗和武装冲突的对抗，警察的伤亡难以避免。铁路警察在站车环境下处置突发事件中，应第一个到达现场的旅客救助人，有时遇到伤员数量多，伤类、伤情复杂，加上现场救治力量有限，救治时间紧迫和交通中断，给现场伤员急救带来了极大的困难，因此必须掌握一些常见危重症疾病的前期急救方法，以保证旅客的生命安全，对伤者所采取的初步的和暂时的急救措施。因此，铁路警察学习初步的现场急救技术，对保障旅客的生命安全和自身的生命安全有着积极的作用。

二、警务现场急救原则

（一）先救后抢的原则

先救后抢的原则是指在开展警务现场急救工作中，遇到负伤的人员应就地开展急救工作，骨折者及时进行固定；出血者（特别是动脉出血）及时进行止血；呼吸、心跳停止者，及时进行人工呼吸和体外心脏按压等，设法挽救、延长伤员的生命，然后再进行搬运，移送医疗部门以便进一步救治。

（二）先急后缓的原则

先急后缓的原则是指在开展警务现场急救时，如果遇到多个人员负伤，而抢救人员、设备又有限时，应尽快地分清伤员的伤情，对伤情急迫的，如大动脉破裂出血，外伤性张力性气胸，呼吸、心跳停止的人员，应优先进行急救，避免造成这些伤员因得不到及时处理而死亡的严重后果。

（三）先重后轻的原则

先重后轻的原则指在警务现场急救中当遇到多个伤员时，应该先抢救处理伤情严重的伤员，再处理伤情较轻的伤员。在实际抢救工作中，为了更好地贯彻这一原则，往往需要抢救人员迅速认真地检查、分析、判断伤员的伤情，以便遵循先重后轻的顺序急救伤员。

开展警务现场急救工作应遵循上述三个基本原则。要注意对伤情急缓和重轻的判断。伤势急和伤情重在急救医学的概念上是有很大区别的，如颅脑损伤、骨折是比较严重的损伤，从急救现场来讲，颅脑损伤和骨折对人体生命的危害比不上大动脉出血急迫，在急救现场要优先处理大动脉出血。

三、开展现场急救应注意的问题

(一)注意对犯罪(或事故)现场的保护

对犯罪(或事故)现场的保护是由公安工作本身的特点决定的。在破案工作中,犯罪(或事故)现场常常是破案线索或信息的重要来源。如果铁路警察在开展警务现场急救工作时,忽视了对现场的保护,甚至破坏了犯罪(事故)现场,就会给案件(事故)侦破(查处)带来困难。

(二)注意"无菌操作"

在开展警务现场急救工作中,要注意尽量做到"无菌操作"。警务急救现场遇到的负伤人员,其伤口大都属于污染伤口,在对其伤口进行急救处理时也应该注意"无菌操作",尽量使用"干净"的物品包扎伤口,以减少伤口的污染,避免给进一步的救治增加困难。

(三)注意不能轻易确定伤员死亡而放弃抢救

警察在急救现场会遇到呼吸、心跳突然停止的伤员,警察不能轻易确定伤员死亡而放弃抢救。医学研究证实,人的死亡是一个复杂的生理过程。医学上常把人的死亡分为临床死亡和绝对死亡。只有在伤员出现绝对死亡的征象时,急救工作才能停止。而在警务急救现场中,遇到呼吸、心跳突然停止的伤员时,急救人员要注意不能轻易确定为死亡,在专业医护人员到达之前积极地抢救,以最快的速度及时转送专业医疗机构进行救治。

第二节 铁路警察战伤的自救和互救

警察现场急救处理的基本技术有:止血技术、固定技术、包扎技术、搬运技术、徒手心肺复苏技术等。其中止血技术、固定技术、包扎技术大部分可以作为自救的现场急救措施,搬运技术、徒手心肺复苏技术则是属于互救的现场急救措施。

一、止血技术

人体受创伤后,会导致伤口出血。伤口大量出血达到人体总血量(4000~5000毫升)的20%~30%,即可能使人出现失血性休克,导致死亡,这是造成伤员早期死亡的最直接原因之一。因此,及时有效的止血是延长伤员生命的一项最重要的工作。止血法是急救伤员的一项重要措施,我们必须熟练掌握它,以便在遇到出血伤员时能及时而准确地进行自救和互救。

(一)出血种类

根据受伤血管的不同,出血可分为三种,不同种类出血,其止血方法也不同。现分述如下:

1. 毛细血管出血。血液从创面或创口的四周渗出,出血量少、色红,找不到出血点,危险性小。止血时,在伤口处盖上消毒纱布或干净手帕,扎紧就可止血。

2. 静脉出血。血色暗红,缓慢不断地流出,其后由于局部血管收缩,流血逐渐减慢,危险性较小。一般抬高肢体的位置以减少流血,然后在出血部位进行加压包扎即可达到止血目的。

3. 动脉出血。血色鲜红,出血来自伤口的近心端,且呈喷射状,持续地向外喷出。因为动脉压力大、出血速度快、出血量多,危险性大。

判断出血种类是进行有效止血的第一步。在白天和视线较好的情况下容易做到这一点,在夜间或视线不佳的现场就比较困难。凡是脉搏快而弱、呼吸浅促、意识不清、皮肤湿凉、衣服被血浸湿范围大,多表示伤员伤势严重或有较大出血。

(二)止血方法

1. 直接指压法。急救人员用手直接压迫伤口上以临时止血,叫直接指压法。如条件允许,最好在出血的伤口与手之间垫上干净物品,如手帕等,以减少对伤口的污染。

2. 间接指压法。直接指压法易污染伤口、效果不显著,故较少采用,而多用间接指压法。急救人员在出血动脉的近心端,用拇指或其余四指把动脉压在骨面上,予以止血。在动脉的走向中,最易压住的部位叫压迫点。我们应熟悉主要动脉的压迫点,并要熟练掌握。

间接指压法的常用压迫部位如下:

(1)头部出血。头部前面出血,要压迫颞动脉。压迫点在耳前,用手指正对下颌关节前面向骨面压迫。头部后面出血要压迫枕动脉,压迫点在耳后乳突附近的搏动处(如图 14-1)。

(2)面部出血。应压迫面动脉,压迫点在下颌角前面约 1.5 厘米处,用手指摸到动脉搏动后将该血管压迫在下颌骨上(如图 14-2)。

(3)颈部出血。压迫颈总动脉。用手指压在喉结甲状软骨两侧,向中间的颈椎横突压迫,但无论何时,都绝对禁止同时压迫两侧的颈总动脉,以免引起大脑缺氧(如图 14-3)。

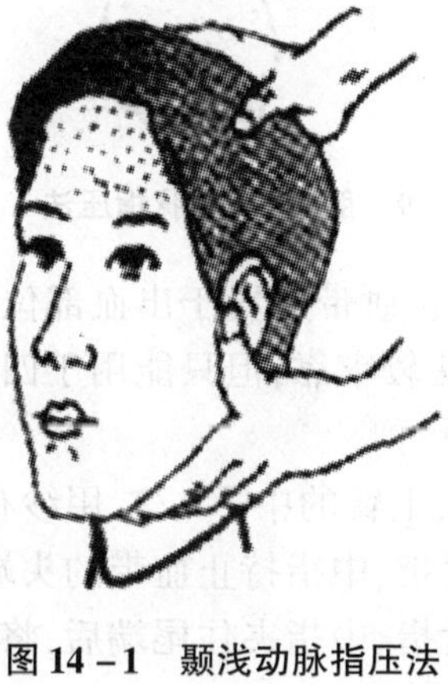

图 14-1　颞浅动脉指压法

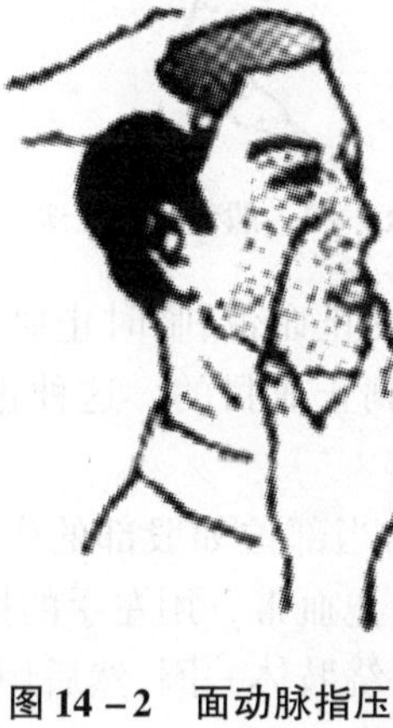

图 14-2　面动脉指压法

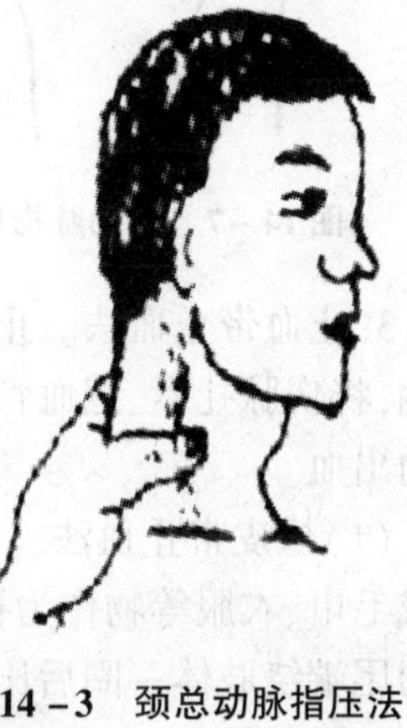

图 14-3　颈总动脉指压法

(4)上肢出血。肩部、腋部和上臂出血可压迫锁骨下动脉。压在锁骨上窝,胸锁乳突肌外缘,用手指将该动脉向后内正对第一肋骨压迫(如图 14-4)。前臂出血可压迫肱动脉。使患肢外展,用拇指压迫上臂内侧(如图 14-5)。手掌出血时可用两手的拇指放于前臂远端掌侧面的内外侧,将桡、尺二动脉压于桡、尺二骨上(如图 14-6)。手指出血可压迫指动脉。压迫点在第一指节近心端两侧,用拇食指两指相对夹压(如图 14-7)。

(5)下肢出血。大腿、小腿部出血可压迫股动脉,压迫点在腹股沟皱纹中点动脉搏动处,用手掌、指或拳向下方的股骨面压迫(如图 14-8)。足部出血可压迫胫前动脉和胫后动脉。用两手的拇指分别按压于内踝与跟骨之间和足背皱纹的中点(如图 14-9)。

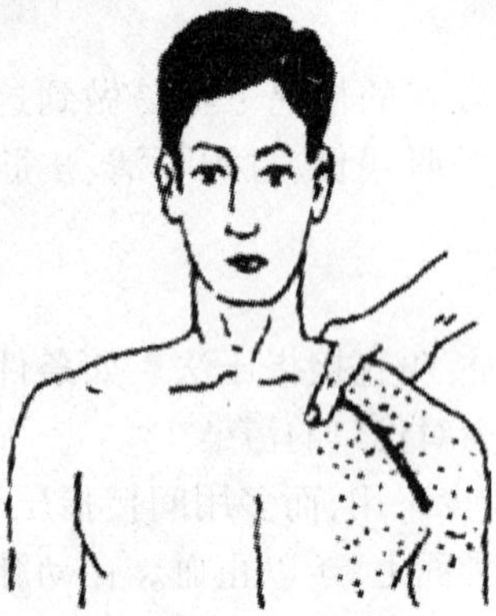

图 14－4　锁骨下动脉指压法

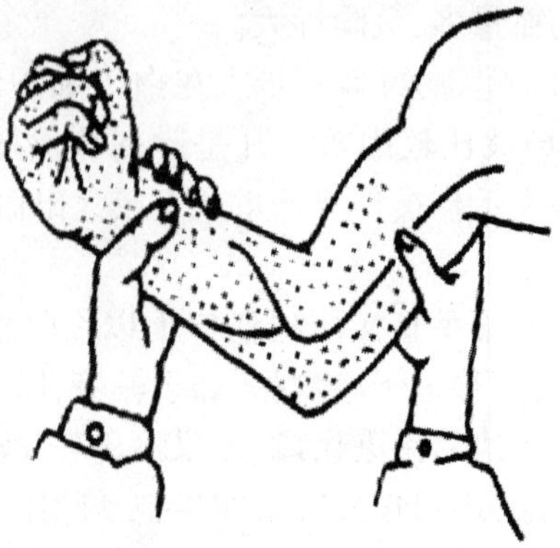

图 14－5　肱动脉指压法

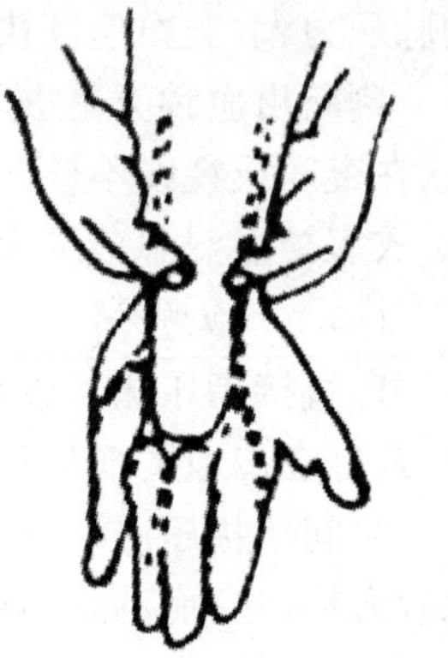

图 14－6　桡、尺动脉指压法

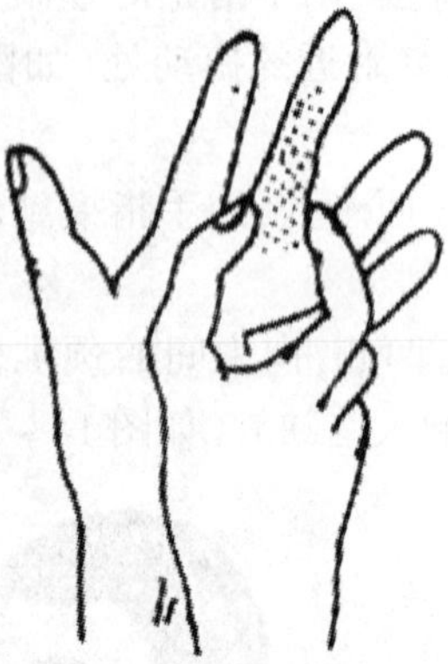

图 14－7　指动脉指压法

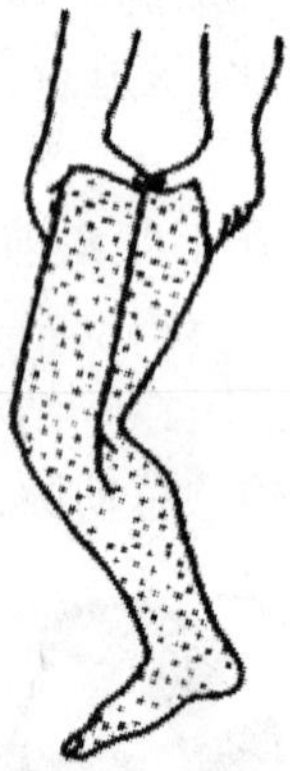

图 14－8　股动脉指压法

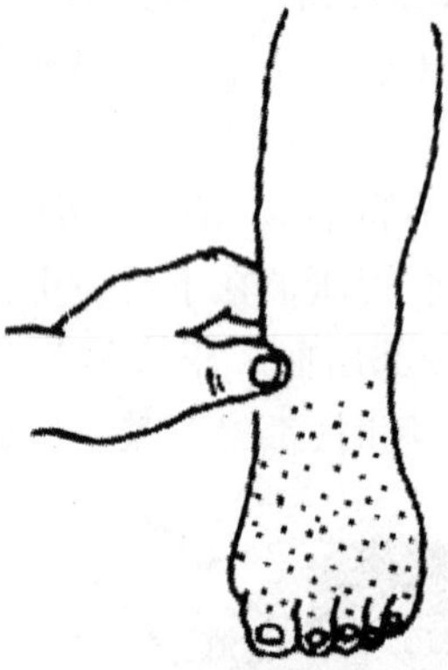

图 14－9　胫前、后动脉指压法

3. 止血带止血法。止血带分橡皮止血带、临时止血带等。止血带放置于出血部位的近心端，将伤脉扎紧、把血管压瘪而达到止血目的。这种止血方法较牢靠，但只能用于四肢血管的出血。

(1)橡皮带止血法。在肢体的恰当部位如股部的中下 1/3、上臂的中下 1/3，用纱布、棉布或毛巾、衣服等物作为衬垫后再上止血带。用左手的拇指、食指、中指持止血带的头端，将长的尾端绕肢体一圈后压住头端，再绕肢体一圈，然后用左手食指、中指夹住尾端后，将尾端从止血带下拉过，由另一缘牵出，系成一个活结(如图 14－10)。

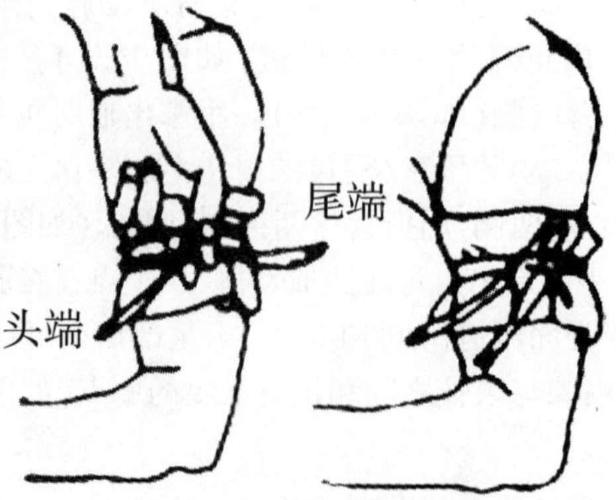

图 14－10　橡皮带止血法

(2)临时止血带止血法。可用手边现有的三角巾、布带、绷带、手帕等作绞紧带用(但禁用电线或绳索),在伤口近心端放好衬垫后,用临时制作的绞棒插圈下,提起绞紧,将另一头绞棒固定(如图14－11)。

(3)止血带止血时应注意事项:

①止血带应放在伤口的近心端。上臂的中1/3部位不可上止血带,以免压迫损伤桡神经,引起上肢麻痹。

②止血带不能直接绑在皮肤上。

③止血带松紧要适度,以摸不到远端的脉搏和出血停止为度。

④止血带每隔1小时(上肢)到2小时(下肢)应松懈一次,每次放松1～2分钟。

图14－11　临时止血带止血法

⑤上止血带的肢体应很好地固定,冬季注意保暖,以免发生冻伤。

⑥上止血带的伤员要有明显的标志,并记录时间和部位。

二、包扎技术

包扎伤口可以压迫止血,保护伤口,减少污染,固定敷料、药品和骨折,以及压迫止血和减轻伤员的痛苦。常用包扎器材有三角巾、毛巾、绷带等。

(一)包扎伤口时应注意事项

1. 包扎时动作要轻柔、迅速,不增加伤员痛苦,也不使伤口感染。
2. 包扎要准确、牢固、松紧适宜。
3. 指(趾)外露,以便观察血液循环。
4. 包扎时,边要固定、角要拉紧、敷料贴准、包扎贴实、结打牢固。

(二)三角巾的包扎方法

1. 头面部包扎法(如图14－12)

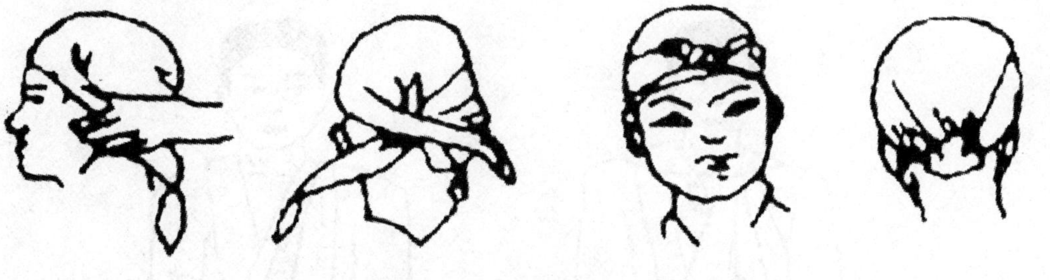

图14－12　头面部包扎法

(1)风帽式包扎法。将三角巾顶角和底边中点各打一结,形似风帽,顶角结打在前额,然后将两底角拉紧包绕下颈至枕骨结节下方打结。

(2)帽式包扎法。将三角巾底边折叠约二指宽,放于前额与眉弓相平,顶角拉至枕后,而底角沿两耳上方往后拉至枕骨粗隆下交叉,并将顶角折入一侧,外旋90°,使底角压住顶角,然后两手前拉,经两耳上方绕至前额部打结。

(3)单眼或双眼包扎法。把三角巾折叠成带形约四指宽,将2/3向下斜放于伤侧眼部,从耳下绕枕后经患侧耳上至颞部，交叉旋转90°，压住绕头打结。单眼包扎在前额绕头，双眼包扎在双眼部位绕头。

(4)下颌包扎法。将三角巾叠成四横指宽，取1/3处托住下颌，长端经耳前绕过头顶至对侧耳前下方与另一端交叉，然后分别绕至前额及枕后于对侧打结。

2. 胸背部包扎法

(1)胸背部一般包扎法。将三角巾底边横放在胸部，顶角从伤侧越过肩上垂向背部，三角巾的中部盖在胸部的伤处，两底角拉向背部打结，顶角织带也和这两底角结打在一起。背部包扎则与胸部相反。

(2)胸背部燕尾式包扎法。先将三角巾折成燕尾状，置于胸前，两燕尾底角于背后打结，然后将两燕尾角分别放于两肩拉向背后，绕后背打结。背部包扎则与胸部相反。

3. 腹部包扎法

与胸部包扎法相同，但顶角向下包扎。

4. 四肢包扎法

(1)手(足)包扎法。将三角巾底边向上横置于腕部，手掌(或手背)放于三角巾的中央，再将顶角折回盖在手上，然后将两角交叉，再于腕部缠绕一周打结，打结时应将顶角再折回打在结内。

(2)手(足)"8"字包扎法。将三角巾折成带状，横放于手掌(或手背)在手背行"8"字交叉，绕腕打结。足包扎与手相同。

(3)膝部包扎法。根据伤情将三角巾折成适当宽度的带状，将带的中段斜放于伤部，取带两端分别压住上下两边，包绕肢体一周打结。

5. 上肢悬吊法

(1)大悬臂带。用于前臂伤和骨折(肱骨骨折时不能用)，将肘关节屈曲吊于胸前，以防骨折端错位、疼痛和出血(如图14-13)。

(2)小悬臂带。用于锁骨和肱骨骨折，肩关节和上臂伤，将三角巾折成带状吊起前臂(如图14-14)。

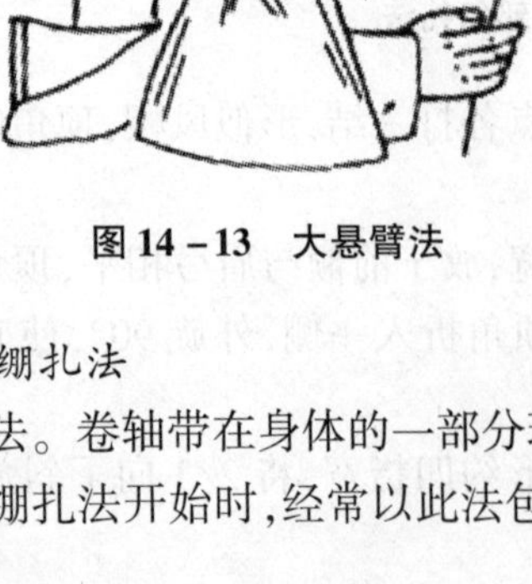

图14-13　大悬臂法

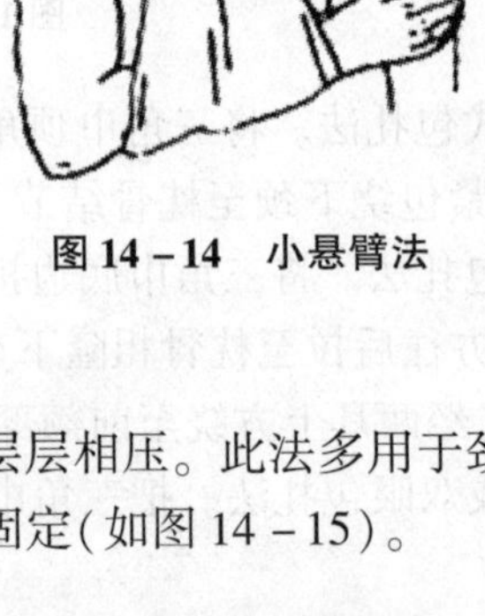

图14-14　小悬臂法

(三)绷带绷扎法

1. 环形绷法。卷轴带在身体的一部分环绕数周，层层相压。此法多用于颈部、腕部及额部。其他各种绷扎法开始时，经常以此法包扎一两周固定(如图14-15)。

2. 蛇形绷法。用卷轴带斜形缠绕，每周保持一定距离而不相重叠。此法用在扶托敷料、夹板。

3. 螺旋绷法。以卷轴带做单纯的斜旋上升或下行，每周叠前一周的 1/2 或 1/3（如图 14－16、图 14－17）。

4. "8"字形绷法。此法为一周向上，一周向下的包扎。每周在正面和前面相交，并压盖前周 1/2。多用于关节处，如肘、膝、腕、踝、肩和髋关节（如图 14－18）。

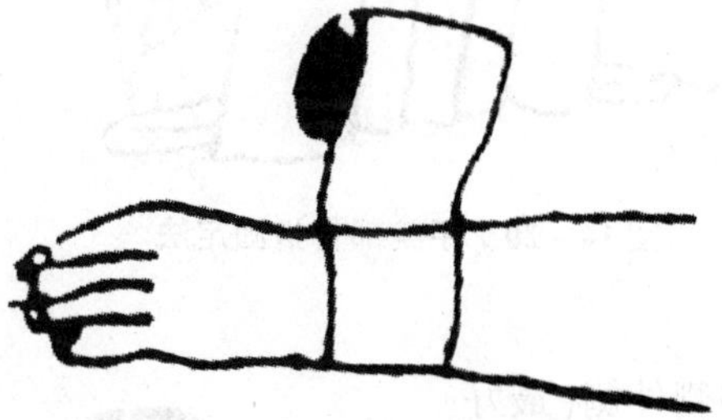

图 14－15　环形绷法

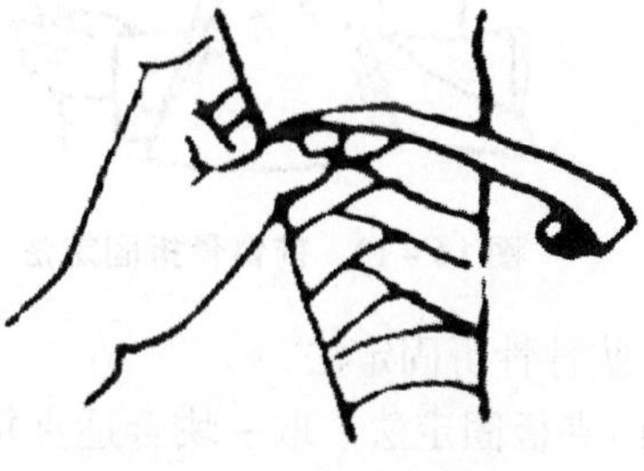

图 14－16　螺旋反折绷法

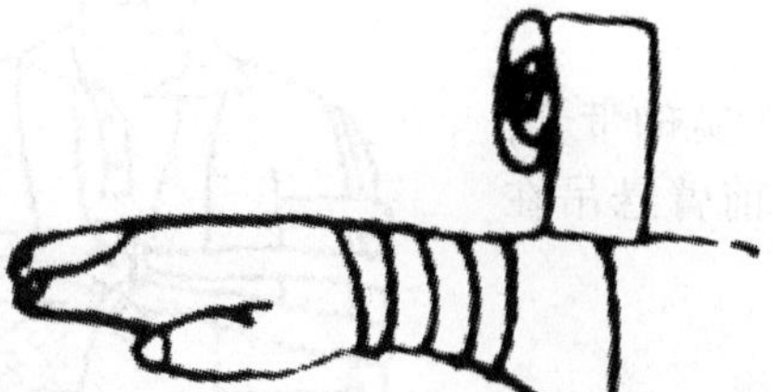

图 14－17　螺旋绷法

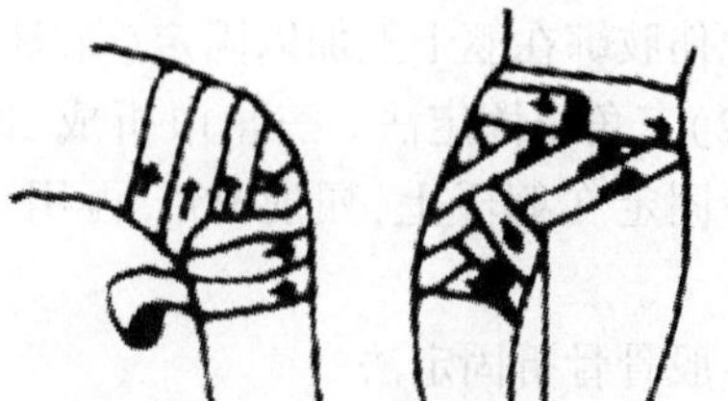

图 14－18　"8"字形绷法

三、固定技术

对发生骨折或脱臼的伤员，在搬运前必须认真做好固定技术工作，以方便搬运，减轻伤员的痛苦，更可防止骨折断段损伤血管、神经和重要器官。

骨折固定的材料：各种夹板（木制、铁制、石膏）、临时夹板（木板、木棍、树枝、枪支）等。如无各种材料，可固定于伤员躯干或健肢上。

（一）骨折的判断

1. 剧烈疼痛。用手轻轻按摸受伤部位时疼痛加剧。

2. 畸形。完全性骨折移位后，可能使肢体短缩或异常弯曲、成角等。

3. 异常活动。骨干完全性骨折，在肢体没有关节的部位出现不正常的活动。

4. 骨摩擦音。骨折端在移动时相互摩擦所发生的声音。虽然摩擦音是确证之一，但不能故意移动骨端来听这种声音，以免给伤员造成痛苦，或引起其他损伤及休克。

（二）各部骨折固定法

1. 前臂骨折固定法

（1）夹板固定法。伤员前臂的掌、背侧各放一块夹板，用绷带或三角巾固定于功能位（屈肘 90 度），再用三角巾悬吊胸前（如图 14－19、图 14－20）。

（2）衣襟躯干固定法。将伤侧衣襟反折兜起伤臂，衣角剪孔挂在第一纽扣上，再用腰带或三角巾经肘关节上方绕胸部一周打结固定。

图 14－19　前臂骨折固定法

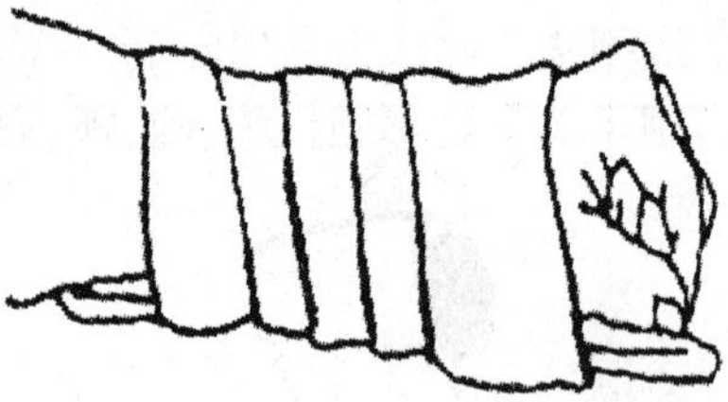

图 14－20　手腕部骨折固定法

2. 肱骨骨折固定法

(1)夹板固定法。取一块合适夹板,置于伤侧外侧(最好内侧同时置放一块)用折叠的带状的三角巾固定骨折的上、下两端,再用腰带或三角巾将手臂吊起,屈肘 90°,最后用三角巾把伤肢绑在躯干上加以固定(如图 14－21)。

图 14－21　肱骨骨折固定法

(2)三角巾固定法。三角巾折成 10～15 厘米宽的带子,将肱骨固定在躯干上,屈肘 90°,再用三角巾将前臂悬吊在胸前。

3. 股骨骨折固定法

(1)夹板固定法。将夹板放于伤肢外侧(自腋下至踝部),关节及空隙部位加垫,用三角巾或绷带、腰带等分别在骨折上、下两端和腋下、腰部及膝、踝关节处固定(如图 14－22)。

图 14－22　股骨骨折固定法

(2)健肢固定法。先将两下肢并列,在两腿的骨突起部(膝、踝关节处)和空隙处垫以衬垫,然后用三角巾或腰带、布条等将两下肢固定在一起。

4. 小腿骨折固定法

(1)夹板固定法。夹板长至大腿中部至足跟,置于伤腿外侧(或下面),必要时内侧也可放置一块,然后加垫,用三角巾于骨折上、下两端、大腿中部、膝上、膝下和足跟打结固定。足部三角巾折成带状“8”字形固定,使足与小腿成直角(如图 14－23)。

(2)健肢固定法与股骨健肢固定法相同。

(3)树枝固定法。用两根相当于大腿下 1/3 至足跟长度的粗细适宜的树枝,放于伤肢的内侧(或外侧)及肢体后侧,然后用三角巾固定。

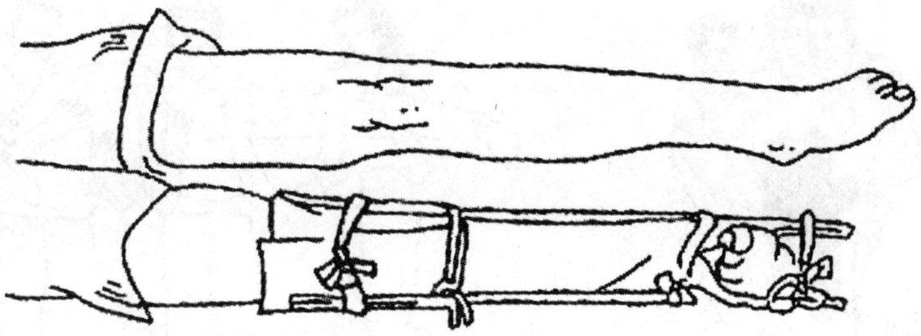

图 14-23　小腿骨折固定法

(三)骨折固定的注意事项

1. 先止血、包扎,再固定。

2. 就地固定。

3. 固定的目的只是为了制动而不是整复,任何试图整复的动作绝对禁止。

4. 固定的材料不宜直接接触皮肤,应在其间垫以棉布等柔软的材料。

5. 固定应松紧适宜。

6. 固定必须牢固可靠,将骨折端的上、下两个关节一起固定。

7. 固定后,给以明显标志,搬运途中,注意保暖。

四、搬运技术

搬运是指将伤员送到医院,能得到及时救治。

(一)常用的各种搬运法

1. 徒手搬运。是没有器械的搬运,分单人和双人徒手搬运。

(1)单人徒手搬运。有扶持法、抱持法和背持法三种,根据伤员的伤情酌情采用(如图14-24、图14-25)。

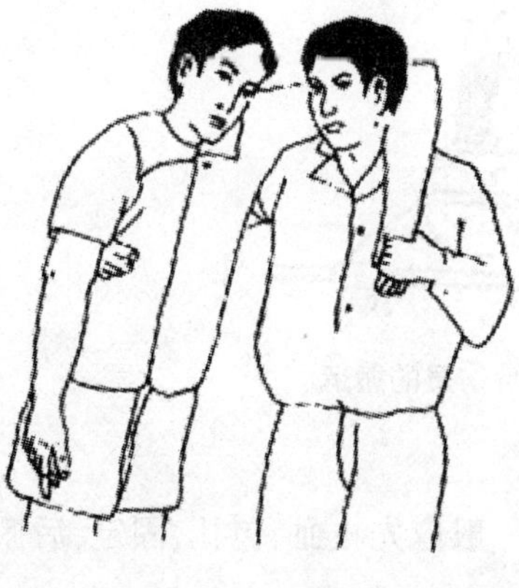

图 14-24　扶持法

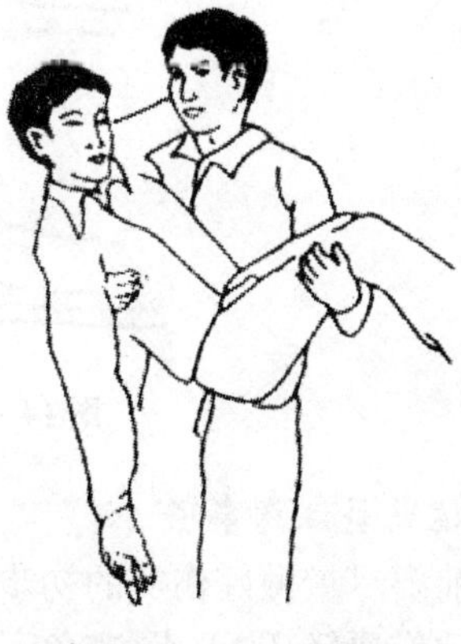

图 14-25　抱持法

(2)双人徒手搬运。有扶持法、椅托法和拉车法三种,多用于头、胸、腹部重伤员(如图14-26)。

2. 担架搬运。必须两人以上。搬运椎损伤的伤员时,应多人用手分别托住伤员的头、肩、臀和下肢,动作一致将伤员搬起平放于硬板或门板担架上送往医院。搬动时,严禁抱头、抱脚等不合理的动作,以免躯干弯曲而加重损伤(如图14-27)。

图 14－26　椅托法

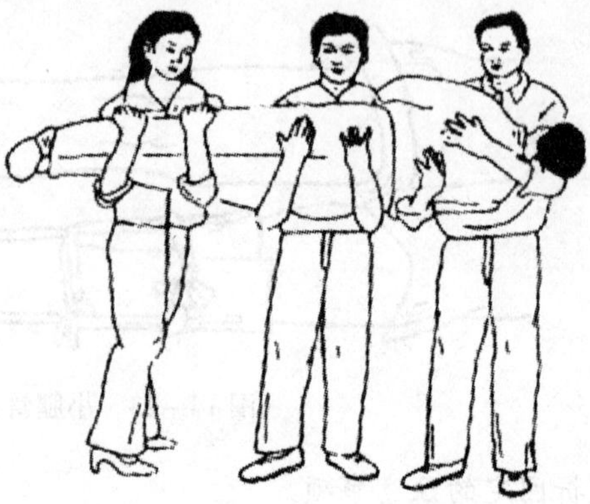

图 14－27　椎损伤伤员的搬运

（1）胸腰椎骨折。应取俯卧位，由 3 人至 4 人同时托住头、肩、臀和下肢，将伤员平放在担架上，上胸部稍垫高（如图 14－28）。

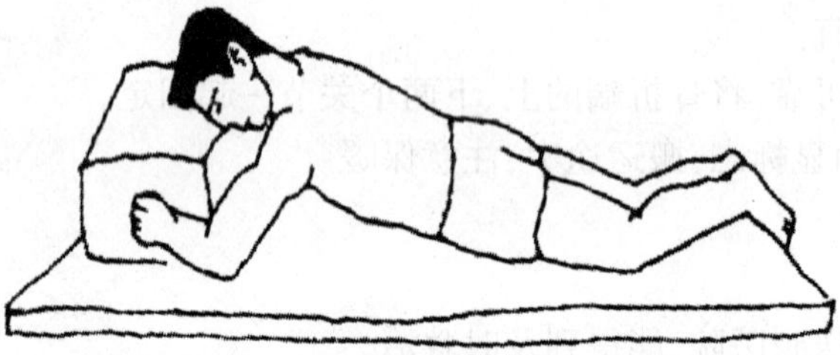

图 14－28　胸腰椎骨折伤员的搬运

（2）颈椎骨折。必须有专人牵引固定头部，平抬伤员上担架，然后使其平卧，颈部两侧用棉衣固定略垫高，防止头部挪转或前曲。注意：这种伤员不能垫枕头（如图 14－29）。

图 14－29　颈椎骨折伤员的搬运

（二）搬运伤员注意事项

1. 搬运前要尽量做好伤员的初步急救处理，一般应先止血、包扎、固定，后搬运。

2. 搬运动作要轻巧、迅速，避免不必要的震动。

3. 搬运过程中应随时注意伤情变化。

第三节　徒手心肺复苏技术

根据国际 CPR 新指南，现场的心肺复苏采用“ABCD”渐进式模式操作，即 A 徒手开放气道;B 口对口人工呼吸;C 胸外心脏按压;D 体外电击除颤(有条件时)。警察在旅客列车上受现场条件及专业器材所限,可采用徒手心肺复苏技术,具体实施方法如下:

一、一拍,二按,三呼叫

将伤员仰卧,立即拍打双肩、按压人中穴,并呼叫其姓名;如无反应应设法向医疗机构求救。

二、做人工呼吸

在伤员呼吸停止或衰竭时,使用人工的方法维持呼吸,并激发恢复正常呼吸功能,称人工呼吸。

(一)适应征

心跳骤停,因麻醉、溺水、电击、中毒及其他伤病引起呼吸停止者,心肺复苏有效的指标和终极指标(见表 14-1)。

1. 心肺复苏有效的指标

(1)大动脉(颈动脉、股动脉)搏动。

(2)面色由苍白变红润。

(3)神志复苏有效,可见病人有眼球活动,甚至有手足活动。

(4)自主呼吸。

(5)瞳孔变化,由大变小,并有对光反射。

2. 终止心肺复苏的指征

(1)脑死亡(深度昏迷、无自主呼吸、瞳孔散大,脑干反射消失)。

(2)无心跳及脉搏。

表 14-1 成人、儿童和婴儿实施心肺复苏的区别

项目 \ 分类		成 人	儿 童	婴 儿
判断意识		呼喊、轻拍肩部	呼喊、轻拍肩部	拍击足底、捏掐上臂
开放气道		头部后仰、呈 90°	头部后仰、呈 60°	头部后仰、呈 30°
吹气	方式	口对口	口对口	口对口鼻
	量	700~1100 毫升	胸部膨起	胸部起伏
	频率	12 次/分钟	16 次/分钟	20 次/分钟
检查脉搏		颈动脉	颈动脉	肱动脉
胸外挤压	部位	胸骨下 1/2	胸骨下 1/2	胸骨下 1/2
	方式	双手掌根重叠	单手掌根	中指、无名指
	深度	4~5 厘米	2.5~4 厘米	1.5~2.5 厘米
	频率	80~100 次/分钟	100 次/分钟	110~120 次/分钟
挤压:吹气		30:2	30:2	30:2

(二)实施方法

应先清除患者口腔内的异物、黏液及呕吐物,开放气道,以保持呼吸道通畅,人工呼吸方能有效。

1. 使伤员头部后仰、抬起下颌，必要时可在颈下垫上东西，以保持呼吸道通畅。

2. 一只手将伤员口腔掰开，另一只手捏住鼻子。

3. 术者深吸一口气，横对伤员口部用力吹入，见胸廓扩张才算有效，口和手松开后，注意观察伤员胸廓是否复原后，再次吹入。前两次，每次两秒左右，以后一般每分钟 14 ~ 18 次为宜（或每 5 秒钟一次）（如图 14 - 30）。

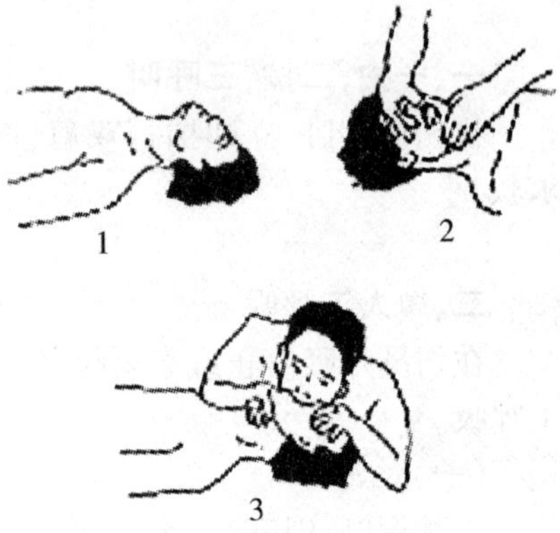

图 14 - 30　口对口吹气法

（三）注意事项

1. 将患者置于空气新鲜、流通处的地面，以便施术。

2. 抢救时，如必须搬运伤员，也必须坚持人工呼吸。

3. 口内有异物，必须清除，必要时要用纱布包住舌头牵出，以免舌后缩阻塞呼吸道。

4. 头要侧向一边，以便口鼻分泌物流出。

5. 注意勿用力过猛，以免造成肋骨骨折。

6. 在没有确认患者死亡的情况下，不得停止。

三、体外心脏按压

在病人心跳骤停时，用人工的方法，在病人的胸骨下段有节律地挤压心脏，以代替和激发心脏的自然收缩，达到维持血液循环，使心脏复苏的目的。这种方法称为体外心脏按压法。

（一）适应征

各种创伤、电击、溺水、窒息、心脏病或药物过敏等引起的心跳骤停。

（二）实施方法

1. 伤员仰卧硬板床或地上。

2. 术者在伤员的一侧，用一只手掌根部按压胸骨正中线的下 1/2 处，另一只手压于其上，两只手掌重叠，手指交叉，手指离开胸壁，两臂伸直垂直下压。按压应平稳有力且有规律，手掌不能离开胸壁，下压与向上放松时间基本相等，下压力度使胸骨下陷 3 ~ 5 厘米。小儿有一只手即够，婴儿用 2 ~ 3 个手指即可。

3. 按压次数。成人以 76 ~ 80 次/分，小儿 90 ~ 100 次/分为宜；如能触及脉跳、血压上升到 60 毫米汞柱以上，证明按压已见效（如图 14 - 31）。

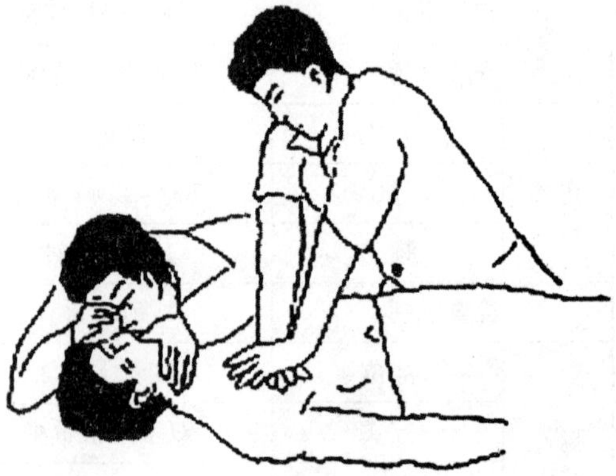
图 14 - 31　口对口吹气和胸外心脏按压法

（三）注意事项

1. 按压位置和动作要准确，在心前区、剑突下或左右胸部。

2. 按压时用力必须均匀，不可过猛，以免发生肋骨骨折、气胸、血胸、肝脾破裂等。

(四)克服以下错误动作

1.两臂未伸直,肘部弯曲,好像揉面一样。

2.两臂未垂直下压,肩与手不是在一条直线上。

3.两手掌未重叠、手掌未交叉,而是两手交叉放置于胸壁。

4.每次按压手掌都离开胸壁。

第四节 旅客常见危重症急救

一、急性脑血管病

人们习惯称脑血管病为脑血管意外、脑中风,意思是脑血管发生了非常重的损伤。通俗地说,脑血管病是由于供应脑内的血管发生病变导致的疾病,主要表现为偏瘫、视力障碍、语言表达障碍(失去语言功能或者吐字不清)。

(一)脑中风的识别

1.脑中风共同的先兆表现

头痛、头昏、耳鸣、半身麻木、恶心。

2.脑中风共同的重要表现

昏迷、呕吐、偏瘫、失语。

3.具体表现

每个病人的发病表现有所不同,可表现为以下的一项或几项。

(1)意识障碍严重者突然昏迷。轻者神志恍惚、昏睡、叫醒后又很快入睡。

(2)肢体无力或麻木,面部、上肢、下肢感觉障碍,有蚁行感、无痛觉感。

(3)单侧上肢或下肢运动不灵活,不能提举重物,易摔跤。

(4)语言障碍,突然说话不利索或说不出话来。

(5)瞳孔变化。①一侧大一侧小。②双侧针尖大小。③两侧扩大。

(6)理解能力下降,或突然记忆力减退。

(7)视觉障碍,单侧眼视物不清。

(8)眼球转动不灵活。

(9)小便失禁。

(10)平衡功能失调,站立不稳。

4.中风危重症的识别

(1)突然昏迷,逐渐加深;血压显著升高。

(2)呕吐不止,鼾声大作。

(3)呼吸微弱,断续、叹息样呼吸,每分钟6次左右。以上这些症状可以出现在脑出血、脑血栓形成或脑梗死的病,但是蛛网膜下腔出血的临床表现有所不同。

5.蛛网膜下腔出血的识别

(1)头痛常发生在一侧或头后部。

(2)脖子僵硬。

(3)恶心呕吐。

(4)偶有视觉障碍。

(5)昏迷,轻症病人神志可清醒。

(二)脑中风的急救原则方法

脑中风的急救原则

急救的目的是保住病人生命,降低失语、偏瘫的残疾率。当发现病人摔倒在地、昏迷、呕吐、偏瘫、过去有高血压史,怀疑脑中风,按下列原则急救:

(1)病人去枕或低枕平卧,头侧向一边,保持呼吸道通畅,避免将呕吐物误吸入呼吸道,造成窒息。切忌用毛巾等物堵住口腔,妨碍呼吸。

(2)摔倒在地的病人,可移至宽敞通风的地方,便于急救。上半身稍垫高一些,保持安静,检查有无外伤,出血可给予包扎。

(3)尽量不要移动病人的头部和上身,如须移动,应由1人托住头部,与身体保持水平的位置。

(4)拨打"120"电话呼救,请急救人员前来急救。

(5)吸氧,血压显著升高但神志清醒者可给予口服降血压药物。

(6)守候在病人身旁,一旦发现呕吐物阻塞呼吸道,采取各种措施使呼吸道畅通,可用手掏取。呼吸停止时进行口对口人工呼吸。

二、支气管哮喘

支气管哮喘是一种常见病,严重危害人的健康。典型哮喘发作表现为突然发生的呼气性呼吸困难,病人或周围的人可以听到哮鸣音。

(一)识别支气管哮喘

(1)突然发作前多有诱因,如吸入某种过敏原或刺激性气体。

(2)发作前先有鼻腔、眼睑发痒,流泪、频频打喷嚏、流鼻涕、干咳。

(3)随之出现胸闷、气憋,甚至窒息感、呼气费力,病人被迫坐下休息。

(4)哮喘发作具有一定的季节规律,如夏秋之交。

(5)容易在夜间或清晨发作或加剧。

(6)症状可以自行缓慢或经治疗后缓解。

(7)容易反复发作。

(二)急救措施

1. 吸氧气疗法。中、重度哮喘发作时,由于呼吸道阻塞,肺泡通气不足,造成机体明显缺氧,必须及时补充氧气。当病人已出现严重呼吸困难、口唇、指甲青紫时更应尽快吸氧。

(1)使用氧气袋(氧气枕头)或压缩氧气钢瓶。

(2)中度缺氧吸入25%~30%的氧浓度,相当于氧流量1~2升/分。

(3)氧气吸入前应当通过一个水封瓶适当加温、加湿,以免氧气过干过冷对呼吸道的刺激,并可稀释痰液以利排痰。

2. 气喘喷雾剂疗法,吸入手边备用的气喘喷雾剂。

3. 向"120"急救中心呼救。

三、糖尿病急症

糖尿病就是因为胰岛素的不足或者胰岛功能下降导致血糖升高而引起一系列病症。

(一)识别糖尿病

1. 糖尿病的典型表现

(1)喝水多、尿多、饮食尚好而体重减轻、全身疲乏。

(2)血糖高于正常标准,有遗传家族史。

(二)糖尿病昏迷的急救原则

以往有糖尿病史突然昏迷,又找不到其他病因,首先怀疑糖尿病昏迷,可按昏迷的急救原则急救。

(1)病人平卧头侧向一边,保持呼吸道通畅,清除呕吐物,防止误吸引起窒息。

(2)细心观察病情变化,一旦发现呼吸停止,立即进行人工呼吸。

(3)迅速呼叫"120"急救电话,将病人迅速送往医院急救。

由于糖尿病引起的昏迷,除了低血糖的原因外,血糖显著升高还可引起高渗性昏迷,所以在昏迷原因不清楚时不要随便给病人喂食糖水,以免加重病情。而且给意识不清的病人喂糖水容易造成呛咳甚至窒息。

四、急性心肌梗死

急性心肌梗死(曾称为急性心肌梗塞)是冠心病发展到严重阶段的一种类型,目前发病率较高,死亡率也高,是一种严重危害人的健康的心血管急症。

(一)识别急性心肌梗死

急性心肌梗死的临床表现差异极大,一部分病人发病急骤,病情极为严重,未到医院就已发生猝死;一部分病人无自觉症状,或症状很轻未引起病人注意。

急性心梗起始症状不尽相同。

1. 疼痛为起始症状。最常见的是心绞痛。即胸骨后或在心前区疼痛,向左肩左臂放射;有时是上腹部痛,同时胸骨后有憋闷不适;个别病人的疼痛部位在下颌、颈部、牙齿或者下肢痛。疼痛发作剧烈而持久,时间大于 30 分钟,含服硝酸甘油不缓解,常伴有全身大汗及恶心、呕吐。

2. 急性心力衰竭为起始症状。表现为胸闷、喘憋、呼吸困难、不能平卧,易误诊为支气管哮喘。

3. 昏厥为起始症状。多发生在心绞痛 30 分钟内,病人突然昏倒,意识不清,但很快苏醒,可伴有恶心、呕吐。

4. 心律失常为起始症状。表现为心慌、胸闷,脉搏出现多次连续的"漏跳"摸不清脉搏;出现心动过速(每分钟心率大于 100 次);心动过缓(每分钟心率 50 次左右)。

5. 休克为起始症状。病人感到虚弱、出冷汗、头晕、面色苍白、肢体湿冷、脉搏细弱,测血压很低或者测不出血压。

6. 以猝死为首发症状。病人突然摔倒在地,意识丧失、抽搐、发生呼吸心跳停止。

(二)急救措施

(1)一旦出现心梗起始状态,必须紧急治疗。因为 50% 急性心肌梗死病人死于发生起始症状后的头 2 小时。

(2)安静卧床休息,避免活动,不要随便搬动病人。

(3)吸氧气,改善心肌供氧。

(4)舌下含硝酸甘油 1 片,3~5 分钟无效,再含 1 片,每相隔 3~5 分钟,可再服 1 片,最多服5片。在含服硝酸甘油的前后,应注意测量血压,如果血压低于100/60毫米汞柱(13.3/7.5千帕),应慎用。

(5)烦躁不安者,可给安定1片口服。

(6)拨打“120”急救电话,请急救医生前来检查治疗,病情稳定后方可移动病人。

(7)在医生未到之前,病人突然昏迷、抽搐,表示发生心脏骤停,应立即进行徒手心肺复苏。如果医生在场,使用电击除颤技术可挽救50%以上的病人的生命。

五、癫痫大发作

癫痫俗称“羊角风”,是一种常见的神经系统疾病。

(一)识别癫痫大发作

(1)突然尖叫,似羊叫,神志丧失,立位可摔倒地上。

(2)全身抽动,面色青紫,瞳孔散大,口吐白沫。

(3)舌唇常被咬破,有小便失禁等表现。

(4)每次发作历时数分钟,发作停止后昏睡数十分钟,醒来对发作过程毫无记忆。

(5)少数病人连续发作数小时或十几小时,神志始终不清醒,伴有发高烧和脱水现象。

(二)癫痫大发作的急救方法

(1)癫痫大发作开始,应立即扶病人侧卧防止摔倒、碰伤。

(2)然后解开其领带、胸罩、衣扣、腰带,保持呼吸道通畅。

(3)头侧立,使唾液和呕吐物尽量流出口外。

(4)取下假牙,以免误吸入呼吸道。

(5)防止舌咬伤,可将手帕卷成或用一双筷子缠上布条塞入其上下牙之间。

(6)抽搐时,不要用力按压病人肢体,以免造成骨折或扭伤,可用手指掐“人中”穴。

(7)发作过后昏睡不醒,尽可能减少搬动,让病人适当休息,可给吸氧气。

(8)已摔倒在地的病人,应检查有无外伤,如有外伤,应根据具体情况进行处理。

六、中暑

中暑是由高温环境引起的体温调节中枢功能障碍、汗腺功能衰竭和水、电解质丢失过量所致疾病。中暑分为三种类型:

1.热射病。是因高温引起体温调节中枢功能障碍、热平衡失调使体内热蓄积,临床上以高热、无汗、昏迷为主要症状。

2.热痉挛。是由于失水、失盐引起肌肉痉挛。

3.热衰竭。主要因周围循环不足,引起虚脱或短暂晕厥。

(一)中暑识别

1.热痉挛。患者常先大量出汗后突然出现阵发性四肢及腹壁肌肉甚至肠平滑肌痉挛和疼痛。有低钠、低氯血症和肌酸尿症。

2.热衰竭。患者先有头痛、头晕、恶心,继有口渴、胸闷、脸色苍白、冷汗淋漓、脉搏细弱、血压偏低。可有晕厥、抽搐。重者出现循环衰竭。可有低钠、低钾血症。

3.热射病。典型表现为高热、无汗、昏迷。严重患者可出现休克、心力衰竭、肺水肿、脑水肿、肝肾功能衰竭、弥散性血管内凝血。

（二）急救处理

1. 先兆与轻症中暑。立即将病人移至阴凉通风处或电扇下，最好移至空调室，以增加辐射散热。给予清凉含盐饮料；可选服仁丹、十滴水、开胸顺气丸、藿香正气片等，用一心油、风油精涂擦太阳穴、合谷等穴；体温高者给予冷敷或酒精擦浴。必要时可静脉滴注含5%葡萄糖生理盐水1000～2000毫升。经上述处理后30分钟到数小时内即可恢复。

2. 重症中暑

（1）热痉挛。在补足体液情况下，仍有四肢肌肉抽搐和痉挛性疼痛，可缓慢地向静脉注射10%葡萄糖酸钙10毫升＋维生素C0.5克。

（2）热衰竭。快速静脉滴注含5%葡萄糖生理盐水2000～3000毫升如血压仍未回升，可适当加用多巴胺、阿拉明等升压药，使血压维持在12千帕以上。

（3）热射病。病死率可达30%。现场可采取以下急救措施：物理降温：将患者浸浴在4℃水中，并按摩四肢皮肤，加速血液循环，促进散热；肛温降至38.5℃时停止降温，移至空调室观察。将年老体弱及心血管病患者移至空调室酒精擦浴。用空调车转运。

七、旅途精神病

铁路旅途精神病是在旅行途中的短暂精神病性障碍，常有严重的暴力倾向，给自身或周围旅客的人身安全造成严重威胁，给列车的安全运营带来了极大的危害。旅途精神病的患者多为青壮年，以男性人数居多，大部分为农民或打工者，小学文化水平以下占大多数，教育程度偏低，绝大多数病人无家族史及个人史。一是旅途精神病患者多数为初次乘车旅行、文化程度低，以农民及打工者居多，年龄分布以青壮年为主，乘车时间长，连续不眠时间长。二是由于列车超员严重，患者所处车厢内CO^2浓度高，大部分患者在硬座车厢无座位，他们或站立或困于一隅，身体活动受限，势必极度疲劳。三是患者长时间持续无进食或很少，车厢内供水次数少则更加重饮水量的减少。四是患者具有内向或偏执的性格，表现为沉默、孤僻、悲观，对他人有敌意等，具有一定的易感心理素质。五是患者往往在上车前就具有前途未卜、焦虑不安的心境，大多是首次出门，随身携带有来之不易的创业本钱，处于陌生的车厢内，缺乏人际交流。六是旅途精神病的发病有一定的地理和时间分布规律：地理环境以从内地至乌鲁木齐的兰新线一段最多，这一段处于千里茫茫戈壁，人烟树木稀少，属于干燥的高原气候；时间方面，在每年1月至3月的春运是旅途性精神病的高发期。

（一）旅途精神病症状

旅途精神病的临床表现完全符合短暂精神病性障碍的特点，其表现形式多样。主要有四类症状群：第一类为地点定向障碍、伤人、人物定向障碍、自我定向障碍、时间定向障碍、无法有效交谈、焦虑；第二类是眼神迷茫、无目的行为、其他妄想、幻嗅、毁物；第三类是被害妄想、恐怖、跳车、幻听、胡言乱语、错觉、遗忘、痴笑、理解困难、言语零乱；第四类是关系妄想、哭泣、幻视、幻味、忧郁。从临床分型可归纳为两类：一类以意识障碍为主，另一类以思维障碍及行为障碍等为主。

（二）旅途精神病的防范与治疗

1. 缓解旅客旅途的紧张情绪、配备急救药品。在长途列车运营期间，早晨和夜间列车车厢适当开启车窗保持空气流通，做好列车上的开水供应，及时播放优美轻松的音乐、小品、相声等节目，以缓解旅客旅途的紧张情绪，在严重超员的列车上配足急救药品，配备随车医务人员，要对铁路旅途性精神病加以防范，采取相应的措施，防止或减少旅途性精神病的发生，保证旅客人身和财产的安全。

2. 乘警要加强巡查，严密防范。乘警要在发病率高的区段和超员严重的车厢加强巡查和治安防范防止旅客财物被盗窃，恐惧钱物丢失也是造成旅途精神错乱的重要因素之一。巡查时多留意旅客的神情，发现有精神异常者要采取积极防治措施，把旅客带到餐车，适当休息，稳定情绪，对精神过分紧张者可提供一些镇静药。把距离配备刀具的餐车较近的车厢作为防范的重点，如果发现伤害他人或自伤的情况，乘警要进行现场救治，伤势严重的要与前方站铁路车站派出所联系就近医院抢救。

3. 有旅途精神病临床表现的给予药物治疗。反映有头昏、紧张、不安等表现的旅客，要耐心安慰，改善患者所处旅行环境或条件，充分休息，同时可给予地西泮5毫克口服，并注意观察，由专人监护。当患者意识障碍较轻，无冲动或兴奋紊乱时，可给氟哌啶醇4毫克口服，或氯丙嗪50毫克口服，4~6小时一次，同时加强监护。

4. 当精神病患者有暴力倾向时要进行约束。当患者出现恐怖性幻觉、错觉，或有被害妄想时，须注射地西泮剂。如精神病患者是男性青壮年，应采取进行必要的约束措施，以防发生伤人等行为，给列车的安全运营带来危害。

【本章小结】

本章的主要内容是学习现场急救的概述、了解现场急救的作用、原则和任务，充分认识铁路警察学习现场急救的意义，重点对铁路列车环境下心肺复苏技术、骨折固定及伤员搬运进行阐述，明确警察掌握现场急救技能既是法定义务，也是职业能力的重要体现。

【思考题】

1. 现场急救的概念是什么，原则有哪些？
2. 铁路警察学习现场急救的意义是什么？
3. 在铁路列车环境下对旅途精神病如何进行救护？

参考文献

[1]公安部政治部编:《警察查缉战术教程》,警官教育出版社 2005 年修订本。

[2]高峰:《反劫制暴战术谈判》,中国人民公安大学出版社 2004 年版。

[3]郝宏奎:《反劫持谈判与战术》,中国人民公安大学出版社 2005 年版。

[4]王平主编:《警务技能训练教程》,中国人民公安大学出版社 2004 年版。

[5]李伟、欧阳立平主编:《人质解救与特种部队》,时事出版社 2005 年版。

[6]赵志飞主编:《警察临战学》,中国人民公安大学出版社 2006 年版。

[7]浦澍滩主编:《警务技能战术实训指导》,中国人民公安大学出版社 2008 年版。

[8]麻海龙、师原兵、王浩编:《实用查缉战术教程》,群众出版社 2005 年版。

图书在版编目(CIP)数据

铁路警务战术 / 陈文彪, 付新河主编. -- 北京 : 法律出版社, 2018
ISBN 978 - 7 - 5118 - 8162 - 5

Ⅰ. ①铁… Ⅱ. ①陈… ②付… Ⅲ. ①铁路运输 - 公安工作 - 战术学 - 中国 Ⅳ. ①U298.7

中国版本图书馆 CIP 数据核字(2018)第 032765 号

河南省"十二五"普通 高等教育规划教材	**铁路警务战术** TIELU JINGWU ZHANSHU	陈文彪　付新河　主编	责任编辑　屈　瑶 装帧设计　李　瞻

出版 法律出版社
总发行 中国法律图书有限公司
经销 新华书店
印刷 三河市龙大印装有限公司
责任校对 杨锦华
责任印制 陶　松

编辑统筹 学术 · 对外出版分社
开本 787 毫米 ×1092 毫米　1/16
印张 15.25
字数 360 千
版本 2018 年 4 月第 1 版
印次 2018 年 4 月第 1 次印刷

法律出版社/北京市丰台区莲花池西里 7 号(100073)
网址/www. lawpress. com. cn
投稿邮箱/info@ lawpress. com. cn
举报维权邮箱/jbwq@ lawpress. com. cn
销售热线/010 - 63939792
咨询电话/010 - 63939796

中国法律图书有限公司/北京市丰台区莲花池西里 7 号(100073)
全国各地中法图分、子公司销售电话:
统一销售客服/400 - 660 - 6393
第一法律书店/010 - 63939781/9782　西安分公司/029 - 85330678　重庆分公司/023 - 67453036
上海分公司/021 - 62071639/1636　深圳分公司/0755 - 83072995

书号:ISBN 978 - 7 - 5118 - 8162 - 5　**定价**:56.00 元
(如有缺页或倒装,中国法律图书有限公司负责退换)